传媒研究书系

中国广播电视有声语言传播范式演进研究

杨洋 著

唤醒理论价值，用"范式"的钥匙
解开中国广播电视有声语言传播之"谜"

旅游教育出版社
·北京·

图书在版编目（CIP）数据

中国广播电视有声语言传播范式演进研究 / 杨洋著.
北京：旅游教育出版社，2024.11. -- ISBN 978-7
-5637-4757-3

Ⅰ. G229.2

中国国家版本馆CIP数据核字第2024YX2974号

传媒研究书系
中国广播电视有声语言传播范式演进研究
杨洋　著

策　　划	赖春梅
责任编辑	赖春梅
出版单位	旅游教育出版社
地　　址	北京市朝阳区定福庄南里1号
邮　　编	100024
发行电话	（010）65778403　65728372　65767462（传真）
本社网址	www.tepcb.com
E - mail	tepfx@163.com
排版单位	北京旅教文化传播有限公司
印刷单位	唐山玺诚印务有限公司
经销单位	新华书店
开　　本	710毫米×1000毫米　1/16
印　　张	18.5
字　　数	280千字
版　　次	2024年11月第1版
印　　次	2024年11月第1次印刷
定　　价	69.00元

（图书如有装订差错请与发行部联系）

序 言

杨洋是中国传媒大学广播电视学专业博士。他所著的《中国广播电视有声语言传播范式演进研究》，从纵向和横向两个维度梳理分析了我国广播电视有声语言传播范式的演进历程及影响因素，对我国广播电视有声语言传播发展史进行了较为系统综合的研究，在历史的系统梳理和理论的适当运用方面都有一定创新，对于拓展相关研究的视域与深度，具有重大意义。

托马斯·塞缪尔·库恩（Thomas Sammual Kuhn）的"范式理论"（Paradigm Theory）作为兴起于20世纪60年代的西方理论为科学研究提供了一个新的思考角度，在一定程度上推动了科学研究的发展。库恩的范式理论对于研究和发现我国广播电视有声语言传播范式演进的内在规律有着较强的理论意义。从该理论出发，"范式"成为论证科学成就、呈现科学发展的方法与标准，对研究我国广播电视有声语言传播有较强的理论价值。

本论著依据库恩的"范式理论"对我国广播电视有声语言传播的发展阶段进行了历史分期，立足马克思主义新闻观，依据本土有声语言传播的历史发展脉络，归纳总结出三个前后相继的主导性范式，并从政治规制、社会文化、媒介技术三个维度深入剖析了我国广播电视有声语言传播范式的形成原因，重新审视范式理论与信息传播实践之间的关系，使范式理论在新的时期和新的学科领域焕发出新的生命力和阐释力，从而为广播电视有声语言传播这项活动从新的角度进行了又一次有价值的理论探索。

杨洋博士学习并从事广播电视有声语言传播实践工作已十余年，积累了较为丰富的理论研究和创作实践经验。从研究生学习阶段开始，就注意收集整理相关史料，为今天的研究打下了扎实基础，并最终取得相应成果。杨洋博士积极进取、勤奋好学，兼具理论思维和实践能力，对所从事的广播电视有声语言传播工作倾注了很多热情，相信杨洋博士会以此为起点，在广播电视有声语言传播的实践和研究方面不断取得新的进步，并为构建广播电视学中国自主知识体系作出贡献！

高铁军

中央广播电视总台高级编辑

目 录

摘　要 ………………………………………………………………………… I
ABSTRACT …………………………………………………………………… III

绪　论 ………………………………………………………………………… 001
　　第一节　研究缘起 ……………………………………………………… 002
　　第二节　研究综述 ……………………………………………………… 012
　　第三节　相关理论和概念辨析 ………………………………………… 024
　　第四节　研究内容、框架与方法 ……………………………………… 036
　　第五节　研究难点和创新点 …………………………………………… 038

第一章　中国广播电视有声语言传播范式的演进历程 ……………… 041
　　第一节　中国广播有声语言传播范式的萌芽（1940—1949）……… 042
　　第二节　中国广播电视有声语言传播"一体化"范式的确立
　　　　　　（1949—1978）………………………………………………… 054
　　第三节　中国广播电视有声语言传播"人本化"范式的转型
　　　　　　（1978—2012）………………………………………………… 068
　　第四节　中国广播电视有声语言传播"社交化"+"智能化"
　　　　　　范式的进化（2012—2020）………………………………… 086

第二章　政治规制对中国广播电视有声语言传播范式演进的主导性影响 … 111
　　第一节　中国广播电视有声语言传播与政治的依存关系 ………… 113

第二节　中国广播电视有声语言传播规制的生成依据 ………… 119
　　第三节　政治规制对中国广播电视有声语言传播范式演进的影响
　　　　　　分析 ……………………………………………………… 135

第三章　社会文化对中国广播电视有声语言传播范式演进的深层性影响 … 139
　　第一节　中国广播电视有声语言传播范式演进的深层动因 …… 140
　　第二节　社会变迁视域下中国广播电视有声语言传播范式图景 ……… 144
　　第三节　多元文化融合下中国广播电视有声语言传播范式演进的
　　　　　　动因与转向 ……………………………………………… 156

第四章　媒介技术对中国广播电视有声语言传播范式演进的革命性影响 … 173
　　第一节　媒介技术演进发展的历史回溯 …………………… 175
　　第二节　媒介技术演化的逻辑和趋势解析 ………………… 181
　　第三节　媒介技术对中国广播电视有声语言传播范式的作用影响
　　　　　　分析 ……………………………………………………… 187

第五章　中国广播电视有声语言传播范式演进的适变与守恒 ………… 213
　　第一节　中国广播电视有声语言传播范式演进学科基质和核心要
　　　　　　素的恒常贯通 …………………………………………… 214
　　第二节　中国广播电视有声语言传播范式的适变 ………… 217
　　第三节　中国广播电视有声语言传播范式的守恒 ………… 238
　　第四节　中国广播电视有声语言传播范式之"辩" ………… 243

第六章　研究结论与不足 ………………………………………… 251

参考文献 ……………………………………………………………… 255

附录一　中国广播电视有声语言传播影响力调查问卷 ………… 272

附录二　部分相关制度文件 ……………………………………… 276

后　记 ………………………………………………………………… 283

摘 要

广播电视作为中国重要的意识形态宣传阵地,长期以来以其影响力大、传播速度快、覆盖面广的特点成为联结党和人民群众的桥梁和纽带。随着媒介技术的迭代升级和传播生态的不断变化,特别是在新时代媒体融合的大背景下,中国广播电视的影响力面临着挑战和冲击。当前,我国的传媒业正处于媒体融合的关键转型期,传统的广播电视媒体面临着"转型"和"困境"的双重压力。一方面,传统广播电视媒体的"转型"主要体现在传播技术和传播观念的变革上。新媒体对传统媒体产生的冲击,迫使传统的主流媒体不得不积极应对这场传播革命,朝着新型主流媒体的方向转型,传统广播电视媒体的功能也逐渐扩展并呈现"内容+服务"的基本特征。另一方面,传统广播电视媒体所面临的"困境"主要来自传统媒体长期以来所形成的传播惯性与新媒体所带来的传播业态急遽变化之间的冲突,以及传统媒体特殊的媒体性质定位与新媒体市场化发展之间的矛盾。

基于以上客观现实,本研究选择了中国广播电视领域中最为显性,与广播电视信息传播联系最紧密的有声语言作为研究对象,运用库恩的范式理论对其进行系统阐释和研究,力图从全局性、历时性、学理性角度来考察我国广播电视有声语言传播实践活动的发展历程,从而辅助我国广播电视事业不断向前发展,同时也为有声语言在广播电视媒介的适当使用、有声语言传播所达成的目标以及目标达成之后所形成思想方面的共识提供新视角。

本研究首先基于文献史料对中国广播电视有声语言传播实践活动的发展历程进行了回顾梳理,采用深度访谈以及文献可视化分析等质性研究方法对中国广播电视有声语言传播发展过程中的阶段性主导范式进行佐证。其次,选择了三个影响中国广播电视有声语言传播范式演进的因素，从横向的维度对广播电视有声语言传播范式演进的主导性范式成因进行了深入剖析。最后，运用马克思主义新闻观辩证地分析总结中国广播电视有声语言传播范式演进学科基质和核心要素的"适变"与"守恒"之间的关系，并使用问卷调查和数据分析的方法对中国广播电视有声语言传播范式演进过程中的"适变"进行了量化分析。

  本研究的创新性主要体现为三点。第一，跳脱了以往对中国广播电视有声语言传播实践活动的研究视域，在库恩范式理论的观照下，立足更为宏观的视角对中国广播电视有声语言传播实践活动进行整体性的探析，为该领域中国特色、中国气派知识体系的构建提供启示与参考。第二，有别于传统史论研究的研究模式，采用了经纬纵横的研究框架。纵向梳理总结出中国广播电视有声语言传播范式演进过程中经历的三次范式转换并提出三个阶段的主导性范式特征，横向从政治规制、社会文化以及媒介技术维度深入分析中国广播电视有声语言传播范式转换的原因。第三，注重强化学理品质和实证品格，综合运用多种研究方法以提升研究的逻辑性和科学性，进而寻求填补中国广播电视有声语言传播相关研究中的现存空白。

  关键词：广播电视；有声语言传播；范式理论

ABSTRACT

    As an important ideological propaganda position in China, radio and television has long been a bridge and link connecting the party and the people with its characteristics of great influence, rapid dissemination, and wide coverage. With the continuous upgrading of media technology and the continuous changes in the communication ecology, especially in the context of media convergence in the new era, the influence of China's radio and television is facing challenges and shocks. Currently, China's media industry is in a critical transition period of media integration, and traditional radio and television media are facing dual pressures of "transformation" and "dilemma". On the one hand, the "transformation" of traditional radio and television media is mainly reflected in the transformation of communication technology and concepts. The impact of new media on traditional media has forced traditional mainstream media to actively respond to this communication revolution and transform towards a new type of mainstream media. The functions of traditional radio and television media have gradually expanded and presented the basic characteristics of "content+service". On the other hand, the "dilemma" faced by traditional radio and television media mainly comes from the conflict between the communication inertia formed by traditional media for a long time and the rapid changes in communication formats brought about by new media, as well as the contradiction between the special media nature positioning of traditional media and the market-oriented development of new media.

    Based on the objective reality mentioned above, this paper selects the most explicit and closely related Vocal language in the field of broadcasting and television in China as the research object, and applies Kuhn's paradigm theory to systematically explain and study it. We strive to examine the development process of language communication practice in China's broadcasting and television industry from a global, diachronic, and rational perspective, in order to assist the continuous development of China's broadcasting and television industry. At the same time, we also provide a new perspective for the appropriate use of vocal language in broadcasting and television media, the goals achieved by vocal language communication, and the ideological consensus formed after the goals are achieved.

This article first reviews and sorts out the development process of Vocal language dissemination practice in China's broadcasting and television based on literature and historical materials. Qualitative research methods such as in-depth interviews and literature visualization analysis are used to support the phased dominant paradigm in the development process of Vocal language dissemination in China's broadcasting and television. Secondly, three factors influencing the evolution of the Vocal language dissemination paradigm in China's broadcasting and television industry were selected, and a comprehensive analysis was conducted from a horizontal perspective on the dominant paradigmatic causes of the evolution of the Vocal language dissemination paradigm in China's broadcasting and television industry. Finally, the dialectical analysis and summary of the relationship between the "adaptation" and "conservation" of the disciplinary matrix and core elements of the evolution of China's broadcasting and television Vocal language dissemination paradigm were conducted using the Marxist perspective on journalism. The quantitative analysis of the "adaptation" in the evolution process of China's broadcasting and television Vocal language dissemination paradigm was conducted using questionnaire surveys and data analysis methods.

The innovation of this study is mainly reflected in three aspects. Firstly, it breaks away from the previous research perspective on the practice of Vocal language dissemination in China's broadcasting and television industry. Under the guidance of Kuhn's "paradigm theory", it takes a more macro perspective to conduct a comprehensive analysis of the practice of Vocal language dissemination in China's broadcasting and television industry, providing inspiration and reference for the construction of a knowledge system with Chinese characteristics and Chinese style in this field. Secondly, unlike the traditional research model of historical theory, it adopts a longitudinal and transverse research framework. Vertically summarize the three paradigm shifts experienced in the evolution of China's broadcasting and television Vocal language dissemination paradigm, and propose the dominant paradigm characteristics of three stages. Horizontally analyze the reasons for the paradigm shift in China's broadcasting and television Vocal language dissemination from the dimensions of political regulation, social culture, and media technology. Thirdly, emphasis should be placed on strengthening academic and empirical qualities, comprehensively utilizing various research methods to enhance the logical and scientific nature of research, in order to seek to fill the existing gaps in research related to the Vocal language dissemination of radio and television in China.

KEYWORDS: Radio and television Vocal language dissemination Paradigm theory

绪论

第一节 研究缘起

一、研究背景

广播电视作为我国重要的大众和现代化传播媒介,承担着信息传递、社会服务、引导舆论、提供娱乐的基础功能。同时,作为意识形态宣传的重要阵地,扮演着党和人民喉舌的角色,长期以来以其影响力大、传播速度快、覆盖面广的特点成为联结党和人民群众的桥梁和纽带。中国的广播电视事业肇始于20世纪20年代初的无线电广播活动,并随着经济、技术和社会的不断发展和进步,逐渐形成了具有中国特色社会主义广播电视事业。其中,延安新华广播电台的诞生成为人民广播的发端。1958年,北京电视台的实验播出,以及上海电视台和哈尔滨电视台的相继问世,标志着中国电视事业的诞生。而伴随着我国广播电视事业共生的广播电视有声语言传播活动,自然成为其动态发展的一个有机组成部分。广播电视有声语言传播作为广播电视媒介最为显性也是最具共性的信息传播载体,不仅影响着社会语言的使用,而且在广播电视媒介发展过程中所形成的范式又反作用于广播电视媒介自身。然而,当前的情况是,随着媒介技术的不断升级和传播生态的不断变化,特别是在新时代媒体融合的大背景下,广播电视的影响力面临着挑战和冲击。那么,中国广播电视如何通过其有声语言传播来不断增强传播力、引导力、影响力成为该研究的应有之义。综上所述,本研究将立足于中国广播电视的发展历史,引入跨学科的范式理论,在此基础上来阐明有声语言传播范式的演进规律及发展趋向,为中国广播电视发展提供新的视野和可能性,助力广播电视事业不断向前发展。

二、研究对象

"语言是人类极为独特和珍贵的工具,因为有了语言,人类就能把它们进化过程的知识一代一代传下来,人类的智慧就能通过信息的广泛交流不断发展。"① 特别是有声语言的诞生，是人类实现从动物传播向人类传播巨大飞跃的重要标志，也是人类传播思想的起源。② 人类的这套用于交际和传播信息的有声语言系统不管是面对面的人际交流，还是以媒介载体为桥的中介化传播都有着自己独有的范式类型和风格特征。库恩作为20世纪以来影响力较大的科学哲学家，在他的研究中指出：科学的发展不是线性的知识积累，而是新旧"范式"的更替。中国广播电视有声语言传播活动因历史、文化、社会、政治、技术的综合作用，在不同的时期所形成的新旧范式也在发生着转换。大致表现在，中国广播电视有声语言传播在历史穿行的过程中，与中国每个历史阶段的具体语境相结合，不断形成新范式的同时，又随着认识和观念的变化不断调整着原初的旧范式，时而发生断裂，时而产生连续。故而，在不同的历史时期内，在不同的社会文化变迁和不同的媒介技术演进的相互作用下，中国广播电视有声语言传播的阶段性主导范式不断地被建构着。根据库恩对范式理论中"可通约性"的完善和丰富，中国广播电视有声语言传播的范式演进，应该是一个前后相继的连续体，它有着一连串的因传统所限定的时代因素，同时各个时代之间，又有着承前启后积累性的理论支点，将这些时代影响因素下的有声语言传播现象和理论合拢起来，便构成了一个研究对象的整体性范式特征。

三、研究基础

对中国广播电视有声语言传播范式演进的研究，要明确两个重要的研究基础：其一是研究的学科基础，其二是研究的理论基础。

第一，本研究的学科基础。首先，本研究是建立在中国广播电视学基础之上的，因为广播电视媒介在我国信息传播系统中不仅占据着主流和主导性的角色地位，而且这两种媒介形态还成为一种合宜的概括层面，在这个层面上我们探讨有声语言传播范式，能够解释和包容当今媒体发展中有声语言传播所出现的问题及其所涉及的结构性力量。其次，中国广播电视有声语言传播范式的演进是紧紧依附于我国广播电视事业发展的。从宏观角度来说，它属于历史科学的范畴，与我国的政治史、经济史、文化史和科学技术史以及新闻传播史有着密切的关系；从中观层面来讲，当前中国广播电视有声语言传播的研究是由分散的、个体的逐步向着有组织的、有计划的、课题性研究转变，并且已初步构

---

① ［美］史蒂芬·平克. 语言本能［M］. 洪兰，译. 汕头：汕头大学出版社，2004：7.
② 廖祥忠. 视频天下：语言革命与国际传播秩序再造［J］. 现代传播，2022（01）：1.

建起具有中国特色的广播电视有声语言传播框架体系；从微观层面来看，又与具体历史时代中所出现的广播电视有声语言传播实践和广播电视有声语言传播理论相伴相生。

第二，本研究的理论基础。托马斯·塞缪尔·库恩（Thomas Sammual Kuhn）的"范式理论"（Paradigm Theory）作为兴起于20世纪60年代的西方理论为科学研究提供了一个新的思考角度，极大地推动了科学研究的发展。然而，在运用库恩的范式理论作为本研究所依循的主要理论时需要明确两个问题：第一是库恩所讲的"科学革命"是发生在自然科学领域内，那么范式理论在学术"旅行"中是否适用于人文社会科学领域？第二是怎样将库恩的范式理论与所要研究的主体进行合理地桥接？这两个问题的明确将直接关系到本研究理论的合法性及科学性。

首先是范式理论的适用性问题。学者们将库恩的研究工作和学术思想过程划分为三个阶段：第一个阶段是《科学革命的结构》（1962年版）一书出版的时期，被称为"前库恩"阶段。《科学革命的结构》的问世引发了科学观的革命，并在经济学、人类学、语言学、社会学、心理学等人文科学领域形成了影响。第二个阶段始于20世纪60年代末直到1977年出版的《必要的张力——科学的传统和变革论文选》，其中《再论范式》中用"专业基质"来替代之前容易造成误解和误读的"范式"，这个时期可以称作"过渡时期的库恩"。到了80年代之后，库恩继续深化自己的范式理论，他强调语言革命就是科学革命，这个时期可以称作"后库恩时代"。由此可见，库恩的范式理论是随着认识的深化不断发展的，在《科学革命的结构》（1970年版），库恩曾说："一些赞赏本书的人，主要并不是因为它阐明了科学的本质，而是他们发觉本书的主要论点可以应用于许多其他的领域……本书确实把科学发展描绘成一个由一连串相续的为传统限定的时间并间以非积累性的间断点的过程，因此其论点无疑有广泛的可用性……文学史家、音乐史家、政治发展史家以及许多其他人类活动的历史学家，早就以同样的方式来描述他们的学科。以风格、口味、建制结构等方面的革命性间断类分期，是他们的标准方法之一。如果说我对像这样的概念有什么创见的话，那主要是我把他们应用到科学这一过去广泛被认为是以不同方式发展的领域。"[①] 由此可见，库恩的范式概念是从其他学科中获得灵感，并形成了一套极具理性主义的思辨科学哲学观。同时，库恩也承认在其他

---

① ［美］托马斯·库恩.科学革命的结构［M］.金吾伦，胡新和，译.北京：北京大学出版社，2003：158.

领域同样可以依据范式规则建立或审视自身的范式。即使库恩的范式理论从自然科学向人文社会科学"旅行"过程中受到质疑和诘责，但是仍然不妨碍其巨大的理论适应力在其他领域的渗透，范式理论已然成为了一种新的历史观，其影响所及近于所有学科，尤其在社会学和人文科学领域产生了广泛而深刻的影响。诚如中国社会科学院哲学研究所刘钢教授所言："在我看来，'范式'这个概念是库恩的最大的贡献，虽然该词已被滥用，但它的价值所在就是能为各个领域所接收。"[1] 因此，库恩的范式理论是可以用来解释和分析人文社科领域的问题的，对此有学者也曾明确指出："我们认为，所谓人文社会科学范式，是指人文社会科学所共有的信念、价值观和方法论等的总和，提供了人文社会科学的理论体系和研究问题的框架，与自然科学相比，人文社会科学有着自身的范式特征。"[2] 人文社会科学领域的这些范式是由人文社会学科的特殊性所决定的。

其次是范式理论与所要研究主体的桥接问题。库恩的范式理论具有鲜明的以"理论优位"为表征的科学观倾向，以库恩为代表的传统科学哲学家们通常注重思考的都是理论问题，而忽视了科学实验的重要性，因此，往往让人们难以确切地把握范式的实质：范式理论是倾向于使自身成为范式，还是倾向于成为一种破解知识生产谜题的认知？这也是为什么《科学革命的结构》（1962 年版）一书一经问世，就在科学哲学界引起了极大讨论并导致了科学合理性危机。对此，库恩解释道："自己从未打算否定科学理论的传统优点，理论应该是精确的，即大体上符合现有的实验数据。它们不仅应该内在一致，而且应该与其他已被接受的理论相容；它们应该有广阔的视野、丰富的推论；它们应该结构简单，并以清晰的方式组织事实；它们应该富有成果，揭示新事件、新技能和新关系。"[3] 同时，库恩在《科学革命的结构》（2012 年版）一书中也提及寻找范式的过程及进行常规研究的过程，实际上就是一个"解谜"的过程。在这个过程中，需要以既成的事实作为依据和判断标准，当"解谜"的研究不断向前迈进，也就为范式的形成和确立提供了保障。诚然，当常规科学研究的范式一旦确立，它便可以开拓新疆界，展示新秩序，同时为长期公认的信念提供检验的效力。[4] 从库恩的多次释疑中我们可以看到，库恩还是吸收了实验哲学

---

[1] 刘钢.泛议库恩的"范式"概念[J].社会科学论坛,2020（01）：24.
[2] 夏东荣.对人文社会科学范式的认识与思考[J].社会科学论坛,2023（02）：216.
[3] ［加］伊恩·哈金.表征与干预[M].王巍,孟强,译.北京：科学出版社,2011：10-11.
[4] ［美］托马斯·库恩.科学革命的结构[M].金吾伦,胡新和,译.北京：北京大学出版社,2012（11）：147.

的思想，并且赞同将科学实验中的实践与科学理论结合起来，做到理论与实践的统一，这样才能更合理地在常规研究中"释惑、解谜"，从而解决科学发展中遇到的难题，为科学活动提供合理说明。也正如很多人文社会学家所指出的"一切始于社会的社会事物，都需要解释。社会停滞需要解释，社会变化也需要解释，解释一个事实就是阐明它的潜在机制。"① 那么，作为人文社会科学研究一个重要的功能就是为解释提供一种可能性，即"在解释开始之前，其对象——被解释项——必须得以描述，描述是对理解的一种说明，以便更好地进行解释，只有进行一定的解释，才可以帮助和促进我们对事物更加深刻地理解"。②

反观本研究的主体对象——广播电视有声语言传播作为一种人类信息传播活动具有鲜明的实践性特征，因此在其实践活动发展过程中必定遵循特定的范式。对我国广播电视有声语言传播实践活动的研究需要深层次的解释，目的就是为了展示它的运行因果、目的和动机，说明它以何种形式存在和发展，以及未来的走向，进而揭示其隐含的价值、意义和经验。本研究之所以用范式理论来观照中国广播电视有声语言传播实践活动，就是希望通过范式这个理论性极强的概念体系，从唯物主义观出发，立足马克思主义新闻观，依据本土有声语言传播的历史发展脉络，重新审视范式理论与信息传播实践之间的关系，使范式理论在新的时代和新的学科领域焕发新的生命力和解释力，从而为广播电视有声语言传播这门科学活动"解谜"。

另外，中国广播电视有声语言传播实践活动既是范式演进的出发点，又为范式中出现的矛盾和冲突提供了修正和完善的机会。具体可以概括为：第一，我国广播电视有声语言传播实践与具体的有声语言传播表达技巧的规律性息息相关，也为我国有声语言传播范式演进过程中产生新的学科基质提供了动力。第二，我国广播电视有声语言传播实践是根植于社会实践中的，有声语言传播既是意义传递的行为，也是意义生成的过程，所以意义必须与行为相符合。第三，我国广播电视有声语言传播实践与具体的人的需求有关，且这种需求并不是一成不变、固化的，而是随着时代和社会生活的变化而不断调整的，因此我们可以理解为某种协调，这种协调活动的性质依托于一定的社会环境背景，并依据人们对信息需求的变化呈现出复杂的诉求特征。第四，我国广播电视有声语言传播实践使我们以更加科学、理性的方式思考政治、社会、文化和媒介之

---

① [加] 马里奥·邦格.在社会科学中发现哲学 [M].吴朋飞译，北京：科学出版社，2019：153.
② [芬] 冯·赖特.解释与理解 [M].张留华，译.杭州：浙江大学出版社，2016：105、5.

间的角色关系,也为我们理解我国广播电视有声语言传播范式本身提供了更加明晰的视角。

遵循以上逻辑,本研究将库恩的范式理论与中国广播电视有声语言传播实践进行桥接的过程中必须明确几个要点:第一,必须不断力求使相关理论与重要的有声语言传播实践相互交织印证,以达到中国广播电视有声语言传播范式形成的合理性。第二,要分析这个学科共同体成员的行为准则和实践标准,也就是说,要分析这个学科共同体成员曾经和当下所关注和讨论的基本理论和研究现状。第三,要体察多种对中国广播电视有声语言传播范式形成、裂变和凝固所产生影响的要素,并尽可能地将广播电视有声语言传播范式演进过程的背后逻辑阐释清楚,解开其演进之"谜",进而在此基础上对新范式的发展趋向作出科学预判。

四、研究内容

本研究从空间维度上划定:"我国"主要指中国大陆,因人民广播肇始于中国大陆,港、澳、台地区的播音史料收集较为困难,故暂不涉及港、澳、台地区。从时间维度上划定:从1940年人民广播的肇始为研究起点,到2020年为终点,跨度80年时间。本研究拟从我国广播电视有声语言传播问题为切入口,结合我国广播电视发展史实,从范式理论的框架透析我国广播电视有声语言传播的发展历程,以开阔的时代新命题和国内外新闻传播的相关理论作为理论支撑,进行多层次、多角度的跨学科交叉研究,从传播学、社会学、语言学和新闻学等学科的经典论著中汲取营养,使学术经典在在地化过程中不断产生新意。

围绕研究主题,本研究思路主要围绕以下五个问题展开:第一,我国广播电视有声语言传播是否有范式?第二,在我国广播电视有声语言传播的发展史中每个阶段的主导性范式是什么?第三,是什么原因制约和影响了每个阶段主导性范式的形成?第四,不同时期我国广播电视有声语言传播范式之间是否有联系?其演进的过程是否有规律性?第五,不同时期所形成的主导性范式对我国广播电视有声语言传播有何启示和意义?

上述问题的提出与回答构成了本研究的基本逻辑思路,而之所以选择应用库恩的范式理论作为研究我国广播电视有声语言传播的主要理论,是因为其具有具体性、优先性和容纳性的优势。首先是具体性,范式是一个学科共同体研究具体问题的理论标准,其为研究对象提供了研究的基本理论框架和方法论上的参照，并且指明了更为确切的研究路径，能够指导研究者对研究对象进行深入、细致、规范的研究。其次是优先性，范式作为一个整体性的概念，既不同于单一化的"风格"概念，也不同于简单僵化的"模式"概念和单纯意义的"语态"概念，它比其他的概念更具全面性和系统性，更能恰切和完备地解决研究问题。最后是容纳性，范式理论之所以不仅在科学哲学领域产生了重大影响，而且在社会科学领域也受到极大的关注，是因其没有统一的定义限制和适用范围，范式的内涵具有很强的容纳性和适应性，可以帮助研究者解决很多复杂、系统的科学问题。

循着上述研究思路的基础逻辑和研究理论的适用性，本书将分为五个部分展开论述。其中第一部分（绪论）为先导，主要对选题的研究缘起、研究内容、研究意义、文献综述、基本概念、研究框架和方法以及研究难点、创新点进行详细阐述，系统梳理与我国广播电视有声语言传播相关的文献材料，为接下来的分析做好理论准备。第二部分（第一章）从纵向的历史维度，参照我国政治发展史、新闻发展史、广播电视发展史、播音主持发展史、媒介技术发展史，并结合具体的历史文献和口述文本对我国广播电视有声语言传播范式演进的脉络进行历史分期，在此过程中选取每个历史发展阶段中的具有代表性的有声语言传播理论或者有声语言传播实践加以考察，并利用文献可视化的方式力图显示在特定的时空背景下和社会语境中我国广播电视有声语言传播的主导性范式特征。第三部分（第二章到第四章）在对现行历史观反思和追溯的基础上，从横向的政治规制、社会文化和媒介技术三个维度剖析影响和制约我国广播电视有声语言传播范式形成的因素，以此更加全面地展现我国广播电视有声语言传播范式演进的全貌和各个时期主导性范式的形成原因。因为我国广播电视有声语言传播范式的演进是一个动态平衡、整体性的发展过程，其范式的演进过程并不是简单的线性替代，而是非线性的迭代及不断的修补和叠加，呈现出松塔式的排列和结构。所以这三个维度的影响因素可以更好地为我们呈现我国广播电视有声语言传播范式的演进脉络。最后，本书的第四部分（第五章）从辩证统一的"适变"和"守恒"两个向度对我国广播电视有声语言传播范式演进过程中的科学基质、核心要素进行提炼和总结，以此阐释在具体的时代背景和国家社会语境中我国广播电视有声语言传播范式演进的特殊性和相继性，从而揭示出我国广播电视有声语言传播范式演进的复杂特质、转换逻辑与现实启示。本书的第五部分（第六章）主要阐释了在以人民广播诞生为起点的八十年的语言传播发展历程中，我国广播电视有声语言传播所历经的三次范式转换，并最终形成了独具中国特色和中国气派的整体性有声语言传播范式，且我国广播电视有声语言传播范式的演进是一个渐进升级、持续演化、不断超越、叠加融合、未将完成的革命过程。

五、研究意义

（一）范式理论的指导性意义

托马斯·库恩（Thomas Samuel Kuhn）范式理论（Paradigm Theory）对于研究和发现我国广播电视有声语言传播范式演进的内在规律有着重要的理论意义。库恩的范式理论不仅在知识生产实践中为研究我国广播电视有声语言传播提供了模式步骤："确定重要事实、理论与事实相一致、阐明理论。"[①] 而且在知识生产实践上为研究我国广播电视有声语言传播提供了价值载体：使知识重新被表达，强调科学寻求和发现真理的维度价值。从该理论出发，范式就成为论证科学成就、呈现科学发展的方法与标准，并为研究我国广播电视有声语言传播提供全新的理论指导。

除此之外，范式是一个成熟的科学共同体在某段时间内所认可的研究方法、问题领域和解题标准的源头活水。规则导源于范式，但即使没有规则，范式仍能够指导研究。[②] 以往我们在探讨广播电视有声语言传播时，经常使用"语言样态"、"语言风格"（播音风格）、"话语类型"、"语言传播样式"等概念，但是鲜有从范式的角度去考察其形态特征。而要想体察一个学科的来龙去脉及这个学科的内在逻辑，范式理论是一件剖析这门学科的重要工具，它为我们呈现了一种看世界的新视角和新框架。例如刚刚进入这门学科的人，特别容易接纳前者所传授的一切观点，而缺少自己的判断和思考。这是因为他们还没有熟知这一学科的范式语汇和规则。其实一个理论或是一套范式是一个学科的世界观，它不仅包含了如何站在这个学科的视角去看待世界，也包含了如何用这个理论和范式去解决问题。知晓范式如同去一个陌生的国家，我们不仅仅作为陌生的新来者的身份寄生在新的土地上，更应该与这个地方环境互动中成为本地居民。引入范式概念的价值在于，如果一个学科因范式的确立而逐渐丰富，又因为这个学科内的所有成员都接受了一个共同的范式理论，那么这个学科的共同体成员就可以更加全神贯注地去探索这个学科中最细微、最隐秘的理

---

① ［美］库恩.必要的张力——科学的传统和变革论文选［M］.范岱年，纪树立，译.北京：北京大学出版社，2004：28.

② ［美］托马斯·库恩.科学革命的结构［M］.金吾伦，胡新和，译.北京：北京大学出版社，2012（11）：35-88.

论可能性，在一定程度上就增加了整个团体发现新问题、解决新困境、寻找新思路、突破新边界的概率。正如库恩所言："科学研究只有牢牢地扎根于当代科学传统之中，才能打破传统，建立新传统"。[①]另外，范式是所有的这个学科共同体成员所遵从的规则和习得技巧的重要准则，它让我们能从纵向的视角去宏观地辨认在历史作用下所产生的语言传播的规律性结构。同时，也为广播电视有声语言传播的学者在接受一个新范式时，去客观地审视旧范式于新范式的价值和意义。它让我们从与以往完全不一样的视角来看待有声语言传播现象，为我们在繁杂的有声语言传播活动的迷雾中"祛魅"。

（二）我国广播电视有声语言传播范式演进规律的意义

首先，对于我国广播电视有声语言传播范式演进的研究，是为了把握其发展规律的新角度、新手段、新方法，目的是为了更好地运用这些规律，辅助我国广播电视事业更好地发展。我国广播电视有声语言传播是伴随着广播电视媒体产生发展的，其范式特征也在中国社会的发展中发生着嬗变，广播电视中的有声语言在记录社会发展、传播信息价值和刻画民族性格等方面发挥着独特的作用。总结归纳我国广播电视有声语言传播范式的演进历程并分析影响其演进的各方要素的意义在于可以更加明晰地展现这个领域的发展程度，并对这个领域的发展程度起到衡量和评估的作用。

其次，我国广播电视有声语言传播范式，不仅内在地为我们勾勒了有声语言传播的过程，同时也为有声语言的适当使用、人们接触媒介的方式、传播所达成的目标以及目标达成之后所形成的思想方面的共识提供了一种模式。这种模式是传播的外在表征，也为传播提供了表征，即反映了人们与媒介（大众传播媒介）或人际传播的互动特征和相互作用，并且深刻而广泛地塑造了人们的思想和生活。

最后，我国广播电视有声语言传播范式的演进经历了要素生成、系统雏形、稳固确立、拓展革新、创新发展的不同历史阶段，这些广播电视有声语言传播范式的学科基质在新时期我国广播电视事业发展中发挥了重要的指导和借鉴效用。

---

① ［美］托马斯·库恩.必要的张力——科学的传统和变革论文选[M].范岱年，纪树立，译.北京：北京大学出版社，2005：224.

（三）学科共同体成员之间的意义

在我国广播电视有声语言传播发展的过程中，会自然而然地衍生出从事有声语言传播研究的共同体，他们以广播电视事业发展为根本遵循，共同促成了广播电视有声语言传播范式的演进。虽然在现实生活中，这个学科共同体会存在着不同的学派，但其所争论的问题和观点的交锋都是以本学科不断进步和拓展为共同价值导向的。这个学科共同体成员在身份维度上可以具体划分为两个层次：从含义最广的身份维度上看，是由所有从事、学习和教授这个专业的人员所组成的。如果再细分，则可划分为稍低层次上的团体身份，他们有从事广播电视有声语言传播工作的职业者和学生。最高层次的共同体身份，是对广播电视有声语言传播现象进行研究的科研人员和从事广播电视有声语言传播教育的教师团体。

所以，在对广播电视有声语言传播范式的考察中，我们可以从这个学科共同体成员中看到相似的情形，或是能从这些鉴别标准中抽象出一种规则，然后用规则去解释一门学科的认知方式。一方面，新的范式必须保留以往本学科内的共同体成员所坚持和认可的旧范式的解决问题的能力。这种能力来源于对范式危机的思考，并且依赖于对研究对象和具体历史情形的原始素材加以理解和诠释的能力。最终目的是让这个学科共同体的大部分成员能够认可、理解并最终达到思想上的认同。另一方面是对历史的体察，则是希望通过对历史的回顾和梳理，让这个学科共同体相继的成员能够从历史的长河中，切实感受因时代发展而促使我国广播电视有声语言传播范式演进的原因和驱动力，也就是让生活在不同时代中的团体成员能系统地感知本学科的发展脉络，从而加深对于学科的认同和归属感。除此之外，一个学科理论的日臻成熟和完善，一是对前者理论的继续、发扬和传承，二是在对前者理论的质疑、解构、修正、批判甚至颠覆的过程中逐渐形成自身的价值典范。一个时期内的理论范式的定型，是这个学科共同体的专家成员所持有的共同经验的相互弥合。正是因为这种弥合，才能够确保这个共同体的大多数成员能够遵从一套建立在共识基础上的范式理论。

综上所述，为了透析我国广播电视有声语言传播实践发展的根本逻辑，必须详细地阐明其范式演进的过程及转换的原因。

第二节 研究综述

对我国广播电视有声语言传播范式演进的考察需要进行跨学科的研究。因此,本研究的理论依据主要关涉两个部分的相关理论:第一个部分是广播电视有声语言传播的相关理论,主要涉及广播电视学和中国播音学的学科理论,第二个部分是范式相关的理论。具体而言,我国广播电视有声语言传播本质上是依附于广播电视历史发展并在此基础上所进行的有声语言传播实践活动,根植于广播电视发展的语境之中。因此,要准确把握我国广播电视有声语言传播范式演进的发展分期,首先需要对我国广播电视发展史相关文献做系统的研究;其次,要总结归纳出我国广播电视有声语言传播不同时期的主导性范式,需要对我国广播电视有声语言传播的发展轨迹和主要学术脉络进行考察;最后,要深入分析我国广播电视有声语言传播范式的成因及演进规律,还要汲取其他学科的理论养分,诸如语言学、社会学、文化学、政治学等等。概而言之,本研究运用范式理论,结合广播电视学、中国播音学、新闻传播学、语言学、社会学等学科的理论,划分、总结不同时期我国广播电视有声语言传播范式的历史分期和主导范式类型,再从三个重要维度分析其每个阶段的范式成因及因素。

根据本研究的主题内容,借助搜索网络电子文献,如中国知网、万方、维普等数据库,以及国内其他主要文献电子数据库并查阅纸质文献,如中国传媒大学图书馆藏、国家图书馆馆藏文献。目前,获取到的与本研究相关文献可以综述如下。

一、与广播电视学和广播电视有声语言传播相关的文献梳理

(一)与广播电视学相关的研究成果

苏轼有诗曾云:"不识庐山真面目,只缘身在此山中。"其实,若要想识别广播电视有声语言传播范式的真面目,可能我们不需要走出语言传播这座大山,只需要循着它的历史阶梯,攀着前人著述的甬道,采摘这个学科共同体成员栽下的花朵,就能发现其留下的线索,并逐渐探索到它的理论范式。正如马克思所说的"历史特定性原则",如果要去理解任何一个给定的研究对

象，必须从这个研究对象所处的特定时期的角度出发，然后从难以计数的可用的事实当中确定筛选的标准，并对这些事实的意义作出合理性的解释。如此而言，对我国广播电视有声语言传播范式演进的研究还应在中国广播电视学的研究框架内进行。如今，学界已经在广播电视学研究方面积累了丰硕的成果，所以，对这部分文献的梳理有助于佐证和体现我国广播电视有声语言传播范式演进的逻辑。

根据本研究的起始时间，对于广播电视学具有代表性的史学以及实践业务论著的梳理总结大致可以划分为几个阶段：第一个阶段以20世纪40年代初期为起点，主要参照延安（陕北）台播出的《大家都来说话——XNCR周年纪念广播》。该文献介绍了延安台的基本概况，如广播的波长、播音时间和解放区其他广播电台转播的时间，还有一年来国内外听众的反应。并从人民广播的性质、人民广播的内容、人民广播的动向、人民广播的现状几个方面详细记录了延安新华广播电台恢复播音的情况。第二个阶段是新中国成立后，由北京广播学院新闻系编印的《中国人民广播史资料》《中国人民广播十年》《中国人民广播事业大事记》《中国人民广播回忆录》等，这些著作及文献收集了老一辈广播工作者的回忆文章，并记述了我国广播事业艰苦创业的光荣历程。第三个阶段以十一届三中全会召开后开展的中国广播电视史志研究为节点，主要有左漠野主编的《当代中国的广播电视》（1987），赵玉明所著的《中国现代广播简史》（1987），赵玉明主编的《中国解放区广播史》（1988），以及杨兆麟、赵玉明编著的《人民大众的号角——延安（陕北）广播史话》（2000）《现代中国广播史料选编》（2007）等。其中《人民大众的号角——延安（陕北）广播史话》叙述了从1940年春开始筹建延安新华广播电台到1949年12月5日使用"中央人民广播电台"的呼号为止，大约10年时间的历史；《现代中国广播史料选编》收录了从20世纪20年代初中国境内出现的第一座广播电台到40年代末新中国成立前夕将近30年间有代表性的广播史料。以上文献详细记录了我国广播事业从诞生到新中国成立前夕近30年的广播史料。第四个阶段以中国当代广播电视史的研究为主要参照，包括《中国广播电视年鉴》（2005），刘习良主编的《中国电视史》（2007），乔云霞主编的《中国广播电视史》（2007），陈尔泰的《中国广播史考》（2008），孟建、黄灿所著的《当代广播电视概论》（2011），郭镇之所著的《中国电视史》和赵玉明（2014）所编著的《中国广播电视通史》，黄匡宇所著的《广播电视学概论》（第五版）（2017），哈艳秋主编的《当代中国广播电视史》（2018），张振华、张君昌、欧阳宏生合著的《中国广播电视学》（2019），邰亚楠所著的《广播电视传与节目编导实践》（2020）以及由中国广播电视年鉴编辑组编写的《中国广播电视年鉴》（2000—2021），中国广播影视出版社出版的《中国广播电视编年史》第三卷（1998—2008）（2021）及《新时代宣传思想工作创新与广播电视发展》（2021）。这些史学论著和年鉴系统全面地阐释了我国广播电视的发展历程，在史学、史论和业务三个维度以及描述、反思和展望三个层面上对我国广播电视发展作出探讨和分析。因此，对于以上我国广播电视每个发展阶段的历史史实进行详细梳理，然后将历史事实和文献引入记录，对于更加细致地研究我国广播电视有声语言传播范式演进尤为重要。

除此之外，由杨伟光所著的《中国电视论纲》（1998）从中国电视的实际出发，较为全面系统地论述了中国特色社会主义电视理论，并分析了中国特色社会主义电视的基本特色。由朱天所著的《观念、体制、话语——1990年代中国电视新闻改革研究的三个视域》（2012）系统阐述了20世纪90年代中国电视新闻改革路径，在政治、经济和文化等领域的多种权力的相互博弈下，我国电视新闻传播的观念、体制和话语等诸多方面都经历了两种新闻模式的碰撞和杂糅。① 张振华所著的《适变与守恒：广播电视散论》（2014）立足于中国当代社会，将中国传媒领域的新发展格局作为总背景，研究解析新传播生态对我国广播电视提出的新挑战和新命题。以上论著为研究我国广播电视的健康发展提供了新的理论支持。

（二）与广播电视有声语言传播相关研究成果

1. 与中国播音学相关的研究成果

有声语言是广播电视有声语言传播研究的主要对象，中国播音学是有声语言研究的重要理论基础。所以对于研究我国广播电视有声语言传播范式的演进就必须回到对有声语言的创作规律和表达方式上来。张颂是中国播音学理论的集大成者，他首先对广播电视有声语言传播这个概念作出了廓清："广播电视语言传播，主要是有声语言传播，其传播方式是诉诸听觉的电子传播，特点十分明显，即线性、即时性、瞬时性。"② 另他在《语言传播文论》（1999）《关于新闻传播的思考——语言传播杂记之七》一文中讲到："广播电视新闻，不能

---

① 朱天.观念、体制、话语——1990年代中国电视新闻改革研究的三个视域[M].北京：中国书籍出版社，2012：2.

② 张颂.语言传播文论[M].北京：北京广播学院出版社，1999：36.

不以有声语言为主干或主线。"① 在《关于认知共识的思考——语言传播杂记之十》中又再一次提到："广播电视有声语言传播，最具特征的是有声语言传播，文字语言传播是其次要或辅助手段。"② 从张颂对于广播电视有声语言传播概念的不断强调中，我们可以明确的是广播电视有声语言传播主要的研究对象便是有声语言，这也是本研究的基本点。他所编著的《中国播音学》（2003）、《播音语言通论——危机与对策》（2002）、《语言传播文论》（续集）（2002）、《语言传播文论》（第三集）（2006）系统阐述了广播电视有声语言传播的定义、性质、要素等，并详细论述了我国广播电视有声语言传播在发展过程中遇到的问题和困境，从而为研究我国广播电视有声语言传播范式的阶段性特点提供了重要的理论参考。吴郁在其著作《主持人的语言艺术》（1999）中对广播电视传播中的"口语化"进程及艺术性的宣传口语做了系统论述。③ 在其另一部著作《当代广播电视播音主持》（2008）一书中阐述了广播电视有声语言传播主体的影响力、个性化、人性化的创作表达。这对于我们了解我国广播电视有声语言传播的规定性特征、艺术性表达以及有声语言传播主体的共同体特点提供了理论依据。曾志华在《中国电视节目主持人文化影响力研究》（2009）一书中从有声语言传播主体的文化维度阐述了与文化意识、文化观念和文化精神相关的有声语言传播效能，为研究广播电视有声语言传播阶段性的范式转向贡献了理论参照。陈晓鸥在《广播电视语境研究》（2013）一书中，对广播电视有声语言赖以传播和依存的语境进行了论述，作者着重分析了广播电视语境体系并从广播电视的客观语境及主观语境、有声语言传播主体对广播电视语境的驾驭和建构、广播电视语境下的有声语言传播样式和体式等方面阐释了语境对于有声语言传播的重要作用及影响。其为研究广播电视有声语言传播范式提供了微观层面的视角。姚喜双（2019）的论文《中国特色社会主义播音主持体系基本建立》从媒体语言发展史学的角度系统论述了我国播音主持的发展历程，并综合考量了社会经济、媒介技术、语言发展等多种因素对播音主持事业的影响，最终提出了中国特色社会主义播音主持体系基本建立的论断，为从整体上研究我国广播电视有声语言传播范式的形成和演进过程指明了方向。

2. 与中国播音史相关的研究成果

国内关于中国播音史的研究大致可以分为史纲、概论、简史、通史和专题

---

① 张颂.语言传播文论［M］.北京：北京广播学院出版社，1999：29.
② 张颂.语言传播文论［M］.北京：北京广播学院出版社，1999：41.
③ 吴郁.主持人的语言艺术［M］.北京：北京广播学院出版社，1999：129-144.

史等。其中姚喜双所著的《播音主持概论》（2012）从本体论和系统论的角度论述了播音主持活动的性质、创作要素、表达规律及风格特征等，并站在辩证唯物主义哲学的高度阐述了播音主持事业的发展规律。喻梅所著的《新中国播音创作简史》（2016）以人民广播的播音实践和史实为依托，着重对播音主持的发展概况、创作特征和风格流变进行了分析研究，从而揭示出播音主持创作规律。该著作为研究我国广播电视有声语言传播主体不同时期的语言和风格提供了参考依据。王秋硕在其论文《中国播音批评史简论》（2017）中根据中国播音学的发展轨迹，结合早期研究播音批评史的研究成果，对播音批评史进行了历史分期，其与研究我国广播电视有声语言传播范式演进有着密切的关联性与重要的借鉴意义。姚喜双、袁伟所著的《中国播音主持史纲》（2020）一书首次提出了研究我国播音历史的方法论，在系统全面阐述我国播音发展历程的基础上，综合社会政治、语言发展、技术变迁等影响因素，对我国播音主持的历史进行了分期，这对于我们综合衡量我国广播电视有声语言传播范式演进的阶段性特征提供了理论依据。2022年出版的，由李颖、邵鹏编著，姚喜双主编的《共和国之声：中国播音口述史》一书，记录了中国人民播音事业80年中亲历者的故事，为本研究提供了更切实、鲜活的历史细节和口述材料。

除此之外，要研究我国广播电视有声语言传播的演进历程，还应掌握中国播音学相关的核心理论文献。如张颂所著的《播音创作基础》（1992）以有稿播音创作为主要内容，论述了播音语言特点，正确的播音创作道路，稿件的准备，创作主体思想感情的运动状态和表达方法，以及播音表达规律等问题。以及张颂在《播音主持艺术论》（2009）中对传受模式、语言文化、传者身份、受众期待等方面进行了辩证思考，为厘清广播电视有声语言传播的概念、要素、身份特征提供了遵循。姚喜双所著的《播音风格探》（1992）《中国解放区新闻播音语言规范》（2007）分别从播音员的创作个性和风格特征以及播音语言的规范性指标等方面进行了论述和阐释。徐树华所著的《播音主持语言策略》（2004）阐述了中外有声语言传播的艺术理论及相关应用，从实践层面展现了广播电视有声语言传播的语言传播策略。李洪岩、柴璠所著的《广播电视语言传播文化品位及审美趋势研究》（2007）立足于广播电视有声语言传播的根本规律，以语言传播者的文化身份、文化形象、文化影响力作为讨论对象，全面细致地阐释了有声语言传播中人文精神的发展传承和实现路径。陈晓鸥所著的《广播电视语言传播风格多样化研究》（2007）分析了不同历史时期有声语言传播的风格特点，有声语言传播主体个人风格形成的相关因素，并举例分析了风格特点鲜明的典型人物等。赵俐所著的《播音主持语言表达的个性化思考》(2014)对声音个性化展现的理论基础、用声能力的来源、字正腔圆的个性化表现、"播音腔"问题以及朗诵实践中的个性化的"好声音"等方面进行了论述。这些著作对我国广播电视有声语言传播的风格、规范、审美、个性、功能等方面进行了详细论述,从而为研究我国广播电视有声语言传播范式演进提供了理论和实践的参考。

二、与范式理论的相关文献梳理

(一)范式理论的系统梳理

"范式"是本研究涉及的重要概念和理论出处。范式在为科学共同体在科研过程、科研成果交流上提供抉择方向、价值判断以后,在具体的科学实践上提供了由以观察为视角,以分析思路、应用规则为手段,以及论证方法与选择标准构成的完整科学变革的范式理论。① 本研究将运用范式理论对我国广播电视有声语言传播范式的产生、发展、演进历程进行梳理,并对其演进过程中的各种影响因素进行分析。

美国科学史学家托马斯·库恩(Thomas Samuel Kuhn)在其《科学革命的结构》(The Structure of Scientific Revolution)一书中提出了著名的范式理论(Paradigm Theory),库恩的这部著作是继控制论、信息论和系统论之后对科学发展、进步研究视野的再一次理论上的创新。他系统地阐述了科学发展的内在动力——范式转移对科学结构的重要影响。在这个理论体系里,库恩提出了一个以"范式"理论为中心的动态科学发展模式:前科学时期—常规科学—反常与危机—科学革命—新的常规科学。② 他认为,科学的发展是新旧范式的更替,革命是新范式即将产生的前奏,并且新旧范式之间具有不可通约性。范式的概念在诞生之初其内涵较为含糊,很多人对范式的概念产生了误解。为回应各种责难并消除误解,库恩在后期的理论研究中,将范式理论不断地丰富和完善,特别是其在研究语言学的转向过程中,"范式"变为"词典","科学共同体"也随之成为"语言共同体","不可通约性"也可以通过翻译和语言的学习变成"可通约性"和"可比性"。

托马斯·库恩对于范式理论研究的学术生涯可以划分为三个时期:前库恩

---

① 杨怀中,邱海英.库恩范式理论的三大功能及其人文意义[J].湖北社会科学,2008(06):101-104.

② [美]托马斯·库恩.科学革命的结构[M].金吾伦,胡新和,译.北京:北京大学出版社,2012(11):10.

时期、过渡库恩时期和后库恩时期。其中，库恩早期关于范式理论的阐述主要体现在"范式"、科学共同体、"概念图示"的"不相容性"这三个方面。后来随着范式理论的逐渐推广和运用，库恩的范式理论又逐渐深化，他针对之前范式理论中相关概念存在的缺陷和不足进行适当的调准和修补，并指出科学的发展不是知识的直线积累，而是新旧范式之间的相互交替，即"科学革命"的发生。"科学革命"发生之前的"常规科学"在于实现一种有可能成功的预示，其方法是扩展那些范式所展现出来的特别有启发性的事实，增进这些事实与范式预测之间的吻合程度，并且力图使范式本身更加明晰。①

除此之外，库恩认为新旧范式中存在着定义、意义和世界观的差异，因此范式之间具有不可通约性。之后，库恩的范式理论遭到众多批判和误解，库恩在回应批判和质疑的过程中，其思想发生了重大变化，库恩从语言学角度对范式的定义、科学革命的本质以及不可通约性进行了重新阐释，使得范式的概念变得更加明晰，科学革命的过程更加具体，不可通约的绝对性获得松绑。需要指出的是，在库恩后期的语言学转向中，他将"范式"的概念替换为更加具体的"专业词典"，这个重要概念的更替，使范式理论变得更为普适合理，因为"专业词典"是一个学科的理论基础，并且词典是不断发展的，新旧词典存在交叉内容，但是新词典的部分术语是新辞典特有的，因此，新旧词典之间部分内容是可以互译通约的。从"范式"到"专业词典"，从不可通约性到局部的可翻译、可通约，从科学共同体到语言共同体，库恩的范式理论是一个不断发展、完善、深化的动态理论体系。当然，对库恩的范式理论也有质疑和批评，主要集中在"范式转换理论"的合理性这个问题上，质疑和批评者认为范式之间不具有绝对的优劣，无法从逻辑上证明一种范式一定优于另一种范式。② 所以新旧范式并绝对无优劣，它们都受到具体时代的局限，是具体时代产生的势能所形成的，并且服务于特定时代的需要。故而库恩动态开放的范式理论体系可以解释很多科学形成和变化的结构原理。

库恩关于"范式理论"系列著作为分析我国广播电视有声语言传播提供了新的理论研究模式，是研究我国语言传播的重要理论支撑。特别是范式理论后期的语言学转向更是贴合我国广播电视有声语言传播的范式演进研究，可以较为科学地解释我国广播电视有声语言传播范式之间科学基质前后相继和延续叠

---

① ［美］库恩.科学革命的结构［M］.金吾伦，胡新和，译.北京：北京大学出版社，2012（11）：20.

② ［美］艾伦·查尔默斯.科学究竟是什么［M］.邱仁宗，译.石家庄：河北科学技术出版社，2002（04）：187-190.

加的"通约性"特征。对此，美国教育哲学家谢弗勒从"指称"的角度出发，进一步解释了库恩的"不可通约性"与"可通约性"之间的辩证关系。他认为在某一领域的语言会随着新旧范式的更替而产生变化，但是在旧的范式中，某种专业属性具有一定的稳定性，当新的范式出现时，旧的术语依然可以在新的范式中运用，而具有了"可通约性"的特点。[①] 而对于"语言共同体"概念的论述更是帮助我们深化对广播电视有声语言传播主体这个群体的理解开辟了新的解释路径。

（二）范式理论的分类扩展

当前对于范式理论的分类扩展研究多见于传播学、社会学、现象学、文学、技术哲学、叙事学和自然科学等领域。如美国当代著名技术哲学家阿尔伯特·伯格曼从技术哲学的视角对现代技术所引发的现象所提出的对技术观本质思考的"装置范式"；沃尔特·费希尔根据文学写作和传播心理问题所阐释的关于叙事结构和叙事因素的"叙事范式"，赵永华、孟林山的《叙事范式理论视域下讲好中国故事的路径分析》就由叙事范式的理论出发，从宏观叙事和微观叙事、观念调整和方式调整等角度分析了我国对外传播的战略思路[②]；文论家艾布拉姆斯从文学活动出发，根据文学研究的四种研究途径将文学批评以"四要素说"范式进行了系统的阐释。大众传播理论当中根据不同的学术传统总结了不同的范式类型，诸如以功能论范式和结构论范式为代表的西方社会分层理论范式等。其中，由刘海龙所著的《大众传播理论：范式与流派》（2008）在分析了传播的六种话语研究的基础上，解释了理论与范式之间的关系，并进一步将大众分为客观经验主义范式、诠释经验主义范式和批判理论范式。[③] 这三种范式为研究我国广播电视有声语言传播范式提供了研究假设的合理性参照。同时，该书还介绍了言语行为的内涵，指出言语行为反映了传播的语言交换是社会权利的实施中介，蕴含着支配关系。这一概念内涵有助于解释在我国广播电视有声语言传播背后所隐藏的政治动员、情感支配、促成共识等方面的权力关系，为分析其范式形成和演进提供了理论解释效力。

---

① Scheffler I. Science and Subjectivity [M]. Indianapolis：Hackett Publishing，1982：54-56.
② 赵永华，孟林山. 叙事范式理论视域下讲好中国故事的路径分析 [J]. 对外传播，2018（08）：42-45.
③ 刘海龙. 大众传播理论：范式与流派 [M]. 北京：中国人民大学出版社，2008：80.

（三）范式理论的阐释应用

尹宝云所著的《什么是现代化：概念与范式的探讨》（2001）从史学"范式"的视角阐述了现代化进程中不同时代的学术巨匠对现代社会的变迁研究，其为我们更深刻地使用"范式"理论解释我国广播电视有声语言传播范式演进提供了新的视角。赵健所著的《范式革命：中国现代书籍设计的发端（1862—1937）》（2011）一书依据范式理论分析了中国传统书籍设计范式的衰变、转移和形成，其所使用的范式理论框架有助于我们对我国广播电视有声语言传播范式演进的研究提供理论结构上的辅助和参考。庞亮、杨洋的论文《论我国广播电视语言传播的范式嬗变》（2021）结合我国不同时期的广播电视发展史实对我国广播电视有声语言传播范式的发展特征作出了廓清，并在一定程度上分析了影响因素和背后成因。[①]卜晨光在《身份、话语与价值认同：新中国十七年时期播音员群体研究》（2021）一书中，主要论述了新中国十七年期间播音员在文化认同、话语建构和转型、身份价值等方面的问题，并在其中论述了"播音范式"的内涵。[②]"播音范式"概念的提出，再一次佐证了有声语言传播范式学科基质的存在。但其研究仅囿于新中国十七年时期广播播音员群体的播音范式，没有在更大时间跨度和电视媒介维度上对语言传播现象进行剖析。崔林在其论文《从"讲话"、"说话"到"对话"——中国电视新闻的范式转换与语态变迁》（2012）中依据我国电视新闻不同时期的语态特点将中国电视新闻发展历程分为三个阶段，并对每个阶段的范式特征进行了梳理和总结。在论文开篇，作者就指出："传播语态的变化发生在观念和语言层面……语态承载了传播观念和语言方式，传播语态的改变也意味着电视新闻业的变化非常深刻，标志着一个阶段传播范式的转换已经完成。"[③]电视新闻业的范式变化折射出我国广播电视有声语言传播范式的变迁。作为我国主流信息传播方式的广播电视有声语言传播承担着舆论引导、设置议程、危机处理及意识形态建构等方面的重要责任，故而其宣传观念及宣传话语的历史演化轨迹成为暗含在其范式特征内的规定性要素。

[①] 高晓虹主编.中国新闻传播研究.媒体融合与社会治理研究［M］.北京：中国传媒大学出版社，2021：34-46.

[②] 卜晨光.身份、话语与价值认同：新中国十七年时期播音员群体研究［M］.北京：中国传媒大学出版社，2021：62-63.

[③] 崔林.从"讲话"、"说话"到"对话"——中国电视新闻的范式转换与语态变迁［J］.现代传播，2012（03）：54.

三、与本研究相关的新闻传播学、语言学等学科文献梳理

（一）与本研究相关的新闻传播学文献

中国广播电视有声语言传播的根本属性是新闻性，同时还涉及语言学等学科理论。因此，对于中国广播电视有声语言传播范式演进的考察，还需要掌握新闻传播学和语言学相关的文献资料。

孙玉胜所著的《十年：从改变电视的语态开始》（2003）中讲述了《东方时空》《焦点访谈》《新闻调查》等节目作为开启中国新闻改革的典型代表，在电视语言、话语方式、传播理念、叙事逻辑等方面作出了建设性的实践，该著作对于总结我国广播电视有声语言传播范式演进的阶段性特点有着重要的指导意义。

诺曼·费尔克拉夫的《话语与社会变迁》（2003）指出语言的使用方式与社会文化变迁紧密相连，"话语根源于人们的生活方式和文化习惯，但同时也影响着人们的生活方式和文化习惯。语言不只是社会过程和结构的反映，它同时也建构了社会过程和结构。"① 因此，对于我国广播电视有声语言传播与社会文化的互动关系的体察，就离不开对于话语样式和形态的深入分析。特别是本书的第三章关于话语的社会理论中提到的话语实践及意识形态与霸权有助于我们理解在强意识形态控制下话语是如何建构社会及社会中人们之间的关系的。

我国广播电视有声语言传播最根本的属性是新闻性，其次是艺术性。因此，对其范式的研究是基于新闻传播学基础上的。《布尔迪厄与新闻场域》（2017）一书，作者从场域理论与新闻业的关系出发，指出新闻场在权力场域中拥有更大的中心位置，并分析权力在其中所发挥的作用。广播电视有声语言传播作为新闻场域中不可或缺的有机组成部分，在特定信息的传播和启蒙现代性方面展示了其独特的优势。因此，在新闻传播的语境中探讨有声语言传播现象具有可操作和可行性方面的意义。

《福柯说话语与权力》（2017）一书作者从微观的话语角度系统分析了"权力"这个复杂概念，在由话语所建构的世界中，权力掌握了主动权并染指了人们生活的各个方面。福柯在书中表示："在每个社会，话语的制造是受到一定程序的选择、控制、组织的，这些程序的目的在于消除话语的危险，控制突发事件的发生。所以，话语从生成开始就已经是不自由的，社会对于话语的生

---

① ［英］诺曼·费尔克拉夫.话语与社会变迁［M］.殷晓蓉，译.北京：华夏出版社，2003（07）.序言 1.

成包含着一种戒备的心理,总是需要一些程序来对其进行驯化,以达到一种稳定性的功能……所以说话语是被建构的。"① 这种话语认知视角为研究我国广播电视有声语言传播范式演进的阶段性特征和形成原因提供了借鉴。另外福柯对于话语权力分析的现代性批判也有助于我们理解在社会转型及现代化建设过程中,我国广播电视有声语言传播的范式转向问题。

共同体是范式理论当中一个重要的概念,詹姆斯·W.凯瑞的《作为文化的传播》(2019)从文化视角,通过揭示"传播"与"共同体"之间的意义关联,拓展了传播的意涵,传播意涵的扩展"创造了新型的人类共同体、效率与进步的新标准、更新更民主的政治形式。"② 从而为研究我国广播电视有声语言传播范式中"共同体"成员之间认同和传承的共识性开辟了新路径。另外,在广播电视媒介通过显性的有声语言符号构建现实的模式或表征时,也得以使广播电视有声语言传播成为"生产、维系、修正和改造的符号化过程。"③ 因此,有声语言作为传播的一种行为方式,在形塑和建构世界的同时,也在生成和维系着自己的范式特征。

刘海龙的《宣传:观念、话语及其正当化》(2020)一书通过梳理现代化进程中我国宣传观念的历史演变,将宣传话语放在政治、文化、新闻等场域内进行考察,解释了我国宣传话语的正当性以及传播理论问题,为我国广播电视有声语言传播范式的历史分期提供了参考依据,并证明和检验了广播电视有声语言传播的正向性宣传功能。

(二)与本研究相关的语言学文献

因为语言传播寓于语言学中的社会语言学范畴之内,所以,对我国广播电视有声语言传播范式演进的研究离不开对语言学相关理论和文献的梳理。与本研究相关的语言学文献主要集中在以下文献中:

徐大明、陶红印和谢天蔚编著的《当代社会语言学》(1997)系统介绍了现代语言学的发展历程,并且详细介绍了现代语言学的基本理论和研究方法。其中对于语言的社会化发展进程、语言变体与变异、语言变化的动力及原理、语言接触与使用、语言社区理论等方面的阐释有助于我们深入剖析我国广播电

---

① [法]福柯.福柯说权力与话语[M].陈怡含,编译.武汉:华中科技大学出版社,2017(10):33-34.
② [美]詹姆斯·W.凯瑞.作为文化的传播[M].丁未,译.北京:中国人民大学出版社,2019(04):169.
③ [美]詹姆斯·W.凯瑞.作为文化的传播[M].丁未,译.北京:中国人民大学出版社,2019(04):23.

视有声语言传播的内在肌理，特别是对于语言在社会变迁中所发生的种种变化具有强大的解释力。

张西平、柳岩梅编著的《世界主要国家语言推广政策概览》（2008）概括总结了世界主要国家语言推广的历史和经验，并阐述了西方各国语言推广的经验教训，此著作为我们研究我国广播电视有声语言传播范式的标准化语言推广提供了横向的他国对比与纵向的历史参照。

由赵守辉、钱立峰编译，罗伯特·库珀所著的《语言规划与社会变迁》（2021）一书从语言发展过程中的管理与规制角度阐述了语言规划的定义、不同国家语言规划的规范化与标准化制定、社会变迁与语言规划的关系等。这为我们研究影响我国广播电视有声语言传播范式演进的规制因素提供了理论参照和依据。另外，郭生龙所著的《中国当代语言规划的理论与实践》更是以本土化的视角介绍并分析了我国语言规划的内容类型、构成要素、方法过程、特性原则和实施条件。此论著兼具学理性与实践性，为我们深入了解我国语言规划的变迁以及发展趋向提供了理论支撑。

除此之外，李宇明的《什么力量在推动语言传播》和《探讨语言传播规律》，王辉的《语言传播的理论与探索》，潘巍巍的《语言传播本质、规律探究》，张燕的《语言传播的要素、范式与策略分析》等论文也为研究本选题提供了新的研究视角。

四、文献综合述评

综上所述，从现有的与本研究相关的文献和研究成果来看，就研究领域和主题分布而言，专门针对我国广播电视有声语言传播范式演进的系统性研究还存在不足甚至是空白。学者们对不同时期的广播电视有声语言传播的研究虽然切入点不少，但是研究分布呈现出不充分、不平衡的情况：广播电视有声语言传播风格研究的多，范式特征研究的少；在中国播音学框架下研究的多，广播电视学及交叉学科研究的少；共时性的有声语言传播现象研究的多，历时性总结梳理的少；实践经验总结的多、学理性创新点少；对某一节目或者新闻事件研究的多，结合社会时代大背景研究的少。另外，需要指出的是从人民广播诞生到社会主义新时代时期，我国广播电视媒体发生了翻天覆地的变化，在瞬息万变的媒介环境中，我国的新闻信息传播对基于广播电视媒介之上的有声语言传播提出了新要求、新标准。从2014年开始我国传统的广播电视媒体逐渐向媒体融合方向发展，这既反映了传统媒体的转型需求，也反映了我国广播电视有声语言传播与媒介实践紧密相连。基于以上对现有文献的总结分析,对我国广播电视有声语言传播范式演进研究的必要性不言自明。

第三节 相关理论和概念辨析

中国广播电视有声语言传播范式包括两个非常核心且重要的概念:"广播电视有声语言传播"和"范式"。因此,对于这两个基本概念的廓清是我们开展研究的前提和条件。

一、广播电视有声语言传播

首先,从基础概念上说,广播电视有声语言传播可以拆分为两个子概念:广播电视有声语言和语言传播。首先是广播电视有声语言,《广播电视简明辞典》中分别给出了广播语言和电视语言的基本概念。第一是广播语言:"经过加工的符合语言规范和便于多数人听知的口头语言。它以口头语言为基础,比书面语言通俗易懂,符合听说习惯,但又不同于日常生活当中的口头语言。要求严格按语法规律遣词用语、组织句子,一般比日常口语简洁、准确、严密,较少依赖语言环境。"第二是电视语言:"电视节目中的有声语言部分。有声语言和画面、音响一起称为电视节目的三大构成手段。画面与声音(语言、音乐、音响)以及有声语言有机结合构成了电视语言。"[1] 相较于广播中的语言,电视中的有声语言主要延伸了人体的视觉和听觉,是以声音、影像、文字等多种符号作用于观众视听器官的另一种综合性的语言系统,拥有广泛的传播力、影响力、渗透力和引导力。[2] 其次是语言传播:"语言传播也被称为语言扩散、语言扩张或语言散播,是语言社会学研究的一个分支领域。"[3] 李宇明对语言传播概念的定义是:"语言传播是指 A 民族(包括部族)的语言被 B 民族(包括部族)学习使用,从而使 A 民族(语言领属者)的语言传播到 B 民族(语言

---

[1] 赵玉明.广播电视简明辞典[M].北京:中国广播电视出版社,1989:40.
[2] 廖祥忠.视频天下:语言革命与国际传播秩序再造[J].现代传播,2022(01):3.
[3] 王辉.语言传播的理论探索[J].语言文字应用,2019(05):21.

接纳者)。"① 这是从对外和族际传播的角度对语言传播概念进行定义的。另外，被引用得最为广泛的语言传播定义是美国社会语言学专家罗伯特·库珀的阐述，他在《语言传播：社会扩散与变迁》一书中这样定义："语言传播是某个交际网络为了实现特定的交际功能而采用某种语言或语言变体的行为，它是一个动态发展的过程。"② 同时，他对语言传播过程的各个要素进行了分析，归纳为："语言传播主体、语言传播客体、语言传播行为、语言传播目的/动机、语言传播条件、语言传播方式、语言传播手段和语言传播效果。"③ 如是，语言传播过程就离不开对传播主体、客体、方式、价值属性和效果的讨论。

中国播音学理论奠基人张颂教授在其《语言传播文论》中明确提出："广播电视有声语言传播，主要是有声语言传播，其传播方式是诉诸听觉的电子传播，特点十分明显，即线性、即时性、瞬时性。"④ 根据以上对广播电视有声语言传播概念中各个子概念的分析和陈述，再结合传播过程的各要素，我们可以给广播电视有声语言传播下一个操作性的定义：广播电视有声语言传播是传播主体（播音员、主持人、记者、嘉宾等），在特定的环境中，通过电声系统运用有声语言进行的传播活动。广播电视有声语言传播是以广播和电视这两种大众传播媒介为载体进行信息传播的方式。抑或是广播电视媒介所有者通过有声语言的象征性符号，向社会群体大众进行传递信息、引导舆论、教育宣传，进而影响其态度和行为的信息传播方式。

其次，从媒介属性上看，广播电视有声语言传播活动紧紧依托广播电视这两种媒介，对于广播电视媒体而言，有声语言符号是众多传播符号体系中首要的传播符号，也是广播电视有声语言传播中最常用和直接的传播符号。另外，广播电视媒介是感知时代变化和社会变革重要的主流信息传播渠道，其传播的内容和有声语言形式具有鲜明的时代气息，在不同的历史时期因政治、社会、文化、技术等因素的影响呈现出不同的形式特征。从历时角度看，广播电视的发展变化往往是通过声音形式的变化显现出来的。

最后，从学科范畴和研究范围上讲，广播电视有声语言传播属于新闻传播学下的广播电视学的学科范畴之内，主要研究广播电视媒介中的有声语言及其传播规律，又因其研究范围横跨多个学科范畴，所以播音主持艺术学、传播学

---

① 李宇明. 探讨语言传播规律 [J]. 云南师范大学学报（对外汉语教学与研究版），2007（04）：1.
② Cooper R L. Language Spread: Studies in Diffusion and Social Change [M]. Bloomington: Indiana University Press, 1982: 35.
③ 张燕. 语言传播的要素、范式与策略分析 [J]. 安徽工业大学学报（社会科学版），2020（04）：59.
④ 张颂. 语言传播文论 [M]. 北京：中国传媒大学出版社，1999：36.

以及社会语言学等学科领域的相关理论也应包含在研究范围之内。另外,广播电视有声语言传播研究的主要范围是基于新闻传播类的有声语言传播实践,除此之外也包括综艺娱乐类、社教服务类、谈话类等有声语言传播实践。所以那些缺乏明确的传播目的的有声语言传播主体,缺乏明确意图的传播现象,我们将其列入人际传播和个人的社会交往的互动类别,以及广播中的音乐、音响语言,电视中的画面语言、动画特效语言、文学语言、音乐音响语言,不作为即将要讨论的广播电视有声语言传播对象考察。

二、范式理论

"范式"概念最早是由美国科学哲学家托马斯·塞缪尔·库恩(Thomas Samuel Kuhn)提出,他在《科学革命的结构》一书中指出范式是公认的科学成就,是共有的范例。[①] 学界一般将库恩的范式思想研究过程划分为三个阶段:第一个阶段是以《科学革命的结构》出版为标志,被称为"前库恩"阶段,这个阶段主要的科学成就在于其提出了范式概念,从而导致了科学观领域的革命。第二个阶段以 1977 年出版的《必要的张力——科学的传统和变革论文选》为标志,被称为"过渡时期的库恩",他将容易令人误解的"范式"改为"学科基质"进行阐释。第三个阶段是 19 世纪 80 年代后期,被称为"后库恩时期",他强调科学革命就是语言革命。这三个阶段共同组成了库恩的范式理论体系,因此范式理论在一段时间里便成为实践共同体解答典型问题的理论遵循。在这个理论体系里,库恩提出了一个以"范式"理论为中心的动态科学发展模式:前科学时期——常规科学——反常与危机——科学革命——新的常规科学。如图 0.1:

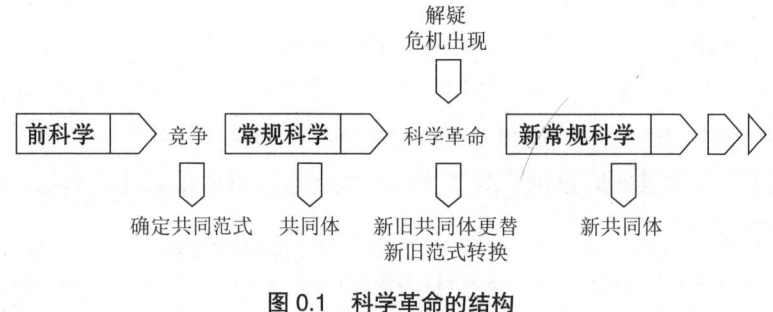

图 0.1　科学革命的结构

---

① [美]托马斯·库恩.科学革命的结构[M].金吾伦,胡新和,译.北京:北京大学出版社,2012(11):157.

其中"常规科学"是指坚实地建立在一种或多种过去科学成就基础上的研究。这些科学成就为某个科学共同体，在一段时间内公认为是进一步实践的基础。一种范式通过革命向另一种范式过渡，便是成熟科学通常的发展模式。[①]而危机则始于范式的模糊，随之而使常规研究的规则变得松弛。危机打破了陈旧的框架，并提供给范式根本转变所必须的积累资料。而新范式的转变就是科学革命。[②]科学革命的内在动力始于范式的转移，库恩所阐述的范式理论的动态发展模式是科学哲学研究中的一个进步，范式理论的影响不仅仅限于科学史、科学哲学、科学社会学等相关领域，而且延伸到社会学、文化人类学、文学、艺术学、政治史、宗教史等人文和社会科学领域。例如大众传播理论在形成和发展过程中就逐渐形成了其特有的范式类型：客观经验主义范式、诠释经验主义范式和批判理论范式。[③]除此之外，常见的还有实证主义范式、冲突范式、符号互动主义范式、结构功能主义范式等等。

其实库恩的"范式理论"从萌生到发展，再到成熟也是经历了长达四十多年的历程。在1957年《哥白尼革命》一书中，库恩引用了"概念图示"一词成为后来"范式"的雏形；在1962年《科学革命的结构》第一版指涉了解决问题的科学成就；在1965年《发现逻辑还是研究的心理学》中库恩指出"范式"是具体的事例，通过"范式"可以有效地获取知识；在1969年《后记》当中，库恩指出"专业基质"包含符号概括、模型、价值和范例等四种成分；在1969年《对范式的再思考》一书中，库恩阐释了"专业基质"的两种意义，即科学共同体所共有的全部承诺以及将承诺中重要的部分抽离出来的子集；在1970年《科学革命的结构》第二版中，库恩指出了"专业基质"的两种不同的使用方式：一个是科学共同体所持有的信念、价值、技术等构成的整体，一个是整体所具备的解答谜题的效用；在1977年《必要的张力——科学的传统和变革论文选》一书中，库恩对"范式"概念的变化过程进行了回溯，并收缩了"范式"的意义；在1982年《可通约性、可比较性、可交流性》中，库恩将"专业词典"取代了"范式"和"专业基质"；在1986年《科学史中的多可能世界》中，库恩进一步阐释了"专业词典"的意义内涵及其在"通约性"方面的解释力；在1990年《结构之后的路》中，库恩又再次阐述了"专业词

---

① ［美］托马斯·库恩.科学革命的结构［M］.金吾伦，胡新和，译.北京：北京大学出版社，2012（11）：10.

② ［美］托马斯·库恩.科学革命的结构［M］.金吾伦，胡新和，译.北京：北京大学出版社，2012（11）：72-77.

③ 刘海龙.大众传播理论：范式与流派［M］.北京：中国人民大学出版社，2008：80-90.

典"的作用，使"范式理论"更加完备成熟。

库恩的"范式理论"由于样本的许多重大问题尚待探索，使其定义变得不可分析，同时伴随着学界对"范式"研究的不断深入及拓展性运用，其概念的"模糊性"遭到了很多学者的批判。另外，库恩自己对"范式"的表述也十分含糊和混乱，在他的著作《科学革命的结构》当中就对"范式"作出了多种定义。比如："'范式'是'事例'或'例证'"、"'范式'是理解世界的理论框架"、"'范式'是整理现象的方式"、"'范式'是'认识模型'"、"'范式'是理论的结构"等等。① 面对学界的诸多诘责和质疑，库恩在他的学术生涯后期，通过寻找新的术语来阐释人们实际上是通过某种范例而不是定义来学习、理解和交流的。库恩开始把注意力放在分类词汇上，特别是语言学习过程在科学革命和不可通约性的表征中所起的作用。最终于1982年，库恩用术语"词典"一词取代了充满歧义的"范式"，使其成为"范式"的逻辑承接，他主张每一个学科都有着自己独特且明确的结构化体系，而"词典"则构成了一个分类有序的系统，涉及的领域涵盖了自然、社会、历史等多个领域。

虽然库恩的"范式理论"受到了质疑和误解，但是仍不妨碍其成为影响深远的创新理论，因其适用的领域如此之广，还是有大量的学者对"范式"的研究高度关注。国内外的学者通过对"范式"多重性内涵和边界外延的分析，发现"范式"的本质内涵既是世界观同样也是方法论，在总体倾向上是选择与预示的统一，其实现方式是科学革命，同时"范式"的形成过程也是产生和生产知识的过程。"范式"集中表现为知识生产主体即科学共同体对知识本体的基本观念和共有信念，并且指引着知识生产（知识发现）主体的实践方式选择与认同。作为知识存在的方式，"范式"在知识生产实践的结果上，承载着知识产品的形式和内容，表现为特定的知识话语体系。②

（一）作为知识生产方式的"范式"

1. "范式"为科学共同体提供了世界观基础

一个学科的范式不仅包括系统的理论、思维模式和心理要素等复杂的前提和条件，同时还包括着一个学科共同体共同的信念、价值取向和研究方法。"范式"不仅是一个学科的共同体成员通过科学界日积月累发展起来的宝贵经

---

① 参见：[美]托马斯·库恩.科学革命的结构[M].金吾伦，胡新和，译.北京：北京大学出版社，2012.

② 尹馨宇.范式的观念关于库恩"范式"的哲学思考[D].武汉：武汉理工大学，2020(05)：21.

验，为一个学科的共同体成员提供世界观交流的平台，其还在知识生产实践当中表现为为一个学科的共同体成员提供共同的价值方向和实践根据，并为这个学科的科学共同体在科学研究方面提供了可行性的基础。

2. "范式"转换为科学实践提供了价值方向

范式是动态发展的，是随着科学的进展不断发展的。其中，旧范式会被新的范式所取代。"新范式对老范式以前使用过的语汇和仪器的收编，既有概念上的也有操作上的，但是新范式很少以传统的范式去应用这些借过来的要素。在新的范式中，老的语汇、概念和新的之间有一种新的关系。"[①] 范式的转移是科学发展的内在动力，新范式由旧范式产生出来，所以它们通常都收编了许多传统范式以前使用过的语汇和器皿。在新的范式中，老的语汇、概念和实验彼此之间有一种新的关系。[②] 一个学科中范式变化所表现出的显著特征是反常的出现，它是长久的，基于各种因素的累积和深刻的影响，而这种影响不是突变的，需要一个日益增长的危机变化过程。范式的转换为科学工作者提供了主体决策的认知方向、判断标准和价值依据，其转换的价值功能将发挥重要的实际指导作用。可以说，在范式的价值论启示及指导下合理分配和优化了研究条件和物质资源，从某种程度上明晰了科学研究的目的，极大地提高了科学共同体成员的工作效率。[③]

3. "范式"为科学研究的方法及科学实践提供了依据

"范式"作为一种观察、分析和规则的手段，指导具体科学实践的方法选择，为科研活动提供模式、步骤："确定重要事实，理论与事实相一致，阐明理论。"[④] "范式"在为科学共同体在科研过程、科研成果交流上提供抉择方向、价值判断以后，在具体的科学实践上也提供了由以观察为视角，以分析思路、应用规则为手段，论证方法与选择标准构成的完整科学变革的范式理论。[⑤] 从

---

① [美]托马斯·库恩.科学革命的结构[M].金吾伦，胡新和，译.北京：北京大学出版社，2012（11）：134.
② [美]托马斯·库恩.科学革命的结构[M].金吾伦，胡新和，译.北京：北京大学出版社，2012（11）：125.
③ 李子彪，张静，李林琼.科学共同体的演化与发展——面向"矩阵式"科学评估体系的分析[J].科研管理，2016，37（S1）：11-18.
④ [美]托马斯·库恩.必要的张力——科学的传统和变革论文选[M].范岱年，纪树立，译.北京：北京大学出版社，2004：28.
⑤ 杨怀中，邱海英.库恩范式理论的三大功能及其人文意义[J].湖北社会科学，2008（06）：101-106.

该理论出发,"范式"成为论证科学成就、呈现科学论证中的诸多要素的方法与标准,并为研究课题提供全面的理论指导。

(二)作为知识存在方式的"范式"

1. "范式"为知识生产实践提供了明确的目标指向

在常规科学中,范式可以定义一门科学具体所研究的问题,使得实例收集和理论表达成为高度有目的的活动。① 在具体的科学研究中,"范式"的找寻必须着重于事物在认知过程当中的实践性特征。因此,在发现和找寻"范式"的过程当中,必须要对所研究的对象作出描述和选择,从而实现不同认识视角和深度的结果发现,"范式"的找寻和发现体现了研究者的一种自主性。所有知识的产生都应该遵循一个既定目标,无论采取哪种研究方法,其主体都是具有高度针对性的。

2. "范式"为知识生产实践提供了价值载体

"范式"使科学知识重新被表达,即范式的本质其实就是知识重新组合的过程。"范式"强调了知识是一个代表性维度的价值。那么被理解的知识就可以通过定义来履行认知的功能,从而使主体和周围的事物产生一种密切的联系。所以说,知识除了表现形式之外,还强调它的实用和适应性特征。那么这就意味着知识不再是知识分子的专有领域,而是成为组织的普遍手段,可以随时改变和适应。于是在这个过程中,"范式"就为知识的生产与实践提供了重要的、可参照的价值载体。

3. "范式"是知识存在方式的内在依据

"由于矛盾作为事物的本质,内在的包含着事物自我否定的因素,所以矛盾才能够成为事物自我运动的根本动力,才能够推动事物向前运动、向前发展。"② 从范式的角度来说,作为产生知识的"范式",就在这一历史过程当中发挥着其矛盾性的特征,有着自身的发展历史过程,并通过对旧范式的不断否定、推翻,从而带来科学革命,达到重新建构新范式、推动科学发展的目的。所以说,从这个角度来说,"范式"是科学向前稳步发展的内生动力,是知识

---

① 江涛.论科学的价值合理性[J].复旦学报(科学社会版),1995(05):38-42.
② 杜胜利,刘卫平,邱兴平.从矛盾范式到系统范式——精神自我运动发展本性的逻辑证明[J].系统科学学报,2013(03):19-23.

存在方式的内在依据。

总体来看,库恩的"范式理论"有着运用者的目的性取舍及"范式"论域本身的理论延展性;库恩"范式"发展符合一般科学理论发展的规律,具有开放性;"范式"运用和发展整体上表现为合目的性及合规律性的统一。①

三、中国广播电视有声语言传播范式

(一)中国广播电视有声语言传播范式的溯源

中国广播电视有声语言传播不同于市井乡间的闲聊杂谈,也不同于文字书写的晦涩难懂,它是藉由广播电视媒体而诞生的一种重要的信息传播方式。首先,我国广播电视有声语言传播是一种信息传递行为,其在具体的传播实践当中有着自身独特的表达规律。其次,我国广播电视有声语言传播是一种信息传递的形式,能够阐明由有声语言传播实践所体现的社会结构。再次,我国广播电视有声语言传播还是一种意义内涵,能够揭示其行为主体所蕴含的文化身份。其中,作为行为的有声语言传播所体现的规律,涵盖了有声语言传播过程中所形成的内在规律,也有因作用于社会现实的外部效果(从信源到效果当中一系列的互动符号和意义交织的系统)。作为结构的广播电视有声语言传播所体现的是其作用于社会领域的结构性力量,即为了满足社会的某种需求和功能,从而为社会主流价值体系提供一种保障。作为文化内涵的广播电视有声语言传播则体现了其价值属性,包括有声语言传播主体的文化属性及内容的文化属性。这些属性在于确立其身份地位,以及在更广泛的层面上提供一种持续而长久的民族和社会的动力链接。最后,作为更广泛意义上的广播电视有声语言传播,是对人类传播行为的理解,意味着能够领会作为广播电视有声语言传播主体的人所深刻嵌入的价值空间,从而判断人在传播过程中的价值和意义。

作为信息传递行为、方式和内涵的广播电视有声语言传播在长期的发展中形成了独具中国特色的范式,并且旧范式在向新范式演进的过程中要经历长期反复吐纳和迂回。究其原因有二:其一,一个时期内的广播电视有声语言传播范式有着自身的完备性,其学科基质已经趋于稳定。尽管在范式转换的过程中,前范式的局部数据和特征被逐渐取代和解构,但其整体性依然完好,且前范式的要素往往限制和阻碍新范式的形成和发展。其二,新的有声语言传播范式是具有活力和时代感的,并且在人们的话语实践和接纳限度之中会显现出自

---

① 尹馨宇.范式的观念关于库恩"范式"的哲学思考[D].武汉:武汉理工大学,2020(05):42.

己独特的感知优势和融合性,能以此通过"积累式"的知识累积去调准和完善旧范式中的某些概念。所以,一个新的有声语言传播范式蕴含着强大的迁徙力与生命力,不断提高着旧范式的精准度。同时,不同发展阶段的广播电视有声语言传播范式又有着系统性的根本联系,相互重叠、相互渗透。在新的广播电视有声语言传播范式中,需要一个概念或者术语将新范式从前范式当中那些模糊的结构和含义当中分离和解放出来,使新的范式进一步明晰化、区别化。

(二)中国广播电视有声语言传播范式学科基质的锚定

库恩在《对范式的再思考》一文中,将"范式"翻译为"学科基质",他所指出的"学科基质"便是指那些经典的著作和公认的模型,也是这个学科共同体所共有和共享的价值准则。其中的"基质"指谓的是学科共同体所拥有的元素,并且强调了它在学科领域中的重要性。所以在研究我国广播电视有声语言传播范式演进时,首先,将选取在每个时期内具有典型意义的历史史实或是经典的有声语言传播的理论和人物作为佐证对象。因为这些"经典"往往包含着某种辩证法,即经典史实及文本能够揭示出某个特定时期内所隐含的价值、意义和内容,从而具有启发性和革命性的功效。其次,他们曾在特定时期内产生过重要影响,这些人物不仅是一段时期内历史的被造者,而且也是历史进程中某个领域的创造者,甚至是某个理论本身的创造者。其自身蕴含着"坚定性"和"相关性"的价值,并且拥有某种应用性的机制,调节着整个有声语言传播系统的关系,因而被人们奉为圭臬。再次,有声语言传播领域的经典史实及人物理论与本研究密切相关且始终具有参考意义,纵然当我们回顾这些经典时,会发现他们在具体的特定的时期内存在着一定的局限性,甚至在广播电视发展历史进程当中存在着停滞或是故步自封的境况,但在整个广播电视有声语言传播发展的历程中,却承载着构建理论模型的借鉴价值。因为,纵观一切学科的发展规律,当经典刚刚出现时,往往固然的带有某种新奇性和争议性,但正因为这些新奇性和争议性,才使其与某个特定的历史阶段及周围环境发生了密切的关联,并潜藏着改革性和突破性的力量。这为一个理论或范式的繁衍、扩散、维系提供了内生性的动力。最后,不同时期"经典"的有声语言传播实践和理论为我们开启了一种思考现实的新方式,而体察我国广播电视有声语言传播范式的演进历程,则是建立在不同时期的这些"经典"的范式冲突的基础上的,因为"经典"具有海纳百川的容量,同时能让我们免于陷入非此即彼的二分法的窠臼当中。所以关注事实以及文本概念内在的理论张力,有助于帮助我们把握我国广播电视有声语言传播范式的演进过程。所以,如果能够恰如其分地掌握并利用这些经典史实文献和理论人物,那么,在我国广播电视有声语言传播范式的理论建构及其在演进中的社会环境和人类认知的关系上,就能够持续不断地作出合理性阐释。

(三)中国广播电视有声语言传播范式特征的向度划分

我国广播电视有声语言传播并非是一个封闭的系统,就其历史发展而论,具有开放性与适应性的特征。因此,对于我国广播电视有声语言传播范式演进的研究,可以根据语言分析和社会理论相结合的方式对其阶段性的特征进行向度划分。

诺曼·费尔克拉夫(Norman Fairclough)认为,整合了语言学和社会学的话语分析,应该包括三个向度:文本向度、话语实践向度和社会实践向度。① 依照费尔克拉夫对于话语分析的三个向度的解释,我们可以将我国广播电视有声语言传播范式的阶段性特征划分为三个主要的向度。第一个向度是从文本的意义和结构进行分析,指涉的是在每个历史时期内我国广播电视有声语言传播具体的文本、音像资料和图像材料等,用来阐明这些文本材料在生产和传播过程中的解释性内容,文本所蕴含的思想传承得越绵长,启发性越大,其经典性就越强。第二个向度是话语实践向度,这个向度除了关注特定时期的特定文本之外,还关注特定时期所出现的特殊的有声语言传播实践,并且将这些特殊的、有代表性意义的有声语言传播实践与前一时期的有声语言传播实践进行对比,阐明它们之间的联系和差异,以揭示这些新出现的有声语言传播实践是如何影响和改变着以往的有声语言传播范式,以及它们之间是如何协商和彼此接受的。第三个向度是社会实践向度,它需要我们将社会实践中更广泛的因政治规制、多元文化、媒介技术等因素而急遽转向或强势陶染的话语实践纳入考察范围并关注其对广播电视有声语言传播所产生的效果和影响。这个向度关涉的是广播电视有声语言传播的社会实践与其自身的相互作用关系,主要倾向于社会分析方面的问题,如话语事件的机构和组织环境是如何塑造和生成特定的话语实践,这些话语实践又是怎样揭示其内在的本质和建构性效果等。

(四)中国广播电视有声语言传播范式的共同体结构

一项事业的确立,离不开从事这项事业的群体。他们因倾向于某种共同价值和信念而彼此联系在一起,因此拥有了该领域中共同体的性质。"所有科

---

① [英]诺曼·费尔克拉夫著.话语与社会变迁[M].殷晓蓉,译.北京:华夏出版社,2003:4.

学共同体的成员，包括前范式时期的各学派，都共有那些我把他们集合起来称作范式的各种要素……常规科学和科学革命都是基于共同体的活动。为了发现和分析，他们必须首先澄清科学的共同体结构在历史上的变化情形。①斐迪南·滕尼斯（Ferdinand Tönnies）在 19 世纪末期出版的《共同体与社会》中将共同体分为三种类型：血缘共同体、地缘共同体和精神共同体，其中精神共同体是最高形式的共同体。②

在中国广播电视有声语言传播发展过程中，会自然而然地衍生出从事有声语言传播活动的共同体，即滕尼斯所说的"精神共同体"的直接体现。这个共同体成员是由这个学科领域内的所有研究、学习和实践者（实践者即语言传播主体）组成，他们以广播电视事业发展为根本遵循，是一种合"目的"性的联合体，共同促成了广播电视有声语言传播范式的形成和演进。因此，我们需要回顾历史资料，对不变的资料进行重新诠释，也就是对"历史情境"再梳理。"一个范式就是一个科学共同体的成员所共有的东西，一个科学共同体由共有一个范式的人组成……只要分析一个特定共同体的成员的行为就能发现范式。"③科学共同体是范式的载体，是新旧范式更替的推动力量。④库恩所界定的科学共同体是科学知识的生产者和确认者，是"范式"赖以存在的载体。科学共同体在范式理论中通过信奉范式而产生作用，另外也受到范式的制约和影响。所以，研究我国广播电视有声语言传播范式的演进，就必须划定其科学共同体成员的组成结构。

按照库恩对于一个学科共同体成员组成结构的解释，我们可以将我国广播电视有声语言传播范式的共同体成员划分为三类范畴：第一类是广播电视有声语言传播的实践者；第二类是广播电视有声语言传播的学术和理论研究者和学习者；第三类是广播电视有声语言传播的代表性人物。其中第一类主要指从事广播电视有声语言传播的专业工作者，其依托的是政府和专业化的组织机构所进行的有声语言传播，代表的是主流话语实践在新闻传播当中的价值取向，具有新闻专业主义性质。第二类指的是研究广播电视有声语言传播的学术研究者和学习者，其对于广播电视有声语言传播的研究支点更偏向于批判性及理性，即在播音主持艺术学基础上生发出来的对于广播电视有声语言传播范畴内更为

---

① ［美］托马斯·库恩.科学革命的结构［M］.金吾伦，胡新和，译.北京：北京大学出版社，2012（11）：150-151.

② ［德］费迪南·滕尼斯.共同体与社会［M］.林荣远，译.商务印书馆，1999（02）：65-76.

③ ［美］托马斯·库恩.科学革命的结构［M］.金吾伦，胡新和，译.北京：北京大学出版社，2012（11）：147-148.

④ 刘聪.论后期语言学转向对范式理论的拓展［D］.长沙：湖南科技大学，2016：29.

广阔的有声语言传播问题。第三类是广播电视有声语言传播当中的代表性和典型性人物，因其在特定历史时期内对广播电视有声语言传播产生了重要影响，并作为特定的时期内广播电视语言的范例和代表，从而为厘清我国广播电视有声语言传播范式的阶段性特征提供依据和参考。

所以当考察这三类范畴时，应将其视为具有系统性关联的观念及研究路径，以此呈现出范式中共同体成员所具有的高度内部连贯性。由于共同体成员的"分工"不同，那么在一定程度上在我国广播电视有声语言传播范式形成和演进中就扮演了不同的角色。首先我们需要承认的是我国广播电视有声语言传播范式中的共同体是一个有机的整体，但在整体之中单元和部分既是相互链接又是彼此独立的，是分工明确又彼此制约的，是"联合"且"博弈"的。具体表现为：一方面，"研究者"根据"实践者"的语言传播活动和效果，在分析、讨论、评价有声语言传播范式学科基质的基础上，在"失范"与"革新"、"危机"与"反常"之间找到平衡或者作出改变，就是在这个过程中广播电视有声语言传播的阶段性范式特征逐渐显现，从而为"学习者"指明方向。另一方面，虽然"实践者"是"研究者"的理论来源和研究对象，但其也会反作用于"研究者"的评价和制约，因"实践者"在有声语言传播过程中会收获大量的注意力投放和"显性权力资源"，导致有声语言传播的话语实践发生偏向甚至产生断裂，从而扭转或者引领有声语言传播范式的转向，此时"学习者"虽力量薄弱，但在一定程度上却能够助力范式转向。而就是在这种有声语言传播共同体所包含的"研究者"、"实践者"和"学习者"所形成的天然制约和联系中，一种理性的、科学的、自由的广播电视有声语言传播范式才有可能逐渐趋于成形和稳定。

上述问题的思考与分析，不仅可以廓清中国广播电视有声语言传播范式演进的动力因素和类型特征，在媒介极速迭代和传播观念急遽变化的时代背景下，从宏观的维度去审视其独特的价值，从微观维度去具体考察其行为实践，而且还可以为我国广播电视有声语言传播的系统性研究及可持续发展提供理论支撑和智力支持。另外值得注意的是，在分析考察我国广播电视有声语言传播范式演进时，我们应尽量审慎地使用所谓的优先时代话语权，在承认过去客观历史条件的前提下，尊重历史局限地去归纳总结其阶段性的范式表征。

第四节 研究内容、框架与方法

一、研究内容及框架

对中国广播电视有声语言传播范式演进的研究是为了解释在以广播电视为媒介进行信息传播时，在特定的历史时期内使用特定的有声语言传播范式，有哪些因素导致了这种范式的产生，以及这种有声语言传播范式达到了什么社会效果，起到了什么作用和影响。根据这个问题去认识我国广播电视有声语言传播范式演进的原因在于：第一，我国广播电视有声语言传播是一个历史现象，在我国广播电视有声语言传播实践发展的不同阶段，被广播电视媒介赋予了不同的功能。这些特定时期的"功能"为特定时期的我国宣传思想的落实提供了智识。第二，我国广播电视有声语言传播是一个社会现象，并随着我国社会发展而不断地变化。而且，广播电视有声语言传播所折射出的有声语言实践观念才是真正影响我们社会的东西。第三，我国广播电视有声语言传播是一个认识现象，复杂的有声语言传播现象综合起来会形成范式的轮廓，而其范式的核心则隐藏于这些有声语言传播现象背后的理论研究，同时对每个时期内最主流的关于广播电视有声语言传播的理论进行复研，将有助于精准地概括其范式的核心。

按照以上的思路，研究我国广播电视有声语言传播范式的演进可以遵循以下逻辑框架：首先，对我国广播电视有声语言传播范式的演进进行历史分期，并对每个时期有声语言传播的主导性范式进行总结提炼；其次，遴选出影响我国广播电视有声语言传播范式演进的重要因素，并分析各个影响因素对其的影响作用；最后，总结和归纳我国广播电视有声语言传播范式演进过程中"适变"与"守恒"的规律，并且辩证地看待我国广播电视有声语言传播范式演进"变"与"不变"之间的关系。

二、研究方法

（一）历史研究法

"历史是事物发展的历史，认知发展的历史是思维的进步，而逻辑是科学主体对客观事物发展规律的一般反映，即历史事物在理性思维中的再现。"① 库恩把历史事件作为理论研究的基础，同时库恩在《科学革命的结构》中提出要从历史的视角去理解事物随时间推移而发生的变化以达到逻辑和历史的统一。因此，本研究将借鉴和吸收历史学的分期法，用长时段的研究方法整体、全面地分析各个时期我国广播电视有声语言传播的主导性范式。另外，把历史作为研究问题的主轴，将我国广播电视有声语言传播史中具有历史的、经验的、阐释的和可借鉴的历史史实做仔细的研究和分析，以此发现在历史的事件中或是事实里反复出现的、格式性的、统一性的规律。

（二）深度访谈法

1965年，在伦敦国际科学哲学讨论会上，库恩针对大家对《科学革命的结构》的批评作了回应："如果现在我重写我那本书，那么我要从论述共同体的科学结构开始。"② 可见，要明确"范式"的具体内涵，必然要涉及一个重要概念："科学共同体"。也正是有了"科学共同体"的存在，一个学科才会建立范式并将其发展完善。而库恩所说的"科学共同体"特别指谓参与、学习、研究、生产、教授一个学科的成员和团体。因此，在研究我国广播电视有声语言传播范式演进时，对其"科学共同体"的采访研究便成为该研究不可缺失的一个重要部分。

本研究在收集、整理大量文献材料以及口述史作为研究基础的质性资料外，还在获得受访者同意且做好学术伦理和隐私保护的前提下，选择数位在广播电视有声语言传播领域具有代表性的学者、专家以及国家级和省级的电台、电视一线工作者进行深度访谈，并对其口述资料进行整理和研究，进而从质性访谈的维度对我国广播电视有声语言传播范式演进历程给予佐证。

（三）问卷调查法

定量分析起源于16世纪后期到17世纪前期自然科学领域，随着社会数据

---

① 陶德麟，黎得扬.马克思主义原理[M].武汉：武汉大学出版社，2001：128.
② [英]伊姆雷·拉卡托斯，艾兰·马斯格雷夫.批判与知识增长[M].周寄中，译.北京：华夏出版社，1987：235-339.

的不断积累和系统收集，定量研究在人文社科领域已广泛应用。具体来说，定量研究就是通过将假设中的"概念"转化为"变量"，从而将理论问题转化为统计问题，然后通过对研究对象中各成分之间的数量关系、性质、特征等进行比较，然后将研究结果用图示、列表等方式呈现出来。

在定量研究当中，为了测定我国广播电视有声语言传播范式中影响力的特定数值以及因素间的变化规律，本研究以科学计量分析为基础，以受众问卷调查的形式，在全国范围内发放调查问卷，并运用SPSS分析软件对回收到的原始数据进行描述统计、信度分析、效度分析、相关分析、差异化分析、回归分析、中介分析等，以期客观呈现我国广播电视有声语言传播影响力的变化曲线，进而增强研究的客观性和科学性。

（四）归纳研究法

归纳研究也称"归纳法"，是指一种由一系列的特殊性的前提概括出一般性的结论的研究方法。其作用是对人们在实践中所出现的一个个具体事例或个别判断加以总结、概括，以得出一般性的结论，从而获取知识、发现真理。从理论方法和实践经验的关系角度来看，对于我国广播电视有声语言传播范式演进的研究可以遵循最朴实的归纳方法，即从众多的广播电视有声语言传播实践中挑选那些具有典型性、代表性和显著性的案例，以超越局部经验和观察的视角得出抽象性、普遍性的结论，并对搜集的资料进行整理、归类、分析，以此凝练出我国广播电视有声语言传播范式演进过程中每个阶段的主导性范式特征。

第五节 研究难点和创新点

一、研究难点

（一）范式概念的本土化适应性

范式概念本身就是一个抽象、宏大的理论"舶来品"，能否和我国本土的理论概念产生洽切融合，并从具体的中国社会语境出发，通过文本和理论中所隐藏着的话语意涵来揭示我国广播电视有声语言传播现象和具体的历史之间的联系及同构性是难点之一。因为传播学中的范式研究是从不同的学术传统和不同的学科语境当中演变而来的，可以说是处于学术讨论的"神经末梢"，经过适应、融合、自洽之后，范式理论之间的差异性变得模糊甚至交融，特别是在当下提倡多种研究方法和理论框架指导下，更是将这种差异变得不像原来那么明显。

（二）广播电视有声语言传播范式内涵的实质性

要考察我国广播电视有声语言传播范式的演进，首先要对变化着的国家历史的社会语境做一个回顾和分析。要考察我国百年来的广播电视有声语言传播观念的变迁，研究我国广播电视有声语言传播范式演进最大的障碍之一就是有声语言传播实践的类型的多样和语言形式的难以捕捉，而关键问题是我们是否能够通过概念的表象发掘范式的实质；是否可以厘清在变幻不居的有声语言实践背后那些基本的、稳定的、重复出现的、可参照的有声语言传播范式特征。

（三）深度剖析多维度影响因素的复杂性

我们从广播电视发展的历史脉络当中可以观察到，在广播电视有声语言传播的发展过程中，其范式也在不断地修正和调整着，即由简单粗线到精细节制、由单一到丰富。在此过程中，政治规制的变化和媒介技术的变迁对广播电视有声语言传播范式的演进产生着直接的影响。社会文化的变迁和传播观念的变化也在潜移默化当中形塑着广播电视有声语言传播范式的形貌。因此，在多维度的影响因素下，系统、全面、深刻地阐释我国广播电视有声语言传播范式演进原因及过程有较大难度。

（四）广播电视有声语言传播范式与实践变化的非同步性

广播电视有声语言传播范式的形成弱于社会语言传播的敏感度，所以导致广播电视有声语言传播范式的演进与社会语言传播实践的变化并非完全同步。社会当中有声语言传播实践，有时先于广播电视有声语言传播范式的变化，有时社会有声语言传播的变化，又会滞后于广播电视有声语言传播范式的变化。因此，在广播电视有声语言传播范式的讨论中，怎样处理并平衡有声语言传播实践与其范式之间的关系是关键。

二、研究创新点

（一）研究视角新

以往对于我国广播电视有声语言传播的研究基本上是建立在中国播音学的理论框架之内，采用的多是播音主持艺术理论，本研究试图跳脱出以往的研究模式，引入新的研究视角。"范式理论"的引入是对我国广播电视有声语言传播研究作出的一次新的尝试和思考，因为"范式"的内涵包括了"语态"和"风格"等传统的有声语言传播研究概念，有益于我们从更为宏大、更为开阔的视域去解释广播电视有声语言传播实践活动，从而可以使我们对广播电视有声语言传播现象的多样性和变化性产生新的理解。

（二）研究框架新

本研究通篇的章节和架构与以往史学研究的框架有所不同，采用了"纵"与"横"相结合的框架结构。本选题共分为五个章节，第一章从历时的角度分析和梳理我国广播电视有声语言传播范式的演进历程、轨迹以及每个时期的突出特点，对其变迁历程的梳理纵跨 80 多年的历史；第二至四章以横向角度分别从政治规制、社会文化、媒介技术三个维度对影响我国广播电视有声语言传播范式演进的因素进行深入剖析；最后一章在以上各个章节的基础上进行规律性的研究，总结、提炼我国广播电视有声语言传播范式演进"适变"与"守恒"的规律性要素，并对其未来发展趋向作出预测和判断，尽量做到有史有论，有点有面、经纬纵横。

第一章 中国广播电视有声语言传播范式的演进历程

中国广播电视有声语言传播范式发轫于人民广播事业、诞生于战火纷飞的战争年代，在中国人的语言以有声性的信息符号形式出现在广播电视媒介之时，就开启了一条不断创造、更新、协商、冲突和改造的演进发展之路。它与中国人追求国家独立和民族振兴、善于自我反省与改造创新、勇于接纳全球性技术和观念的勇气息息相关。因此，可以说我国广播电视有声语言传播范式的演进既是民族复兴、社会进步的象征，也是国家不断发展壮大的显性体现。当然，我国广播电视有声语言传播范式在时间的旅行当中是伴随着鲜花与荆棘的，它经历了最初探索的反复，发展过程的倒退，同时也承载了新技术、新观念的冲击与挑战的时间考验。另外，我国广播电视有声语言传播范式的演进与我国的政治生态、新闻传播理念、媒介性质功能和社会文化形式紧密相连，在漫长的历史发展过程中不断转换和重建，从萌芽探索到稳固确立再到拓展创新，最终逐渐形成了具有中国特色的广播电视有声语言传播整体性范式。

第一节　中国广播有声语言传播范式的萌芽
（1940—1949）

在现代电子媒介还没有传入中国之前，人们的语言传播活动仅限于口耳相传或者报刊的文字形式，而广播媒介在中国大地上的出现，将有声语言传播这一最具灵性、最为显性的信息传播方式推向了世界信息传播的舞台。对于中国来说，广播电视有声语言传播在唤醒国人的民主意识、进行现代的思想启蒙，甚至对中国近代半殖民地状态改变等方面产生了积极的影响。另外，它也伴随并见证了中国实现民族独立和人民解放，并逐渐走向富强的过程，同时也为中国了解自己、了解世界开启了一扇新的大门。18世纪末到19世纪初，中华民族经历了一场关乎民族存亡的危机，革命家与有识之士为了寻求救亡图存之路，继而投身于国家和民族的振兴大业之中，广播媒介作为最早出现在我国的电子媒介，在传播真理、革命动员、澄清谬误、鼓舞激励等方面发挥了十分重要的作用。因此，肇始于我国人民广播事业的广播有声语言传播，自然成为其范式酝酿和萌生的发端。

20世纪30年代末为了推动国共合作，建立抗日民族统一战线，加强对国民党统治区和沦陷区的群众进行宣传，中共中央在陕甘宁边区积极创建人民广播电台。在历经周折、摸索钻研和克服种种困难的情况下，终于在1940年末的陕北高原革命圣地延安发出了振奋人心的呼号："延安新华广播电台，XNCR，现在开始播音……"①随着这声响亮的呼号划破日暮长空，延安人民广播电台正式播音，它与张家口新华广播电台一起拉开了我国人民广播事业的序幕，这件中国广播新闻史上的标志性事件为我国广播电视有声语言传播开启了一个全新的纪元。

一、以政治宣传和军事动员为主旨的有声语言传播范式特征

人民广播事业诞生于抗日战争时期的艰苦岁月，在战火和硝烟的时代背景中，我国的广播有声语言传播被深深地烙上了战争的印记。在民族生死存亡和争取国家独立的关键时期，一切的有声语言传播活动都指向一个目标，那就是唤醒民族精神、争取全民抗战、坚定必胜信心。"救亡图存"成为广播有声语言传播最为明确的内容主题，在抗日救国的语境下，有声语言传播成为唤起民众、争取民族独立的有效工具。因此，这个时期我国广播有声语言传播范式最突出的特征便是政治宣传和军事动员，并且紧紧围绕广播的听觉规律和宣传目的运行。

（一）广播中的政治宣传

抗战时期的广播有声语言传播，不仅因为它能够进行广泛地动员和宣传，更主要的是通过一个共同的呼声，将分散在不同地区的革命者联系到一起，并且通过交换信息、提振信心，产生实际的团结鼓劲效用。在战争时期的特定时代语境当中，语言传播为战争服务、为政治服务的观念成为主导思想。

1. 以政治宣传为导向的广播有声语言传播

在电视媒介还未广泛普及之前，广播作为报纸杂志等平面媒体之后的以听觉为主的电子媒介，在语言信息传播速度范围、有声语言内容影响力、有声语言形式感染力等方面占据了绝对优势。在毛泽东的思想理论当中，农民作为大众的典型成员一直是革命极力争取的对象和群体。而在革命胜利初期，农民和

---

① 杨兆麟，赵玉明.人民大众的号角——延安（陕北）广播史话［M］.北京：中国广播电视出版社，1986：1.

农村问题一直是新政权和革命能否保持稳定的关键。因此，在广大农村地区及革命根据地开展通俗易懂的口语广播宣传至关重要。对此，中共中央在解放区的语言传播活动十分重视广播这一优势媒介，充分发挥了其在政治宣传方面的功能与作用，表现出鲜明的阶级性和党性特征。政治宣传工作是整个革命斗争能否取得胜利的重要组成部分，对于新政权的建立和稳固尤其关键，"宣传党的主张，揭露敌人的阴谋，教育和动员人民，是党的宣传工作机构的主要任务。"① 1940年春，中共中央书记处和中宣部明确指出广播媒介是"近代宣传鼓动的有力工具，发展广播事业非常重要。"② 根据这一时期的社会政治风貌，广播有声语言传播呈现出气势磅礴、爱憎分明、鼓舞人心、义正词严、掷地有声、铿锵有力的特点。毛泽东就曾因报道蟠龙大捷的消息称赞播音员："这个女同志好厉害，骂起敌人来义正词严，讲到我们的胜利很是鼓舞人心，真是爱憎分明。"③"当时我们的播音员都是献身革命的战士，是我们党专门从事宣传工作的宣传员。他们的每一次播音都是庄重的，都是一次战斗，都是在完成一次重大的政治任务。"④

另外，在政治立场和抗战宣传工作方面，"解放区广播播音员的话语风格与同时期的国民党中央人民广播电台、租界广播相比，呈现出明显的差异。"⑤ 这种差异根源于有声语言传播的内容，"我们播音的内容和国民党统治下的电台的播音有着根本的不同。我们播的是国内跟国际最真实的消息和动向；是解放区人民的生活和各种建设的情况，是中国人民政党中国共产党的政策和时局的主张；是对于国民党当局腐败黑暗统治的无情揭露，是蒋介石统治地区广大人民的呼声。"⑥ 正是因为广播中有声语言内容的取向不同，此时的广播有声语言传播可以说是句句义正词严，字字铿锵有力，在对敌呐喊、战斗呼叫、指示传达和捷报播报的语言传播实践中，显示着明确的政治宣传意图和政治导向，体现了延安革命根据地的广播有声语言传播为新生政权服务，为广大人民群众发声的本质功能。

---

① 曹海鹰.我国播音风格初探[J].中国广播电视学刊，1988（05）：13.
② 中华网.中央人民广播电台在战火中诞生[J].炎黄春秋，2000（12）：36.
③ 中华网.中央人民广播电台在战火中诞生[J].炎黄春秋，2000（12）：39.
④ 曹海鹰.我国播音风格初探[J].中国广播电视学刊，1988（05）：13.
⑤ 卜晨光.身份、话语与价值认同：新中国十七年时期播音员群体研究[M].北京：中国传媒大学出版社，2021：31.
⑥ 赵玉明.中国广播电视通史[M].北京：中国广播影视出版社，2014（09）：96.

2. 民族国家主义的语言传播观念

广播有声语言传播在一个国家特定历史时期的主导性范式，强调的是建构和维系民族精神、传递和巩固民族信仰、实现民族认同的作用。革命战争时期的广播有声语言传播，在对群众进行政治教育，使人们认同社会主义制度的同时，还要使全体党员参与到政治宣传当中，通过一种高密度的语言信息传播体系，巩固和加强全党全国人民之间的联系和基础。当时的革命者善于审时度势、分析革命形势并作出判断。他们将革命思想诉诸笔端，并借由广播媒体将夺取革命胜利的思想信念传递到广大人民群众当中。因此，这个时期的有声语言传播饱含着对革命的无限忠诚和巨大的政治热情。

为了唤醒国人，民族国家主义的语言传播观念成为指导广播有声语言传播实践的思想内涵。这种观念将国家独立、民族解放、团结统一作为首要的政治目标，是抗日战争时期爱国主义志士和解放战争时期主流知识分子思想的外在表现。在抗日战争和解放战争的特殊语境下，这一语言传播观念具有了合法性和合理性。在民族危亡、战火连天的战争年代，国家和民族紧紧依附，国家的存亡决定了民族的兴衰，在民族主义的话语体系当中，充满了战争的影子。为了实现整个民族的解放和人民的觉醒，广播系统中的有声语言传播摒弃了娱乐、教育、文化等和平时期的内容取向，同时调整了新闻报道的比例，加大了动员和鼓舞广大人民群众参与革命斗争的政治宣传比重。"以齐越为代表的延安老一辈播音员的播音很有感染力、感召力，他们心怀各方听众，甚至也感动了国民党官兵。用陈毅元帅的话来讲，播音员相当于百万大军，他们的播音使得国民党官兵缴械投降。"①可以说，此时的广播有声语言传播饱含了以民族存续为目标，以整个民族的利益为诉求，动用一切可能性话语以争取革命战争胜利的传播观念。

（二）广播中的军事演讲

在政治话语中，演讲者通过政治观点的宣扬，运用特殊的语言技巧和话语策略，可以达到影响受众认识、感染受众情绪、动员受众参与行动的目的。梁启超将演说作为传统文明的利器之一，并且认为演说不仅可以最高效的方式传达思想，而且对于不识字者的信息触达效果最好。这个时期的广播有声语言传播除了播音员在电波之中传递革命消息、鼓舞斗志之外，还有一类有声语言传播现象值得我们注意，那就是党中央领导人、抗日将领、爱国志士和国际友人

---

① 姚喜双主编.共和国之声：中国播音口述史［M］.杭州：浙江大学出版社，2022(10)：42-43.

发表的各类广播演讲。这些广播中的演讲在微观层面上彰显了革命领导者现身说法的精神气质，在宏观层面上形成了一种海量效应，成为这个时期广播有声语言传播的重要组成部分。

这一时期，众多党的领导核心成员和爱国志士通过广播进行了大量的广播演讲，在政治宣传和革命动员方面起到了不可估量的作用。据《新华日报》记载，早在1938年"保卫大武汉"活动中，周恩来就曾在汉口台发表了《争取更大的新的胜利》的广播演讲。① 在演讲中，周恩来分析了当前抗战局势并剖析了抗战形势从防御阶段到相持阶段的力量变化，重建起了人们对抗战胜利的信心。同年，郭沫若先后发表了题为《把有限的个体生命融化进无限的民族生命里去》《追悼牺牲的王铭章师长》《节约与抗战》等广播演讲。② 郭沫若的这些演讲有理有据、情感饱满，将民族的生死存亡与个人的生命价值放在更广阔的视野中辨析，情之所至、感动人心。1939年周恩来应邀在中央台发表了题为《二期抗战的重心》的广播演讲。③ 这次演讲论述精辟、影响巨大，深刻地揭露了敌人"以战养战"的企图，极大地激发了国统区人民群众的抗战热情。1940年底，延安新华广播开播后，播音内容除了中共中央的重要文件、几大报刊的社论文章和国际国内的时事新闻外，还着重以通讯、专题以及名人的广播讲话来驳斥国民党当局的造谣和污蔑。1941年11月7日，十月革命24周年纪念日，毛泽东同志发表广播演讲，号召全国人民加强团结，并系统阐发无产阶级政权的优越性。④ 为了声援国统区此起彼伏的爱国民主运动，延安台在1946年9月到10月间举办了名人讲演，先后邀请李敷仁、艾思奇、林伯渠、廖承志、杨拯民以及国际友人马海德等发表广播演讲。⑤ 其中以王震的《人民的军队是不可战胜的》、林伯渠的《继承辛亥革命的精神》、廖承志的《全世界各地侨胞团结起来，反对蒋介石独裁卖国》、马海德的《为着美国人民利益，应该撤退驻华美军》最具代表性。1947年元旦之际，在全国革命即将走向胜利前夕，朱德总司令来到延安台发表了《一九四七年的十大任务》的广播演讲，他通过广播向全国同胞、海外侨胞、解放区人民传递了革命必将胜利的信念："只要全解放区居民和全体爱国同胞坚定胜利的信心，团结一致，艰苦奋

---

① 引自《怎样进行二期抗战宣传周工作》，汉口《新华日报》1938年4月8日。
② 赵玉明.中国广播电视通史［M］.北京：中国广播影视出版社2014（9）：44.
③ 引自《群众》周刊第3卷第9期，1939年6月。
④ 杨兆麟，赵玉明.人民大众的号角——延安（陕北）广播史话［M］.北京：中国广播电视出版社，1986：17.
⑤ 赵玉明.中国广播电视通史［M］.北京：中国广播影视出版社，2014（9）：99-100.

斗，就一定能实现独立、和平、民主的新中国。"①

为了加强与国民党统治区的联系，革命根据地还邀请国民党地区来延安的爱国人士发表广播演讲。1946年作为反对国民党打内战的先驱刘善本驾驶飞机抵达延安，并应邀到延安台发表题为《赶快退出内战漩涡》的广播演讲。刘善本真切地讲述了给美方运送军火后看到同胞被屠杀的良心遣责，同时讲述了在解放区感受到的美好，并表达了对中国未来强盛的坚定信念。同年七八月，刘善本又同一起起义的张受益、唐世耀、李嵘琛等国民党爱国人士发表广播演讲，并在其中热情洋溢地描述来到延安后的温暖感受和对美好未来的憧憬。这些来自国民党内部的爱国人士发表的演讲，在配合前线作战、分化瓦解国民党军队方面起到了积极的作用。

这些广播中的演讲相较于播音员的语言规范及语言表达技巧上也许稍逊一筹，但是在情感上却鞭辟入里、感人至深，发挥了政治宣传、情感动员和鼓舞人心的关键作用，成为革命战争时期广播中一种独特的有声语言传播实践。

二、以党和国家命运为价值认同的语言传播共同体雏形

"一个学科共同体由同一个学科专业领域中的工作者组成，他们都经过近似的教育和专业训练，并从中获取过许多同样的教益……这种共同体就是被描述为科学知识的生产者和确认者的单位，范式是为这样的团体的成员所共有的东西。"② 解放区广播的形成和发展为处于初创阶段的人民广播事业奠定了基础，并以其鲜明的时代特征和有声语言传播风格为我国广播电视有声语言传播范式的萌生准备了条件。因此，这个时期广播有声语言传播范式的共同体也正是在战争和革命的历史条件下产生和发展起来的。

（一）广播有声语言传播共同体的群体性身份

1. 政治素养和业务素质兼顾

广播电视有声语言传播是将文字语言转化为有声语言的二度创作，是信息传播从视觉到听觉的再次加工，也是实现传播效果的必要环节。这其中包含着对接受主体听觉感官和审美关怀的外在要求，也包含着对有声语言传播创作规

---

① 中华网.中央人民广播电台在战火中诞生[J].炎黄春秋，2000（12）：38.
② [美]库恩.科学革命的结构[M].金吾伦，胡新和，译.北京：北京大学出版社，2012（11）：148-149.

律性和科学性的内在要求。因为解放区的广播系统刚刚建立，一切有声语言创作实践都是摸着石头过河，当时人们对广播有声语言传播的认识还处于初级阶段，甚至有些不知所措。"由人民日报社临时调去担任陕北台播音的胡迎凌同志，已经在这里练习了两天。她说：'这玩意儿可不好搞啦，紧张得很！'"①但同时，高度的政治责任感和使命感以及严肃认真、一丝不苟的精神又促使当时的有声语言传播主体坚定理想信念，从而出现了像萧岩这样在两年多的新闻性有声语言传播中没有播错一个字的范例。"那时候工作非常严格，一个字都不能出错。我们播音的时候都是一个人播，一个人在监听室监听，如果播音员出现错误，监听员就得赶快跑过去，告诉他哪段哪行第几个字有错误，需要更正一下。"②

根据史料记载，当时的广播有声语言传播群体主要由三部分构成：一是来自部队文艺团体的演员，二是党的机关报工作人员，三是大、中学校的学生。③从以上群体的身份构成我们可以发现，文艺部队的演员如纪青、蓝林、曹菲亚等都是分区战线剧社的文艺工作者，他们在语言素质和艺术表达方面占有天然的优势；来自党报机关的工作人员胡迎凌和编辑部的齐越等有着较强的政治素养，能够在政治的分寸感上体现得较为恰切；而学生群体中的徐瑞璋、姚雯、魏琳、冯培等则具有一定的文化功底，可塑性较强，接受新事物比较快。在这样的广播有声语言传播共同体结构中，政治素养和业务素质成为其中的应有之义，这也成为后来我国广播电视有声语言传播范式群体所共有和坚持的重要学科基质。

2. 创新发展的读报组

培育社会成员的政治观念和立场，以形成可供整合、控制的政治资源，是解放区广播有声语言传播的一个重要面向。除了上述对解放区的广播有声语言传播群体的构成结构描述之外，还有一个特殊的群体也成为这个时期广播有声语言传播的有力支撑和补充力量，那就是在广大群众中自发形成的读报组。因为当时解放区被分割成一些很小的区域，基本上形成了块状的管理格局，所以很容易实现军事化、一元化的管理。在这样区块化、片区性的管理方式下，解放区除了陕甘宁边区通讯员和播音员网络之外，很快创新建立了群众广泛参与

---

① 齐越.播音员日记——解放战争年代的播音工作［J］.新闻战线，1981（07）：19-20.
② 姚喜双主编.共合国之声：中国播音口述史［M］.杭州：浙江大学出版社，2022（10）：103.
③ 卜晨光.身份、话语与价值认同：新中国十七年时期播音员群体研究［M］.北京：中国传媒大学出版社，2021：19.

的读报组。在识字率偏低的农村地区，这一创造性有声语言传播模式，将人际传播与群体传播的优势相结合，成为在广播媒介普及和覆盖之前农村地区较为主要的有声语言传播形式之一。

陕甘宁边区周边的许多镇村都建立起了《解放日报》的读报小组，由工农兵通讯员和知识分子组织并带领。其中，"宁武崞二区的读报的组织形式有两种：一种是以变工队和农会为中心组织起来的，读报活动经常不断；另一种是积极分子和青年农民团结周围群众组织起来的，按规定时间读报。读报过程分为四个步骤：先根据实际情况确定目的，选择材料，必要时安排知识分子做好发言准备；读报时带表情，速度慢，读清楚，读完之后还要进行漫谈，讨论后由组长作简要总结。"[1]并且每次读报交流和讨论的主题都是事先预定的，读报的内容和读报的人员也不是随机的，而是在每次读报会之前选定中心发言人，由他来将最近的事情简单扼要地进行分析，然后由他提出问题大家再一起讨论。这种在广大农村地区创造性发展出来的读报组为日后专业播音员的选拔和物色储备了人员，同时也为广播有声语言传播的一些规律性要素的确定提供了实践上的磨砺与参照。

（二）以延安精神为表征的共同体意涵

陕北延安时期是中国共产党逐渐走向成熟的关键时期，同时也是党的宣传工作和新闻事业探索和发展的重要时期。延安时期之所以在我国广播电视有声语言传播范式的形成占有重要的位置，是因为在这个时期逐渐形成了一套相对成型的语言传播理论和规则体系，即以党的喉舌为原则，以"全国代表大会中央委员会——政治局——书记处"为核心的党中央领导体制，以党性和人民性相统一的语言传播延安范式。延安时期的解放区，由于被分割成很小的区域，而且实行军事化、一元化的管理方式，所以这种范式类型极易形成。

在物质条件和生产条件极度匮乏的条件下，中国共产党人自力更生、艰苦奋斗、团结御侮，铸就了适应历史性转折、符合时代要求的革命精神——延安精神。在当时的历史语境下，延安精神概括起来有两个重要向度，即："坚定的政治方向，艰苦奋斗的工作作风"[2]可以说，延安陕北时期的广播有声语言传播活动实际上是延安精神的外在体现，其语言传播中"包容着时代的风云、人民斗争的烈火、民族解放的巨澜"[3]其范式共同体成员有着共同的理想信

---

[1] 阮迪民等.晋绥日报简史[M].重庆：重庆出版社，1992：91.
[2] 张颂.中国播音学[M].北京：北京广播学院出版社，2003（01）：14.
[3] 播音界[J].1989年春季号：3.

念、精神风貌、人生态度和价值旨趣，并且具有着契合时代特点的高度统一性，他们将有声语言传播活动与革命斗争结合起来，形成了国家事业和战斗革命的有机统一体，正如陕北台的播音员齐越所说："我的命运和中国人民、中国共产党、中华人民共和国的命运紧密相连。"① 此时的广播有声语言传播在政治维度上坚持党的领导，在信念维度上秉承爱国主义精神，在价值维度上崇尚"以人民为中心"，饱含着对党忠诚、思想坚定的价值观念和准确无误、爱憎分明的战斗情感。在对齐越的回忆中，他的爱人杨沙林曾这样说："解放战争时期，他就把自己的一颗心献给了播音事业，也献给了人民。那时他播的毛主席为党中央起草的文件、各地战报，体现了他青年时代对人民解放最赤诚的激情。"② 在对以齐越为代表的老一辈无产阶级革命家的回忆中，他的学生姚喜双说："我们的播音员真的是用生命来保障我们人民广播的孕育、建设和发展……我们的声音就是一种武器，我们的播音员就是战士，是带着党下发的任务去工作的……播音是政治性很强的工作。"③

按照库恩对学科范式中共同体成员的阐释，这种精神纽带来源于共同体成员之间的价值信念，正是经由共同信念的一致性和情感勾连才促使共同体成员对我国广播电视有声语言传播范式作出继承和发展。即这些共同体成员以延安精神为纽带连接起三个维度的价值体系，从而完成着我国广播电视有声语言传播范式的初创和传递。而其间的传授则是通过"传帮带"的方式来完成一个学科共同体内部共同信念的生成，经过具体实践后发展为更适合当时社会环境的有声语言传播范式，然后通过进一步的巩固使其延续和深化。

三、以客观现实和传播规律为依据的范式学科基质发轫

解放区的广播有声语言传播活动虽然产生于条件艰苦的战争年代，但是对于广播中的有声语言传播问题，不管是领导者还是实践者都继承了人民广播的优良传统，并且从一开始就重视有声语言传播的研究，使之更加符合广播媒介的规律和特点。经过实践和探索后，当时负责广播宣传的胡乔木、温济泽以及播音员齐越、丁一岚等人以高度的政治责任感和对人民负责的态度，对这个阶段新闻类的广播有声语言传播在规范性方面作出了表率，由此"规范性"成为我国广播电视有声语言传播基础性的学科基质。更为难能可贵的是，当时并没

---

① 齐越.献给祖国的声音[M].北京：中国广播电视出版社，1991：183.
② 姚喜双主编.共合国之声：中国播音口述史[M].杭州：浙江大学出版社，2022（10）：：27.
③ 笔者对姚喜双的专访。

有教条地将广播中有声语言传播的规范性问题当作一成不变的静止要素，而是以开放、动态的发展眼光看待这一基础性的学科基质，当时中共中央南方局指派的电台负责人林青就曾指出："规范化的广播语言，并不是固定不变，它还会随着时代的发展而发展，不会停止创新的步伐。"① 对广播有声语言传播规范性的客观、辩证认识不仅为我国广播电视有声语言传播范式的学科基质奠定了认识论的基础，同时也为其范式中学科基质的规定性要素提供了依据和保障。总体来说，革命战争时期，解放区广播有声语言传播的学科基质，主要包括有声语言系统本体的规范、有声语言传播技巧的驾驭以及新闻传播规律的遵循三个层面。

（一）语言系统本体的规范

有声语言具有线条性传播的特征，在具体的传播过程中以言语的形态体现出来。在语言系统中，最积极、最活跃的是词汇，最普遍、最易混淆的是语音，最稳定、最牢固的是语法。语言本体这三个层面的规范性，是有声语言传播技巧的基础，也是以有声语言进行信息传播的前提。

抗战时期，对语言本体层面各要素的规范，始于一场在思想上进行的马克思主义教育运动。1942年2月，毛泽东先后做了《整顿党的作风》和《反对党八股》的演讲，由此，整风运动在全党范围内广泛展开，这次深刻的马克思主义教育运动收到巨大成效，它不仅使实事求是的思想导向深入人心，而且在广播有声语言传播方面营造了向人民群众学习语言的舆论氛围，在一定程度上促进了广播有声语言传播规范性要素的生成。虽然延安台在1943年因技术条件暂时停止了播音，但在过去两年多的语言传播实践当中积累下的宝贵经验，为日后广播有声语言传播规范性要素的定型奠定了基础。

1945年9月延安台恢复了播音，并在接下来的几年当中继续保持着之前广播有声语言传播的优良传统。1946年6月新华社的改组，将这一传统以规章的形式确认了下来。由时任新华社语言广播部主任的温济泽主持制定的《新华总社语言广播部暂行工作细则》在语言方面作出了具体说明和要求："要用普通话的口语，句子要短，用字力求念起来一听就懂，并要注意音韵优美与响亮。"② 1947年6月温济泽又起草了《XNCR陕北阶段工作的简单总结》，《总结》对广播中的用词规范作出了明确说明，为了保证广播能够准确不含歧义地传达

---

① 姚喜双.中国解放区新闻播音语言规范研究[M].北京：语文出版社，2007（05）：60.
② 姚喜双.中国解放区新闻播音语言规范研究[M].北京：语文出版社，2007（05）：153.

到人民大众那里，特别是在通用词方面要求尽量用蒋管区人民通用的名词，如我之苏中是他们所说苏北之一部，故不妨仍用苏北。对有关解放区的专有名词要进行解释说明。关于听起来易混淆的词语如"指斥"和"支持"，以及一些简语如"阎军"、"歼敌"，还有单字作词的"但"、"曾"、"仅"、"虽"等要尽量避免大范围使用。1948年底由新华总社中共中央批准颁发的《新华总社经中央批准关于用语的指示》强调了广播中新闻用语的规范，《指示》指出："各地来稿中经常采用许多方言、术语、简称和地方性的度量衡……这个问题需要解决：凡方言、专门术语，必须代之以流行较广的普通话，或加以注释。诸如地武、支前、优属、政攻、全总、土改、妇运等词必须代以全名。"同时还列举了具体数字词语使用不规范的现象："有的是百分数与倍数不分，如把物价降低了百分之五十说成降低了一倍。""此外，对同一事物前后报道数字或在同一稿件中相关数字的相互矛盾，或有数字而无单位，或有单位而可作各种解释，或该单位为普通读者所不解，以及统计与比较时用了不同的分类"。①《指示》中不仅提到了数字和用词的准确，更是讲到了由此产生的用语及语法的准确，这几个方面严格谨慎的规范保证了新闻传播的真实性和统一性。

（二）语言传播技巧的驾驭

有声语言的传播技巧以及语言表达的准确性、分寸感一直贯穿作用于我国广播有声语言传播活动全过程。由于解放区的人民广播刚刚诞生，因此在广播有声语言传播主体的选择、广播有声语言传播规律的找寻、广播有声语言传播技巧的探求等方面都是一边摸索一边前进的。其中，口腔控制、气息运用、情感调动等一系列有声语言传播的内外部技巧也是在具体的传播活动中逐渐探索发现的。例如，陕北台的播音员为了播好毛泽东在1947年12月15日中共中央会议上的《目前形势和我们的任务》这篇重要报告，不但要求自己在内容方面做到准确无误，同时还要在感情上表达出原著的真实色彩。为此，他们在广播稿件上做了不同的标记，在段落和字句旁用小字注释用什么语气来播。如在原著开篇"中国人民的革命战争，现在已经达到了一个转折点……"时，要求"慢！说理！稳重！沉着大方。"在播送报告最后十二个字："曙光就在前面，我们应当努力"时，要求用"快些！稳重！有力！"的口吻。②

准备稿件的过程是进行广播有声语言传播的起始环节，备稿程度的充分与

---

① 中国社会科学院新闻研究所编.中国共产党新闻工作文件汇编［M］.北京：新华出版社，1980（12）：256-260.

② 姚喜双.中国解放区新闻播音语言规范研究［M］.北京：语文出版社，2007（05）：160.

否直接关系到广播有声语言传播的效果。当时延安台的徐瑞璋和姚雯两位同志非常重视备稿环节，她们尝试在稿件中重要的词句上标注出抑扬顿挫的符号，这样在实际的创作过程中就起到了辅助表现停连、重音、语气、节奏的作用，从而达到对全篇稿件中心思想和播出背景的体会明了。这样细致准确的备稿过程保证了对语言传播基调的把握，而把握住了文章整体的基调就等于抓住了宣传工作的纲，继而将党的主张转化为人民群众的行动自觉。除此之外，对于广播有声语言传播的语速问题，当时的播音员也非常注意。萧岩作为延安台最早的四位女播音员之一，在《延安播音生活回忆》一文中谈到了当时的播音语速问题："当时的新闻播音语速，一小时大概七八千字，平均每分钟一百三十多字，当时评论文章多，评论比消息速度要慢一些。"① 虽然每分钟一百多字的新闻语速在现在看来稍显缓慢，但是这样的新闻语速是考虑到当时收听广播的群众大多语言文化基础较差，并且由于技术条件的限制，如电力能源的不稳定、收音及传输设备的简陋等，所作出的符合实际的有声语言传播策略。

（三）新闻传播规律的遵循

新闻性是广播有声语言传播的根本属性，真实、客观、迅捷是党进行宣传鼓动工作的重要遵循。解放区新闻节目的安排以及大量新闻性稿件的播出，包括消息、评论、通讯，尤其是纪录新闻这一有声语言传播形式的安排，为这一时期广播有声语言传播范式的初创提供了平台，也为广播有声语言传播主体提供了实践的机会。

广播有声语言传播所遵循的新闻传播规律首先就体现在党中央的文件中。1941年6月中共中央宣传部在《关于党的宣传鼓动工作提纲》中就明确提出中国共产党宣传的理论、纲领、政策等是符合客观真理的，是符合全民族与全国人民利益的。其中强调："宣传内容必须是充实的，而不是空洞的……事实应当是真实的、生动的、恳切而带有说服性的。"② 为了进一步落实总任务，1946年6月，时任新华社语言广播部主任的温济泽主持制定了《新华总社语言广播部暂行工作细则》，《细则》要求新闻类的稿件仍是广播有声语言传播的主要内容，这其中包括新闻（国内新闻和国际新闻）、通讯特写、讲话报告和政策论文等。另外，时任新华社总社社长的廖承志也十分强调新闻报道语言的真实感，他指出，新闻报道只有语言规范准确，才能保证新闻的真实性。因

---

① 姚喜双.中国解放区新闻播音语言规范研究[M].北京：语文出版社，2007（05）：137.
② 中国社会科学院新闻研究所编.中国共产党新闻工作文件汇编[M].北京：新华出版社，1980（12）：105-109.

此，延安陕北台的广播有声语言传播实践不论是从新闻信息传达及时迅速的时效性原则，还是新闻内容把握完整准确的真实性原则，都被坚持和恪守。在适应广大人民群众听觉要求和心理需求的基础上，实现新闻传播的内容真实和政策分寸感的到位，从而保证党的政策主张和战时消息能够准确、迅速地传达到群众身边，达到了澄清谬误、爱憎分明、鼓舞人心的效果。

解放区广播有声语言传播范式的发轫为新中国成立后我国广播电视有声语言传播"一体化"范式的形成奠定了基础，其所涉及的三个学科基质共同构成了这个时期语言传播范式的系统性要素。并且这三个学科基质所关涉的层面是相互依存、相互联系和相互作用的，具体表现在：有声语言传播技巧层面建构于有声语言系统本体层面和新闻传播层面之中，没有有声语言系统本体层面，有声语言传播技巧层面就无据可循；没有新闻传播层面，有声语言系统本体层面就无法纳入新闻传播规律之中；没有有声语言传播技巧层面，有声语言系统本体层面和新闻传播层面就无法释放最佳传播效果。

解放区人民广播有声语言传播的实践与探索，是在人民解放的硝烟中诞生，并伴随着人民军队的隆隆炮声传遍神州大地的，虽然延安（陕北）新华广播电台中途因敌人的破坏围剿从三次战斗转移到恢复播音，但是其中充满的斗争精神和探索意识的革命实践，不断生发着具有浓厚战争革命色彩的广播有声语言传播范式要素，继而成为华北、东北解放区的典范和参照。可以说，"爱憎分明"、"鼓舞人心"是革命战争时期我国广播有声语言传播范式的生动写照。1949年10月1日，北京新华广播电台在天安门城楼上进行"开国大典"的实况广播，中华人民共和国成立，揭开了中国历史的新篇章，标志着中国共产党领导的人民广播事业由此进入了新的历史发展阶段。从这一天起，我国广播电视有声语言传播"一体化"范式也逐渐从发轫走向成熟。

第二节　中国广播电视有声语言传播"一体化"范式的确立（1949—1978）

我国初期的广播电视语言范式演进历程可以分为三个阶段：革命战争阶段、政权初步建立阶段、政权建设阶段。革命战争阶段的广播有声语言传播以揭露、批评、动员、鼓动为特征；政权初步建立阶段，百废待兴、政权不稳同时面临着党内思想不统一等问题，在这样的历史背景下，建立了权力集中的广播电视有声语言传播体系；政权建设阶段的广播电视有声语言传播不但没有与时俱进，反而将僵化和控制的极限推向顶峰，成为极权主义声音的代言，随着"四人帮"的粉碎，我国广播电视事业逐步从"左"的思想中挣脱出来，直到十一届三中全会召开，各个领域开始进行全面的拨乱反正，我国广播电视才迎来了新的发展局面。这段时期我国广播电视有声语言传播范式在继承和发扬陕北延安时期广播有声语言传播范式的基础上，不断巩固和完善，释放出新的范式特征，形成确立了以"一体化"为主要特征的广播电视有声语言传播范式。

一、广播电视有声语言传播"一体化"范式的初创

我国广播电视有声语言传播"一体化"范式的萌生时间大致在1949—1966年。

新中国成立之初最大的任务是巩固政权，让广大群众对新政权及其意识形态领导主体产生认同感是一切公共的有声语言传播活动的前提基础。为了进一步肃清反革命残余，实行土地改革，配合新时期国家发展的目标任务、生产生活以及生产建设需要并逐步恢复国民经济，广播有声语言传播把延安时期发展成熟的广播有声语言传播范式推广至全国，并根据实际广播发展变化情况作出了调整。

首先是新中国成立后各地广播管理机构出现的新情况与新变化。新中国成立后，全国各地的广播管理机构和宣传系统处于分散甚至没有统合的局面，对这些广播管理机构的社会主义改造成为巩固新生政权的首要任务。

其次是广播有声语言传播的范围发生了变化。中华人民共和国成立后的广播有声语言传播不仅仅局限于早前的解放区，而是扩大到了全中国，面对的地域更为复杂、多样。

再次是广播有声语言传播的对象发生了变化。延安时期的广播有声语言传播对象主要是农民和军队，而新中国成立以后，广播有声语言传播的对象又增加了文化素质较高的城市居民，这些城市居民此前生活在差别迥异的政治制度中，对广播有声语言传播的宣传内容疏离陌生，缺乏认同。

最后是广播有声语言传播的宣传内容和语言形式的变化。陕北延安时期的广播有声语言传播内容主要是围绕战争和革命斗争的宣传，新中国成立后的广播有声语言传播则变为宣传无产阶级社会主义制度和国家的经济建设。在广播

有声语言传播的形式方面，陕北延安时期是中国共产党领导的军事化的政权，党掌管一切事务，广播中的语言传播是党组织内的信息传播形式，而在1949年之后，广播有声语言传播的对象纷繁复杂且数量庞大，此时的广播有声语言传播面对的是无数匿名且无法准确控制的大多数群体，成为了名副其实的大众传播形式。

对此，中国共产党采取了相应的措施来应对以上新的变化，这些措施的实施在一定程度上为广播有声语言传播"一体化"范式的萌生奠定了基础。

（一）对私营广播电台的社会主义改造以及接管国民党广播电台

1. 对私营广播电台的社会主义改造

实行社会主义改造是新中国成立后中国共产党巩固新生政权的首要任务，特别是对国民党统治时期遗留下来的私营广播电台加强管理和改造成为改造任务的重点。据1950年4月统计，当时大陆境内共有私营广播电台33座，分布在北京（1座）、天津（1座）、上海（22座）、宁波（2座）、青岛（1座）、广州（3座）和重庆（3座）等7个大中城市。[①] 这其中的大多数私营电台都能够积极地转播北平（北京）新华广播电台和中央人民广播电台播发的重要新闻节目，但为了吸引听众、攫取利益，部分私营电台播出了大量虚假广告和低俗不堪的娱乐节目，在意识形态领域宣扬资产阶级世界观、价值观和人生观，与新生政权所提出的无产阶级新思想和新作风背道而驰。另外，有些私营电台的频率还干扰到人民广播电台的播音，甚至还胡编乱造播出政治性文章和消息，危害社会秩序和人民正常的文化生活。因此，就必须对私营电台进行改造。中国共产党对私营电台的改造和管理大致经过了两个阶段，第一个阶段是对获得解放城市的私营电台进行登记审核，再批准续播。第二个阶段是对私营电台进行社会主义改造，以适应新的政权需要。经过两年的改造管理，截至1952年12月31日，我国内地的广播事业已全部实现了由国家经营，私营广播电台的社会主义改造工作宣告完成。[②]

2. 陆续接管国民党广播电台

新中国成立之初，我国西南、华南和沿海岛屿一带还残存着上百万国民党

[①] 哈艳秋主编. 当代中国广播电视史[M]. 北京：中国国际广播出版社，2018：25.

[②] 哈艳秋主编. 当代中国广播电视史[M]. 北京：中国国际广播出版社，2018：27.

军队，随军队负隅顽抗的还有多座国民党统辖的广播电台。随着人民解放战争地不断胜利，广州、重庆、成都、昆明等大中城市相继解放，这些城市的国民党电台也陆续被人民解放军接管。1948年底，中共中央发布了数项决定和指示，要求中国人民解放军军事管制委员会迅速接管国民党政府和党部管理的广播电台，并在此基础上建立人民广播电台。1949年10月至1950年2月，广州市、贵阳市、重庆市、成都市、昆明市分别陆续完成接管工作并开始播音，全国的广播电台都冠以"人民"二字。至此，全国上下共有49座人民广播电台。

（二）通过建立全国广播信息系统，将信息宣传散播到群众的日常生活之中

新中国成立后，党中央对进行新闻宣传的广播事业推行了一系列的改革措施。首先是中央广播事业管理处改组为广播事业局，隶属于政务院新闻署。1949年12月，北京新华广播电台正式更名为中央人民广播电台，具有了中央电台的性质，成为了唯一面向全国人民广播的国家级电台。1949年到1956年，是我国广播事业快速发展的黄金时期，这一时期的人民广播事业在继承陕北延安时期人民广播事业的基础上，在全国范围内开创、建设人民广播电台，并且组建了中央广播事业局和地方广播管理机构以及体系较为完备的对内广播和对外广播。

其次，无线和有线广播也得到了快速发展。1951年4月，人民革命军事委员会总政治部发布关于建立广播和广播收音网的指示，根据指示精神，这一年在全国的工厂、矿山、企业及学校都陆续开始积极落实建立广播收音网，同时，中央和地方电台又增设了纪录广播以更好地履行新闻发布、政令传达、时事宣传的任务。另外，为了增加广播收听设备、增进广播传播效果、巩固全国广播收音网，1952年12月，中央广播局在北京召开了新中国成立后的第一次全国广播会议，提出要大力发展有线广播特别是广大农村地区的有线广播覆盖面。据1952年年底统计，全国各地共有人民广播电台71座，发射机比1949年增加了67部，共建广播收音站2万多个，专职和兼职的收音员4万多名，广播器材工厂5个，并广泛开展了广播收音网的收听和组织工作。据史料记载，截至1956年底，我国共有广播电台56座，发射机42部，全国广播电台的发射总功率比1952年增加了4倍，全国有线广播站1458个，比1952年增加了3.4倍，广播喇叭50.6万只，比1952年增加了28.5倍。[1] 可以说，到

---

[1] 左漠野主编.当代中国的广播电视（上）[M].北京：中国社会科学出版社，1987：35.

1957年初，我国基本建成了以中央人民广播电台为中心的四级广播宣传网。

（三）对知识分子进行思想改造，统合意识形态的领导权

陕北延安时期，广大农村地区是革命的根据地，革命能否胜利，取决于能否建设农村宣传网以发动和团结农民群体。新中国成立后，国家各项事业发展有了新的变化，大量农村居民迁入城市，人们的受教育水平逐渐提高。为了增强马克思主义新思想在知识分子群体中的主导性地位，引导广大城市中的知识分子投身国家的社会主义建设，自觉树立为党和人民服务的意识。因此，对知识分子进行思想改造成为建国后一项重要的工作。可以说，新中国成立初期对知识分子的思想改造是党和政府与其互动的结果，目的是为了增强其对新政权的政治认同和组织认同。

1949年，第一次全国教育工作总结会议指出，教育工作的关键在于是否能够争取知识分子加入无产阶级阵营，成为社会主义工作者。在这次会议上，对知识分子进行思想改造，作为中国共产党的一项政策首次提出，它标志着中国共产党知识分子思想改造政策的正式形成。[①] 在之后的两年里，知识分子改造运动迅速从北京、天津的中小学校及全国高校扩展到文艺、科技、民主党派、人民团体等社会各界知识分子。这场对知识分子的思想改造运动肃清了帝国主义、封建主义、官僚资本主义的思想意识，确立了马克思主义在新中国教育中的主导地位，知识分子树立了为新中国服务、为工农兵服务的意识。[②]

可以说，对知识分子的思想改造运动是确立执政合法性的必然结果，也是对延安时期文化批评的复制与挪用，其最大的成果是在短时间内迅速整合了国内的智力资源，为后来我国的工业化建设奠定了基础，也为我国广播有声语言传播"一体化"范式的形成提供了政治上的导向遵循。这个阶段广播中的语言传播采用的是"宣传"和"鼓动"的手法，其中的宣传主要针对的是社会中的知识分子和革命者，以理性说服为特征；鼓动则主要针对的是普通群众，以感情煽动为特征。

（四）对延安时期的广播有声语言传播范式进行深化调整，建立起有利于政权巩固的有声语言传播体系

陕北延安时期虽然不长，但解放区军事化的管理与信息传播生态，为具有

---

① 宋安. 建国初期中国知识分子思想改造的历史回顾[J]. 商. 2016（08）：107.
② 孙丹. 建国初期知识分子思想改造研究述评[J]. 中国当代史研究，2008（05）：93.

中国特色的广播有声语言传播范式的延续和发展提供了理想的环境，同时对新中国成立后我国广播有声语言传播"一体化"范式的形成和确立，起到了重要的承续作用。

新中国成立后，中国共产党将延安时期形成的广播有声语言传播的学科基质深化并推广至全国，主要体现在两个方面：第一是广播有声语言传播新闻属性的再确立，第二是有声语言传播技巧的再强化。

1. 广播语言新闻属性的再确立

根据第一次全国广播会议的要求，会议指出要进一步联系群众、联系实际，将听众与经济建设联系起来，积极反映广大人民群众所关心的重大问题和各行各业的人们在经济、政治、文化建设方面的成就，中央人民广播电台成为全国广播中心的表率。为了落实第一次全国广播会议的指示要求及宣传任务，中央人民广播电台把三种占主要类型的节目中的新闻性节目摆在首位，因此，新闻性节目在整个语言传播过程中占比最大，并且强调新闻性节目的迅捷性和群众性。1949年时，中央人民广播电台只有4次新闻节目，到1956年已经增加到了15次。另外，为了配合报道国内外方面的实时新闻，台里还专门设置了采写国内重大新闻和实事消息的记者组。记者组采写的新闻及时地在广播中播发，成为百姓了解国家发展的一扇窗口。这些新闻性节目在传达人民群众所关心、关注的有关国家发生的新闻和时政消息的同时，还播发了大量生产建设和先进劳动模范人物的典型事迹，极大地激发了全国人民生产建设的热情。

2. 广播有声语言传播技巧的再强化

这一时期广播中的语言传播基调热情、积极，在语速上适合工农兵的收听习惯，另外中央人民广播电台还建立了试播制度，就是在正式播出之前听取文字编辑和其他播音员的意见后作出调整和修正，然后再正式播出以减少出错率。除了在内部进行自我提高和改善之外，还注重对外学习、取长补短。1954年7月，中央人民广播电台选派播音员去苏联学习，学习内容包括斯坦尼斯拉夫斯基的理论体系，之后齐越和崔玉陵还翻译了由苏联功勋演员符·阿克肖诺夫所撰写的《朗诵艺术》以及黄皮书《苏联播音经验汇编》。同年11月，在北京召开了第二次全国广播工作会议，中心议题就是学习苏联广播经验，此次会议结合我国广播发展的具体情况，做出了"中央台与地方台密切配合，以中央台为基础、地方台为补充构成一个宣传整体"的决定。① 1955 年 3 月在北京召开的"全国播音业务学习会",会上邀请到了很多专家、学者、演员系统地介绍交流了广播有声语言传播中涉及到的台词、练声、朗诵、语音学、嗓音锻炼和保护等知识,其中时任中央广播事业局局长的梅益在讲话中谈到了广播有声语言传播创作方向、工作态度以及创作手段、情感、技巧和修养方面的问题,更是在宏观导向层面和微观创作层面为广播有声语言传播的性质指明了方向。

（五）整风运动和反"右派"斗争使广播电视媒介成为政治的附庸

1956 年我国进入了全面建设社会主义新时期,这一时期党和政府领导全国人民开始了大规模的社会主义建设。在近十年的社会主义建设过程中,我国的广播电视事业同其他领域一样取得了很大成就,在以党的政治建设为纲的思想统领下,我国广播电视有声语言传播"一体化"范式逐渐形成。

1957 年为了纠正党内存在的脱离群众、脱离实际和官僚主义问题,在全党上下开展了一场整风运动。整风运动开始后,中央广播事业局多次召开会议,要求各地广播电台要搞好整风运动的宣传报道。1957 年 6 月 2 日,中央广播事业局在宣传报道工作会上强调:"广播电台应该组织一些通俗易懂地向听众讲解为什么（有）人民内部矛盾,和怎样处理这些矛盾的节目。"② 为了贯彻落实会议精神,6 月 4 日,中央电台便开始举办《正确处理农村内部矛盾》的专题节目。在整风运动转变为"反右"斗争中,全国各地方电台便开启了声势浩大的反"右派"斗争宣传,这在一定程度上助长了反"右派"斗争的弥散,甚至广播系统内部也因反"右派"斗争而受到影响。"'文革'宣传开始后,政治内容急剧增加,知识性节目大幅度消减,到 1966 年年底,政治性宣传已经占到了一半左右的播出时间。"③ 这一阶段的广播有声语言传播业务成为政治斗争的附庸,致使广播有声语言传播内容的丰富性和形式的个性化都受到冲击和弱化。

（六）广播"大跃进"将广播电视有声语言传播"一体化"范式引向危机

1957 年底,我国超额完成了第一个五年计划,但由于在社会主义建设过

---

① 哈艳秋主编.当代中国广播电视史[M].北京：中国国际广播出版社,2018：35.
② 当代中国的广播电视编辑部选编.中国广播电视大事记[M].北京：北京广播学院广播出版社,1987：93.
③ 赵玉明主编.中国广播电视通史[M].北京：中国广播影视出版社,2014（09）：256.

程中党缺少领导经验，面对取得的成绩，党内滋长了骄傲自满和急于求成的思想。1958年4月7日至18日，中央广播事业局在北京召开了第五次全国广播会议，会议主要讨论广播工作"大跃进"的方针、目的以及在办节目和事业建设中怎样贯彻多、快、好、省的方针等问题。其中局长梅益做了题为《政治是广播工作大跃进的统帅》的总结发言，并且会议认为"广播是阶级斗争的工具"，广播不同于工农产品，它是有灵魂的，它的灵魂就是节目的思想内容（即政治）① 这次会议进一步为广播有声语言传播"一体化"范式奠定了基调。另外，会议还强调要改进文风，要求广播中的有声语言传播要表达正确、生动形象、口语化突出以表现思想立场和政治站位。

1958年在中央广播事业局和有关单位的努力和探索下，5月1日我国第一座电视台——北京电视台试播，并于同年9月2日正式播出，北京电视台的开播标志着我国以电子媒介为传播载体的广播电视事业进入了新的时期。继北京电视台开播后，许多省市也纷纷建立电视台，到1961年底全国上下已建立电视台、实验电视台和转播台26座。因为电视媒介在我国刚刚兴起且没有大规模普及，而且不同于只靠听觉获取信息的广播媒介，电视中新增了画面语言，所以电视媒介中的有声语言传播实践尚处于摸索阶段。因此，这一时期电视媒介当中的有声语言传播在广播有声语言传播的基础上进行了适应性的改变，虽然在微观的层面上有所区别，但在整体和宏观层面上广播和电视当中的有声语言传播总体上是一脉相承、一体相通的。

二、广播电视有声语言传播"一体化"范式的危机

当我国广播电视事业稳健发展蒸蒸日上之时，爆发了"文化大革命"，使得广播中的政治宣传变形异化。1966年5月，中共中央政治局会议通过《中国共产党中央委员会通知》，无产阶级文化大革命开始。1967年1月，中共中央发出《关于广播电台问题的通知》，《通知》决定对地方人民广播电台实行军事管制，暂停播送地方台自办节目，改为全天转播中央人民广播电台的节目，从中央到地方新闻传播舆论阵地显现出同一化、一致化的局面。之前"开门办好广播"的传统被践踏，全国各地的广播电台、电视台中的有声语言传播几乎变为一个腔调。自此，广播电视有声语言传播由党、政府和人民的喉舌变为"无产阶级全面专政的工具"，其"一体化"的范式也借由一切为政治服务、

---

① 赵玉明主编.中国广播电视通史[M].北京：中国广播影视出版社，2014（09）：227.

一切从政治出发的宣传属性而愈加明显。

此时的广播电视有声语言传播充满了"战斗性"的意味，表现在有声语言的声音形式上，其特点就是普遍用声高、力度强，以批判式、口号式、歌颂式语气为主。[①]在用声上以实声为主，追求响亮、高调的音色，状态十分亢奋。而且此时的有声语言传播只讲求政治情感，完全忽视了受众的接受习惯以及有声语言传播规范和技巧。随着"文革"的启幕，更是将这种"一体化"的广播电视有声语言传播范式推向危机与畸形发展的道路。期间创制了"新华体"并通过广播等大众媒介进行扩散传播，形成了以战斗为隐喻、批判为风格的全新的有声语言样式。

"文化大革命"时期，我国广播电视有声语言传播"一体化"范式出现极度异化现象。"四人帮"开始夺权之后，广播电视媒体中的不同声音渐渐消失，直到只剩下一种声音。广播电视有声语言传播主体罔顾传播内容的真实性，只求做到形式和声音状态的规定完备，以"高、平、空"的语言样态达到"冷、僵、远"的语言情感需求。此时广播电视有声语言传播所传播的内容占次要位置，而更讲求语言传播形式上的有效性。为了让广播电视有声语言传播受众快速接受宣传内容，广播电视有声语言传播主体将宣传内容转换成为简单而短小的口号，并以不断重复的方式进行传播。这种广播电视有声语言传播的形式虽然在群众的思想和行动上达成了"统一"，但是在根本上扭曲和异化了"一体化"广播电视有声语言传播范式中的学科基质，为日后"新范式"的科学革命以及新学科基质的萌生埋下了伏笔。

三、广播有声语言传播"一体化"范式的回归

（一）广播电视有声语言传播范式学科基质的复归与反思

粉碎"四人帮"后，我国的广播电视事业逐渐从"左"的思想中摆脱出来，直到 1978 年中共中央召开的十一届三中全会，作出了把全党工作的重心和全国人民的注意力转移到社会主义现代化建设上来的战略决定。我国各个领域开始进行全面的拨乱反正，广播电视事业也迎来了新的发展时期。1978 年 5 月，《光明日报》发表了题为《实践是检验真理的唯一标准》的文章，文章运用马克思列宁主义物质实践的哲学思想来纠正之前的教条主义错误，扬弃了

---

① 陈晓鸥. 广播电视语境研究［M］. 北京：中国传媒大学出版社，2013（04）：74.

把实践当作想象主体的想象活动的唯心主义实践观，在全国范围内引起了巨大反响。同年11月，中央人民广播电台和各省市广播电台、电视台纷纷举办了《真理与实践问题广播讲座》的讲座来学习刘少奇的新闻思想。在拨乱反正中，新闻界重新整理了刘少奇有关新闻工作的讲话和论述。这项工作对发展和繁荣新时期的新闻事业具有重要意义。① 刘少奇新闻思想的学习和宣传将"文革"时期广播电视有声语言传播所产生的不切实际、杜撰事实、伪造历史、黑白颠倒、混淆是非的新闻传播观重新加以纠正，十七年"黑线专政论"受到彻底批判，复归了延安时期所形成和传承下来的广播电视有声语言传播范式中的学科基质。

（二）广播电视有声语言传播主体创作观的焦点转移

广播电视有声语言传播主体对"文革"时期的有声语言传播创作观进行了反思，其中最大的变化是有声语言形态上的"降调"。对有声语言形态"降调"的改变不仅仅体现在声音形式和声调变化上，更体现在创作观上。这一时期的广播电视有声语言传播创作观开始摆脱政治专政工具的束缚和枷锁，把创作核心投向了人们的社会生活，开始渐渐对"人"自身的情绪感受和生存状态加以关注，在语言传播创作理念上重新回归到了与人民群众平视的传受定位。除此之外，在用声上与"文革"时期的求高求亮、强制生硬不同，逐渐复归了之前虚实结合、变化自如的用声状态，并且开始尝试"声断意连"、"停中有连"的有声语言形式，有声语言节奏上也有了轻重缓急、抑扬顿挫的变化。

1978年底，《人民日报》分两天刊出了陶斯亮的《一封终于发出的信——给我的爸爸陶铸》的文章，中央人民广播电台的播音员林如用真挚朴实的情感和真切感人的语言进行了播送，她准确地表达出了倾诉者和倾诉对象之间的亲情关系与怀念思悼，情感饱满深厚、意蕴绵长深远，引起了听众的强烈共鸣。另外由齐越播出的长篇纪实文章《大地的儿子——周恩来》，演播真挚朴实，给人安慰和力量，其中的《野饭菜》《总理和理发员》等故事感人至深，在演播《在彭总身边》时，他又与时俱进，改变了英雄人物一味激情澎湃的演播方式，采用了小音量的讲述方式，给人一种娓娓道来、细致入微的心理慰藉。② 这一系列具有代表性的广播电视有声语言传播实践在故事的讲述上摒弃了"全能"的英雄，让受众在情与理中感受"平凡的伟人"身上所传递出的精神与力量。

---

① 袁军，哈艳秋.中国新闻事业史教程[M].北京：中国广播电视出版社，1996：312.
② 喻梅.新中国播音创作简史[M].北京：中国传媒大学出版社，2016：121.

（三）广播电视有声语言传播的"党性原则"属性和"喉舌论"功能

1. 广播电视有声语言传播"党性原则"的内在属性

党性原则是马克思主义新闻观的基本要义之一，它关系到无产阶级政党和社会主义国家新闻工作的政治方向，是新闻机构和新闻工作者在新闻传播活动中所坚持的立场、观点和行为准则。在马克思主义新闻观的指导下，我国广播电视新闻传播活动继承了陕北延安时期新闻工作的传统本色，其中的"党性原则"成为我国广播电视有声语言传播"一体化"范式的内在属性。

广播电视有声语言传播的属性问题，成为其范式内涵的基础要素。回顾历史文献，早在1958年时任中央台播音组组长的林田就曾对播音员身份作出清楚界定："全组同志要更深刻的认识到，广播是党在思想战线上的战斗堡垒，播音员是党的宣传员，必须坚定地站在党的立场，态度鲜明，感情饱满，准确地宣传党的方针政策，认识到政治是播音的灵魂，没有政治就谈不上播音艺术"。①

政治上的党性原则及其规定性内涵在广播电视有声语言传播方面体现为三个层面：首先在广播电视有声语言传播的思想层面上，体现了社会主义新闻事业的党性，在语言传播过程中以马克思列宁主义、毛泽东思想为指导，坚持辩证唯物主义和历史唯物主义的世界观和方法论，坚持从一切出发、实事求是的科学态度，把新闻的真实性与党性统一起来，达到具体真实与全面真实、本质真实与历史真实的辩证统一。在广播电视有声语言传播的政治层面上，广播电视有声语言传播主体必须站在党的立场上，按照党的纲领和党的决策进行新闻传播活动，无条件的宣传党的路线、方针、政策以及政府的重大决策和措施，同时，要坚持全心全意为人民服务的基本准则。在广播电视有声语言传播的组织层面上，要恪守社会主义新闻工作的党性要求，自觉服从和主动接受党的领导，遵守党的宣传工作纪律。这三个层面是广播电视有声语言传播党性原则的"一体三面"，共同构成了"一体化"范式的内在核心属性。

2. 广播电视有声语言传播"喉舌论"的功能定位

新中国成立以后，由于国内外形势的复杂多变，致使宣传工作和政治斗争依傍得过于紧密，将广播媒介看作是工具并充分发挥其宣传功能的做法延续了战时的定位。在"一体化"范式的指导下，广播有声语言传播在对内制造认

---

① 林田. 永远听党的话，做红透专深的播音员 [G]. 播音工作经验汇辑，196（01）：1.

同，对外争取话语权并强调意识形态独立性方面发挥了重要的功能作用。

新中国成立以来，我国广播电视媒体被喻为党和人民的喉舌，是党和政府方针政策实现上传下达的工具。"广播电视媒体在这一阶段的主要功能是'喉舌'、'工具'，电视新闻承担的是'宣传教化'功能，扮演着党和政府的'喉舌'角色，突出强调的是意识形态要求。"① "广播电视工作的喉舌观念，主要是把党的声音准确、及时地传递到人民群众中去，同时还要从党的决定只是政策方针及领导人的讲话等活动中，充分理解和把握党的意图、指导思想、行动方针，根据广播电视工具性的特点，变成广播电视语言，变成与广大受众的思想、心理和实践活动接近的语言，易于为受众理解和接受的语言。"② 可以说，"广播电视有声语言创作主体肩负着阶级的、历史的使命，是国家机器上的一个齿轮和螺丝钉。"③ 他们在以党性为根本遵循的同时践行着"喉舌"角色的价值取向。诚然，我国广播电视的"喉舌"功能在战争年代和新中国成立初期对于指导人民夺取政权和巩固新生政权起到了一定的促进作用。但在这个时期，广播电视有声语言传播是在"一体化"范式的指导下进行的，因此，其功能只涵盖了作为党和政府"喉舌"的一种功能，而作为人民"喉舌"的涵义则未被充分明确强调，从而导致其在新闻舆论监督功能中的意义未被释放出来。广播电视的这种工具性特点直接影响到其语言传播的观念，此时的语言传播观念还未摆脱传统话语结构的影响，广播电视工具性的存在使得有声语言传播的作用除了履行告知功能以外，主要任务是教导和教育大众，并进行宣传，表现出单向传递信息的特征。

（四）广播电视有声语言传播"一体化"范式的共同体结构

新中国成立后，百废待兴，全国上下各个行业、各个领域充满着奋斗的气息，我国的广播电视事业也同样如此，在全国朝气蓬勃的探索建设情景中逐渐进入了正规发展且不断完善的快车道。在这样的社会历史背景之下，我国广播电视有声语言传播范式的共同体结构较陕北延安时期发生了明显变化，其结构层次更加丰富，培养体系更加科学。可以说，此时的科学共同体在结构层次、组成配比和科学性等方面已经发展得较为成熟，并推动着我国广播电视有声语言传播范式向着合理化、普适性、相宜性的方向发展。

---

① 胡智峰，周建新.从"宣传品"、"作品"到"产品"——中国电视50年节目创新的三个发展阶段[J].中国广播电视学刊，2008（04）：1.
② 陈杰.广播电视的喉舌观念[J].新闻界，1987（02）：18.
③ 张颂.情声和谐启蒙录[M].北京：北京广播学院出版社，2004：79.

1. 结构层次的丰富性

我国广播电视有声语言传播范式的演进，首先是要归因于形成一个逐渐趋向广播电视有声语言传播这项传播事业的共同体，这个共同体处于广播电视事业改革发展的最前端，并且它的结构生成及群体特点都离不开大的时代背景。革命战争年代我国广播有声语言传播范式的共同体成员结构单一、功能单纯，且囿于从未有过从事电子媒介传播下的有声语言传播活动经验，一切都处于探索和尝试阶段。但是随着广播有声语言传播活动的日益深入，共同体成员逐渐总结出一定的经验技巧，在特定历史时期内形成了具有时代特点的范式特征。新中国成立后，我国的广播电视事业发展迅猛，各项指标和技术手段日臻成熟，为广播电视有声语言传播的共同体提供了技术和实践上的物质准备，因此广播电视有声语言传播范式的共同体结构变得丰富充盈。

首先从微观层面上看，这一时期的广播电视有声语言传播共同体成员结构主要有五个部分：延用解放区广播时期的播音员如齐越、丁一岚、孟启予等；组织内部推荐的播音员如费寄平；社会招考选拔的播音员如葛兰；专业培养的播音员如徐曼、铁成、雅坤、虹云等；以及电台内部转岗的播音员如方明。[①] 这五部分语言传播群体体现了那个时代文化精英应对变革、服务国家发展的奋斗经历，他们以现代的电子传播媒介为载体进行有声语言传播活动，带有东方朴素的兼具鼓动性的"一体化"风格特征。正因为他们有着共同的事业倾向，从而在不同方面促成了我国广播电视有声语言传播"一体化"范式的生成。同时，这些中国现代广播电视有声语言传播的先行者身上所体现出的是对于国家的价值观念的认同、担负社会角色使命感的责任。

其次从中观层面上看，这一时期的广播电视有声语言传播群体的组成结构是基于社会主义政治制度和计划经济体制之上的，具体表现为城市社会中的党和政府机构、国有事业单位以及国有企业单位。比如这一时期的广播有声语言传播主体以中央人民广播电台为代表的广播事业单位管理，且可以进一步细化为接受所在广播电台的播音部（科）进行科层制的人事管理。这种特殊的科层制组织形态为我国各地的广播电视事业部纷纷仿效，从现代管理学的角度解决了这一时期广播电视有声语言传播主体的职业化问题。

最后从宏观层面上看，新中国成立后，我国的广播事业由战争革命时期的区域性范围扩展至全国性范围，因此，我国广播电视有声语言传播范式的共同

[①] 卜晨光.身份、话语与价值认同：新中国十七年时期播音员群体研究［M］.北京：中国传媒大学出版社，2021（06）：49-50.

体结构也展现出广博性的特点。尽管分布广泛,但是在"一体化"范式的指导下,广播电视有声语言传播的共同体成员始终秉持着社会主义理想,依托广播电视媒介宣传党的纲领、成就及意识形态,并按照相对统一的有声语言传播创作手段,进行服务政治和国家的有声语言传播活动。

2. 培养体系的科学性

这一时期我国广播电视有声语言传播范式共同体的结构功能呈现出科学性的特点,具体表现为共同体成员的培养和遴选更为规范和专业。新中国成立后,伴随我国广播电视事业的发展,广播系统急需广播电视技术人才和编播干部,为了提升广播电视的专业能力和水平,1954年3月,中央广播局开办了广播技术人员训练班,开始科学正规地培养广播技术人员。"培训班共举办6期,培训技术人员969人。中央广播事业局在1956年至1958年期间,还举办过播音、电视、收音机安装等短训班,培训了130多人。"[1]1956年5月刘少奇建议创办培养广播干部的高等学校,两年后,中央广播局在原有的广播技术人员训练班的基础上创办了北京广播专科学校。1959年9月,经国务院批准,中央广播局将其扩建为北京广播学院,从而成为培养我国广播电视有声语言传播主体的高等学府,标志着我国广播电视高等教育进入了一个新的阶段。1960年初,中央人民广播电台播音部的马尔方和天津台播音组的徐恒调入北京广播学院工作,筹建了播音专业,将播音发声学、语言学、语音学、语言逻辑等专业知识引入人才培养的学科体系当中,"播音理论体系开始建立一定的格局和基本观点间架"[2],使广播电视有声语言传播的学科基质更加明晰了然。1963年8月开始正式招收播音专业的学生,学制三年,学历大专。"播音人才的培养实现了从'培训型'到'学历型','应急型'到'计划型'的转变。"[3]1977年,在停止了十年的全国招生考试后,北京广播学院重新步入了健康正常的招生轨道,从77级开始,播音专业改为四年制本科培养,播音教育"实现了从'粗放型'到'集约型',从'计划型'到'自主型'的转变"。[4]除了像北京广播学院这样的高等院校之外,为了使普通群众能够更多更好地学习广播电视知识,中央和地方都积极开办广播电视大学,继而成为我国教育体制的重要组成部分。自此,我国广播电视有声语言传播范式的共同体结构中出现了更为

---

① 左漠野主编.当代中国的广播电视(下)[M].北京:中国社会科学出版社,1987:287.
② 张颂.中国播音学发展简史[J].媒介研究,2007(02):5.
③ 张颂.语言传播文论(三)[M].北京:中国传媒大学出版社,2006:133.
④ 喻梅.新中国播音创作简史[M].北京:中国传媒大学出版社,2016(11):127.

专业的、专门研究和学习有声语言传播活动的群体，他们所关注的范围日益精细、扩展并不断探索和发掘可以指导这个学科不断向前发展的理论可能性。

这个阶段的广播电视有声语言传播范式是一个承上启下的关键时期，由延安时期所形成的语言传播范式继续巩固、扩展、完善，逐渐演变成了以"一体化"为主要特征的有声语言传播主导性范式，并为接下来的一个时期内我国广播电视有声语言传播范式的演进埋下了伏笔。党的十一届三中全会召开后，在改革开放的时代背景下，我国的广播电视事业成为媒体市场的开拓者和先行者。人际化传播理念成为我国广播电视有声语言传播范式新的逻辑起点，并为新范式的形成和确立提供了内生性动力。在新的历史时期，我国广播电视有声语言传播借由角色转换，将这种独立性外化为大众媒体的监督效能，在坚持群众路线和民主集中制原则的前提下，通过一种更为灵活的方式使党的领导更加稳固，不断促进国家的民主进程向前发展。

第三节 中国广播电视有声语言传播"人本化"范式的转型（1978—2012）

党的十一届三中全会以后，我国进入了社会主义事业发展的新时期，改革开放与思想解放彼此交融，共同推动着中国社会向着市场化、民主化、法制化的方向发展，因此可以说"改革开放不仅是生产力的解放，而且是思想的解放，心灵的解放。"①。同时，伴随改革开放后对极左意识形态的批判修正和西方各种思潮的进入，中国的社会结构开始由传统型社会向现代型社会转变，多元化的思想文化逐步显现，人们追求个人的尊严、价值和权利的意识逐渐觉醒，表现为新的社会阶层萌生以及社会各个阶层群体的利益诉求和价值观念的繁杂多样。

2000年，以江泽民同志为核心的第三代领导集体提出了"三个代表"重要思想，研究、阐述、落实"三个代表"重要思想成为广播电视宣传工作的重要任务。2003年7月，胡锦涛总书记在讲话中提出要坚持以人为本，强调经

---

① 温红彦.文怀沙谈改革开放三十年：心灵解放加快文明进程[EB/OL].(2008-12-25)[2022-11-1].http://30.people.com.cn/GB/8577190.html.

济发展归根到底都是为了满足广大人民群众的物质文化需要，要保证人的全面发展，人是发展的根本目的。2008年胡锦涛总书记在考察《人民日报》社时指出："新闻宣传工作必须坚持'以人为本'，要增强新闻报道的亲和力、吸引力、感染力。"① "以人为本"的理念成为思想文化领域的重要导向，重建中国人文精神的意识渐渐觉醒。在这种特定政治观念的指导下，之前广播电视有声语言传播的"一体化"范式渐渐不能适应多层次、多元化的语言传播诉求，从而导致了内部诸要素"反常"的出现。这一时期我国广播电视有声语言传播的实践创作受到了新媒体、互联网的影响，以普遍性、包容性、开放性和创新性为理念，语言传播中的民主化意识渐次萌生，并且重视强调有声语言模式的异质性以及有声语言传播当中各种各样的、甚至是矛盾的、对立的、未知的各种要素和线索，继而在继承延伸原有旧范式传统的基础上，扩展演化出新的学科基质，呈现出"人本化"的范式特征。

一、广播电视有声语言传播范式的要素升级

世界上的一切事物都是由内容与形式两个重要面向构成，其中内容是构成事物内在各个要素的总和，形式是事物内在各个要素的结构、组织和表现形态，事物的内容和形式是一个辩证统一的整体。我国广播电视有声语言传播范式的内容和形式在相互影响、相互统一中达到平衡，其内在要素和结构功能为内容和形式的彼此作用、动态发展提供了内生性动力。与此关联，这个时期要探索出有别于居于长期支配性的广播电视有声语言传播范式，要掌握这种探索路径，就必须再次思考广播电视受众的每一种情感、每一种价值观和每一种需要，重新评估旧的范式，从而在理论和实践两个层面作出改变。

1980年10月7日至18日，中央广播局在北京召开了第十次全国广播工作会议，提出要坚持"自己走路"的方针，也就是从这次会议开始，我国的广播电视媒体在内容、结构以及形式等方面进行了全面的改革，从而全面升级了有声语言传播"一体化"范式的内在要素。

---

① 胡锦涛.在人民日报社考察工作时的讲话[N].人民日报海外版，2008-6-21（1）.

（一）广播电视有声语言传播内容的丰富性

1. 电视媒介的崛起及网络广播电视的发展丰富内容传播载体

（1）电视媒介的崛起

我国的电视媒介尽管从 1958 年开始尝试播出，但在很长一段时间里由于普及率不高，受重视程度不够，所以一直作为广播媒介的一种补充和伴随。1980 年 2 月召开的全国广播事业规划会议历史性地提出"要把加速发展电视事业放在优先地位"，并展望"在本世纪末，要使我国的广播电视在事业规模、设计设施、覆盖指标等方面都具有相当水平"。①1982 年，中央广播事业局改为广播电视部，名称中加上了"电视"二字。1983 年 3 月，第十一次全国广播电视会议召开，会议名称由之前的"全国广播会议"改为"全国广播电视会议"，这次会议确定了以新闻改革为重点，从实际出发制定"四级办广播、四级办电视、四级混合覆盖"的发展任务。这是中央广播事业局改为广播电视部后第一次召开的系统内部的全国性会议，具有里程碑式的意义，它使电视媒体走进了越来越多的"寻常百姓家"，改变了以往以广播媒介为主，以电视媒介为辅的局面。1983 年到 1988 年，我国的广播电视事业飞速发展，全国的电视台数量以平均每年 30% 以上的速度递增，到 1988 年底，全国的电视台数量到达 442 座，比 1982 年增长近 8 倍，在覆盖率方面电视人口覆盖率从 1982 年的 57.3% 提高到 1988 年的 75.4%。截至 1995 年，我国的电视机社会拥有量达 2.5 亿台，从 1995 年到 2000 年，广播电视的人口覆盖率分别从 77.4%、88.3% 增长到 92.74%、93.65%，覆盖人口达 10 亿左右。②电视媒体通过扩大消息面、增加新闻量、增强权威性方面发挥了不可替代的作用。另外，电视媒介的崛起在丰富传播载体的同时，也涌现出一大批优秀的电视节目，如《春节联欢晚会》《为您服务》《动物世界》《午间半小时》等，这些节目丰富了电视荧屏，取得了巨大成功，深刻地影响着人们生活方式、价值观念、思维方式并对我国电视事业的发展产生了深远影响。

（2）网络广播电视的发展

1995 年 5 月互联网全面接入中国社会，传统的广播电视媒体也借由互联网发展的东风，拓展成为数字化网络媒体大军中的一员。从 1996 年开始，我国各地区的广播电台、电视台纷纷在数字化的网络领域诞生，传统媒体在网

---

① 赵玉明主编.中国广播电视通史［M］.北京：北京广播学院出版社，2004：345.
② 赵玉明主编.中国广播电视通史［M］.北京：北京广播学院出版社，2004：385-424.

络平台纷纷登陆，延伸了广播电视媒体的传播范围，并且在数字化网络强互动的赋能下，弥补了传统广播电视媒体线性传播的不足。随着对等网络（P2P）、内容分发网络（CDN）技术的成熟，广播电视媒体的内容资源实现了新视听传播效果的巨大飞跃。到 2005 年底，全国 34 个省（包括台湾地区）、直辖市、自治区、特别行政区已相继建立起了广播网站。中国的 34 个省（包括台湾地区）、直辖市、自治区、特别行政区的省级电视台除了青海省之外，都建立了自己的网站，并且开设有音视频的频道或栏目，另外有 108 个地级市电视台的网站也开设有音视频下载或点播的频道或栏目。[1]2009 年 12 月，中国网络电视台开启了建构国内新型网络电视台的序幕，自此，中国电视平台和网络平台双平台的传播优势逐渐显现。双平台的传播格局在保证传统媒体公信力和权威性的基础上，孕育出了新的媒介力量和有声语言传播主体，引领了我国广播电视媒体网络化传播的潮流。因此，出现了一批具有影响力和探索性的网络电台及电视节目，如中央人民广播电台的《医药咨询台》以及央视国际的《在线主持》《网评天下》《绝对新闻现场》等。这些网络电台、电视节目的播出吸收了传统媒体的内容优势，并且借助网络平台的互动性特点，真正实现了以往以传者为中心的线性传播向以受众为中心的交互传播的转变，从而进一步使传统媒体内容传播效果达到最优化。

2. "纪实"观念的引入丰富语言传播的内容创作方式

20 世纪 80 年代，国外的电视语言观念不断影响着中国电视的理论和实践，其中最受重视、影响最为深远的是"纪实"，这种观念的核心是将影像作为"物质现实的复原"。[2] 因此，伴随纪实影像进行信息传播的纪实语言便自然成为广播电视有声语言传播全新的创作理念和方法。在国家改革开放进程不断深入的背景下，出现了一批具有浓厚纪实风格的广播电视节目，其中以 1981 年 12 月在中央电视台开播的一档介绍大自然中动植物为主的纪实类节目《动物世界》最为典型。节目中除了展现画面优美、妙趣横生的动植物故事外，其富有韵味的解说也让电视观众身临其境、记忆深刻。我国的第一位电视新闻男播音员赵忠祥将情感细腻、真实自然的有声语言与生动写实、生机勃勃的画面语言完美融合，他用厚重又不失松弛、沉稳且富于变化、坚实中带有"气声"的语言创作方法为受众呈现出了意境深远、灵动和谐的自然画面。可以说，《动

---

[1] 哈艳秋主编.当代中国广播电视史 [M].北京：中国国际广播出版社，2018：522-524.
[2] 崔林.从"讲话"、"说话"到"对话"——中国电视新闻的范式转换与语态变迁 [J].现代传播，2012（03）：56.

物世界》中的有声语言创作开启了我国广播电视有声语言传播纪实语言的新阶段，其中所渗透的语言创作理念、情感表达技巧以及声音处理方式展现出新的广播电视有声语言传播风格特征。曹海鹰在 1988 年的《我国播音风格初探》一文中讲道："目前我国大致存在两种播音风格，一种是'传统风格'，一种是十一届三中全会以后出现的'新风格'。"① 作者这里指出的"传统风格"和"新风格"便可以用两种不同的语言传播范式进行再诠释。对于这一时期我国广播电视有声语言传播的风格多样化现象，中国传媒大学教授陈晓鸥解释："在八十年代，我国市场经济繁荣发展，广播电视事业也呈现出百花齐放的态势，如果我们还像之前那样单一地看待广播电视中的有声语言传播那就太过于窄化了……当时张颂老师就提出'两个非'，即"非说不可"，"非下苦功不可"……他认为我们的表达不是假的，而是从内心出发的。那么从表达的核心和内在的东西出发，它在外部根据不同的语境可以呈现出非常非常多的有声语言的形式。因此，有的时候在具体语境的作用下，我们的语言传播可以是高雅郑重的，可以是轻松幽默的，还可以是接地气儿的。"② 因此，在不同语境的规定下，广播电视有声语言传播则根据不同内容的需要、不同目的的需要、不同受众的需要呈现出丰富多样的有声语言传播样式。

在不同语境的作用下，纪实类的节目如文化纪录片《丝绸之路》《话说长江》《话说运河》《望长城》《沙与海》《最后的山神》，以及以舆论监督、生活纪实为内容的新闻节目《东方时空》《焦点访谈》《新闻调查》等通过反映日常百姓的社会生活状态，确立了人民群众在广播电视传播中的主体地位，匡正着社会正义和公众利益，因而有声语言传播在"'人际传播的拟态'模式下，改变了以前以传者为中心的状态，开始以观众的参与为目标，以观众的取向为主导，呈现出一种"对话"的姿态"③，从而为我国广播电视有声语言传播"人本化"范式的转型打下了基础。

3. 服务理念的勃兴扩展有声语言传播的样态和形式

20 世纪初，"社会环境和政策支持为中国广播电视媒体政治宣传观念的改进提供了重要推动力，促使新闻宣传观念向着一切为了人民的服务观念、宣传

---

① 曹海鹰. 我国播音风格初探[J]. 中国广播电视学刊，1988（05）：13.
② 笔者对陈晓鸥的专访.
③ 崔林. 从"讲话"、"说话"到"对话"——中国电视新闻的范式转换与语态变迁[J]. 现代传播，2012（03）：57.

与反馈并举的沟通观念转变。"① 在这种新闻传播宣传观念的指导下,我国广播电视有声语言传播理念逐渐由以单向性和强制性为主要特征的刚性"政治宣传"向以互动性和双向性为主要特征的柔性"民生服务"转变。在具体的有声语言表达上一改往日居高临下的教说感,"人情味"成为受众最真切的体会。"人情味"不仅仅是有声语言使用上的通俗易懂、言简意赅,更是传播者在有声语言传播过程中展现出的"人文关怀",这种"人文关怀"的体现不是俯首称臣式的迎合求全,而是要在情感上贴合受众的真实关切与诉求,把信息的落点集中到民生视角、人的视角上来。可以说"服务"理念的勃兴对我国广播电视有声语言传播范式的转向具有重要的指导意义,它不仅是对传者与受者之间关系的再调整,同时也是对受众定位和人文情怀的再发现,从而影响到了整个广播电视有声语言传播的创作和实践。"改革开放之后,播音界首先做的一件事情就是降调,也就是张颂老师写的第一篇文章:《谈播音的降调》。包括孙玉胜在他的著作《十年》当中也提到了'从改变语态开始'。所以说,我们声音形式的变化,首先要从思想的变化开始。可以说思维方式、思维模式不同了,我们的语言就会发生一些变化……所以我们需要一种平等的、面对面的交流语态。"②

1982年1月《为您服务》正式开播,成为我国第一个电视生活服务类节目,这档以"全心全意、为您服务"的专题节目从最初的介绍普及生活常识扩展到人们的衣食住行、商品消费、家庭教育、文明礼仪、权益纠纷等十几个方面,可以说内容包罗万象、丰富实用。这档节目秉持贴近生活、服务百姓的创作原则,在语言样态上亲切自然、简单明了、一语中的,在态度情感上真诚平易、谦和有礼、亲切贴心,实现了思想性和艺术性、服务性和实用性的统一。这种平易近人的有声语言传播创作理念通过信息共享实现了公共生活的自治,实现了有声语言传播的联接作用。另外,这种具有浓厚"服务性质"的大众媒体有声语言传播实践在强调信息共享对共同信仰和文化影响的同时,在信息传播者和信息接受者之间建立了联系,加固了基础。之后,以《为您服务》为参照,全国各地推出了各式各样的电视和电台服务类节目,如北京电视台生活频道的《生活面对面》、上海生活频道的《人气美食》、杭州电视台生活频道的《生活大参考》、南京电视台生活频道的《生活直通车》以及中央人民广播电台的《午间半小时》、广东电台的《大众信箱》、山西电台的《空中交流》、

---

① 哈艳秋主编.当代中国广播电视史[M].北京:中国国际广播出版社,2018(06):224.
② 笔者对马玉坤的专访。

湖南电台的《今天好时光》等等，由此开启了广播电视服务大众、贴近生活新时代的序幕。

（二）广播电视有声语言传播形式的人文性

1. 民生新闻与时政新闻的分庭抗礼

1992年10月，中国共产党召开了第十四次全国代表大会，会议提出了构建社会主义经济体制的发展目标，我国的广播电视事业也进入了纵深发展阶段。这一时期，涌现出了许多内容和形式都令人耳目一新的节目，如新闻评论类节目《焦点访谈》《新闻纵横》，深度报道节目《新闻调查》，谈话类节目《实话实说》等。这些节目的问世使得新闻报道的内容朝着报道社会新闻、地方新闻的方向转变，形成了区域化新闻传播的态势和格局，崭新形态的民生新闻与传统的时政新闻形成了分庭抗礼的局面。

新闻传播生态和格局的改变在社会价值层面上表现为民生和民主相互倚重，民生之本逐渐上升为对生活形态、文化模式以及精神特征的整体性追求。"从联播新闻到民生新闻的仪式更替，正是当代中国社会关系和社会结构变化的象征"。[①] 这种社会关系和结构的变化在广播电视领域主要体现在民生新闻、社会新闻和传统时政新闻的竞争上，"联播新闻离日常生活比较远，多数是政治性的大事件、大人物、大叙述、大话语的呈现，对于新闻播报方式有着庄严、肃穆、端正、'去口语化'的要求……而民生新闻则因其与民瘼苍生的天然关系，使现代城市市民共同体的建构得以可能，它以非强制性的'共享'、'互动'、'游戏'等方式，召唤地域化的文化共同体和民间共同体"。[②] 这两种不同类型的新闻节目在传播过程中所制造的"共同体"杂糅文化使得广播电视的新闻叙述语言也向着"情节化、现场化、细节化"的态势转变。

2011年，中宣部、中央外宣办、国家广电总局、新闻出版总局、中国记协五部门召开会议，在全国新闻战线组织开展"走基层、转作风、改文风"活动，旨在提升新闻报道的舆论引导、回应社会关切、服务百姓生活的能力。"走基层、转作风、改文风"活动是落实中共中央提出的"三贴近"要求的重要举措，是增强新闻宣传吸引力、感染力的重要途径，在很大程度上加强了新闻宣传队伍建设，提高了新闻工作者的综合素养。这场自上而下的新闻宣传改

[①] 姜红.仪式、共同体与生活方式的建构——另一种观念框架下的民生新闻[J].新闻与传播研究，2009（03）：71.

[②] 同上。

革活动使广大的新闻工作者走进基层一线,将生动朴实、清新自然、言简意赅的老百姓的生活语言融入到新闻报道中,收到了很好的宣传效果。对此,时任中央电视台《新闻联播》主播的李瑞英这样回忆:"那时候杨伟光任台长,他比较有开创性。记得当时有一批人,比如白岩松、崔永元、水均益、敬一丹等等,他们就是那个时候应运而生的,特别像是白岩松和崔永元,其实他们原来都没有上过电视,所以开创了一种全新的播报风格。因为那时候我们专业的科班生特别讲究归音吐字、气息发声,所以和他们形成鲜明的对比。包括当时凤凰卫视的吴小莉、陈鲁豫她们开始尝试'说新闻'的方式来播报新闻,就是很像讲故事的感觉,语言很随意……这种带有纪实性的说新闻的播讲语态改变了以往时政新闻正襟危坐的、宣读式的语态,更贴近老百姓的生活中的感受。"①

新闻传播生态和格局的改变在新闻叙事语言和议题设置方面突出强调"服务"的性质。首先,这一阶段的民生类新闻甚至是时政新闻的叙事语言在平衡官方话语系统和大众话语系统方面迈出了建设性的一步,有声语言尝试性地在传播过程中增强服务性和贴近性,以此在更大程度上面向受众,服务受众,扩大公众参与的平台。同时,为了配合市场化定位下的受众对有声语言信息传播的诉求,采取了与传统的广播电视有声语言传播范式不同的角色定位。秉承这种理念,这一时期的新闻叙事语言凸显出大众化、通俗性的有声语言传播特征,有声语言模式不断创新,有声语言的价值取向也更趋向于平民化。其次,在新闻消息的议题设置上也呈现出不同于以往的特性:以普通观众为对象,注重社会新闻、地方新闻和娱乐新闻,表现出鲜明的市场化特征和明确的受众意识、服务意识,强调从民间视角对主流价值观的建构和对社会共识的达成。另外,针对市场经济下受众强烈的自主意识、选择意识和权利意识,开始强调市民性的"受者本位"理念。我国的电视节目也经历着由"传者中心"向"受者中心"的转型发展,新闻消息的选题内容注重现实性和多样性,新闻报道的题材更加宽泛、更加贴近社会热点和人民关切,媒体决策者更加关注人民群众的生活需要以及情感诉求。这一系列在新闻生产环节发生的变化直接作用于有声语言传播上,"我们知道播音员、主持人是有声语言的创作主体,是活生生的人,而不是传声筒、语言机器,所以当我们在传播信息时,我们的话语当中是有感情,是有温度的。冷冰冰的、事不关己的态度,一定是会和受众之间产生距离的,自然也不会吸引受众……我们创作的内容是切实的,所以当我们在用有声语言传播内容的时候,一定是充满人性的考量和充满人文关怀的……我们

---

① 笔者对李瑞英的专访。

要说他们能听得懂的话，他们爱听的话，少一些教育和灌输的姿态，多一些亲近感和贴近性"。①

2. "说新闻"凸显人际传播特色

1998年伊始，香港凤凰卫视开播了早间新闻咨询节目《凤凰早班车》，陈鲁豫首开"说新闻"的先河，这种新闻播报的方式有别于传统新闻的"播报式"语言样态，转而以走向平民、贴近百姓的"谈话式"语言样态走进公众视野。其实"谈话式"的新闻播报方式早在20世纪80年代初期就已经初露端倪，当时曾有播音员对于"说新闻"提出了建设性的意见。夏青敏在播送完《毛泽东同志在解放战争为新华社写的四篇新闻稿》后，分享了自己对于"说"的感受："要完全做到像口语那样说是不可能的，让新闻播音的语言更加接近日常生活的谈话，并不是把日常生活的谈话照样用在广播的新闻之中，播音语言应当是经过提炼的，在更高的水平上接近生活的语言。"②

"谈话式"的新闻播报方式相较于"宣读式"的新闻播报方式有着天然的接近性优势。这种新闻播报方式更接近于人际交流中的情境，凸显了有声语言传播当中的人际化特色。"播员在工作中越是尽量的运用生动的语言，越像讲话和谈话，听众就越容易接受他所播讲的一切。播出的稿件愈朴素，愈柔和，愈像说而不像念就好"。③而这当中最能体现人际化特色的当数有声语言传播主体对信息的整合及个性化的信息输出能力，与其说是语态上的改变，更深层的原因则是对信息的补充、分析、解释和评论。这种对信息的充分占有和整合功能在有声语言传播主体和受众之间形成了一种特殊的场域，建立了一种如朋友般的信任关系连接，让受众对传播主体产生了"自己人"效应，正如布尔迪厄在《社会空间和符号空间》一书所指出的：人的"真实性"来源于在社会中与他人的关系，因此"真实性"就是"关系性"。④吴郁在《"说新闻"口语、方言运用对风格的影响》一文当中就对"说新闻"进行了分析："'说新闻'不仅仅是对文字稿件的口语化处理，更有对新闻进行解释、说明、补充和稍加分析的信息加工。也就是说，消息传播中适当地融入传播者主观的分析来与受众沟通，采用'说新闻'的方式，在一定程度上反映时代精神，体现新的传播理

---

① 笔者对刘姗姗的专访。
② 中央广播事业局选编.话筒前的工作［M］.北京：广播出版社，1983：16.
③ 姚喜双主编.共合国之声：中国播音口述史［M］.杭州：浙江大学出版社，2022（10）：124.
④ Bourdieu P. Social Space and Symbolic Space［M］//Wallace R J. Pratical Reason. Stanford, CA: Stanford University Press, 1998：3.

念，顺应受众接受心理，从而优化消息，进行有效传播。"①

"谈话式"的"说新闻"播报方式是对"类社交互动"模式的生动实践，这种有声语言传播模式既是对主要观点及本真性交互行为的再现，也是对有声语言传播主体与无形观众之间谈话交流的拟态再现。广播电视有声语言传播主体在这种语言传播模式的帮助下巧妙地将观众拉回到日常交流的情景当中，营造了一种"类社交互动"的谈话场域，这个场域的构建不仅在信息场域构建中完成了"信息共享"，而且在"情感场域"的构建中实现了"愉悦共鸣"，而受众正是在"信息共享"和"愉悦共鸣"的双重完善性补偿中获得认知和情感上的满足。至此，以民生类新闻为依托的"说新闻"节目如雨后春笋般在中国大地上遍地开花，较为典型的有北京电视台的《第7日》、湖南电视台的《晚间新闻》、成都电视台的《今晚800》、江苏电视台城市频道的《南京零距离》、辽宁卫视的《说天下》、吉林卫视的《拉呱》等等。

二、广播电视有声语言传播理念的调试改变

（一）广播电视有声语言传播"人本化"的价值取向

1. 广播电视有声语言传播理念的"人本化"

新中国成立以来，我国的广播电视媒体一直处于党管媒体的状态中，改革开放之后，随着国家对广播电视事业的结构调整，以及全球化浪潮带来的思想解放，我国广播电视有声语言传播理念逐渐趋向"人本化"，而"文化性"特征则是"人本化"的应有之义。"其实从老一辈延安时期的这些播音员来说，他们追求的就是有声语言传播的内容，就是我怎么样才能把语言内容传播好。那么从有声语言传播的观念上来讲，其实他们追求的就是语言的文化性。包括后来新中国成立以后，齐越到苏联去采访，带回了苏联的播音经验，他们强调的就是对内容的表达……也就是语言的文化性，包括斯坦尼体系，它里边儿也是强调创作者的感受、创作者的真情实感的表达……我们要利用有声语言这个工具来记录和表现文化，所以说我们的有声语言是具有强烈的文化性的"。②

我国广播电视有声语言的变化折射出新闻传播理念的嬗变。从20世纪80年代初，我国广播电视开始出现自负盈亏的市场化经营模式，随之而来的广

---

① 吴郁．"说新闻"口语、方言运用对风格的影响［J］．中国广播电视学刊，2003（02）：46.
② 笔者对马玉坤的专访。

播电视有声语言不再是沿用多年的"新华体"、"人民体","官话"开始渐渐淡出新闻报道视野,老百姓的语言逐渐增多。1983年,广播电视部部长吴冷西在第十一次全国广播电视工作会议的报告中说:"除了发布政令、宣读重要报告、讲话,广播要像知心朋友一样同听众亲切谈话。亲切不等于轻浮,庄重不等于古板。"① 这为改进广播电视有声语言传播理念指明了方向,具有指导性意义。

2. 广播电视有声语言传播主体的"人本化"

(1)主持人节目凸显广播电视有声语言传播主体的能动性

20世纪80年代初,我国广播电视节目中出现了一种新的节目形式——主持人节目,主持人节目的出现凸显了我国广播电视有声语言传播主体的能动性地位。1981年元旦,由徐曼主持的《空中之友》率先问世,同年由李一萍主持的《大众信箱》与听众见面,1983年由沈力主持的《为您服务》节目与观众相约荧屏。之后,全国各地的电台、电视台在中央台和中央电视台的示范带动下,相继办起了主持人节目。主持人节目的异军突起,打破了传统广播电视节目的架构,使作为广播电视有声语言传播主体的主持人成为节目的焦点之一。

20世纪80年代出现的主持人节目一般分为两种类型:"一种是采编播合一,主持人处于主导地位,是节目的总体设计人。另一种是编辑、记者和播音员合作,并且对稿件进行自主性的语言加工。"② 可以说主持人节目的出现极大地调动了广播电视有声语言传播主体的主体能动性,"主持人作为人格化的叙事中介,他的设置使媒介从工具客体转化为一个可供交流的对象主体"。③ 一方面,广播电视有声语言传播主体在节目创作过程中可以充分融入,表达自己的想法和语言习惯,使节目的内容和形式更为贴合。更为重要的是可以使自己的思想与受众产生连接,建立一种积极交往的关系,从而在不断完善语言传播效果之中润物细无声地达成传播目的。正如陀思妥耶夫斯基所言:"思想只有与他人的思想发生重要对话关系之后,才能形成、发展、寻找和更新自己的语言表现形式,衍生新的思想。人的想法要成为真正的思想,必须是在同他人另一个思想的积极交往中,并且通过语言表现出来。"④ 另一方面,广播电视有声

---

① 左漠野主编.当代中国的广播电视(上)[M].北京:中国社会科学出版社,1987:344.
② 赵玉明主编.中国广播电视通史[M].北京:北京广播学院出版社,2004:312.
③ 丁未.回归人际性:大众传播的另一个视野[J].现代传播,1997(12):13.
④ 陈默.电视文化的新理念——多元的对话性[J].现代传播,2003(04):112.

语言传播主体与受众之间的信任感在相互学习、彼此对话、真诚开放的氛围中确立并不断被加强。在葛兰看来，时代在发展，节目在创新，但是"真"是永恒的。这种"真"不是"让你去念稿子"，而是你在交流中真的听，真的想，真的代表观众在问，真的用心才能保证节目质量，才能对得起听众。① 在具体的有声语言传播活动中，主持人成为故事的讲述者，以一种情感贴合、心理慰藉的引导人角色呈现故事的情节和逻辑，构建了一个叙述者和听者彼此交融的传播场域。叙述理论认为，故事外的叙述者，相较于故事内的叙述者更为客观，因此主持人被赋予了一种权威，在播报新闻中充当着全知全能的角色，并在对新闻事件的发展、人物关系的解读当中任意地转换，由此在新闻播报中不断的被受众信任。这种人与人之间的信任关系一旦建立，就会衍生成为一种具有"黏性"的熟人关系，从而增强传播效果。

（2）"降调"问题的辩证审视

"文化大革命"结束后，政治关系和社会关系趋于缓和，国家重新走上了稳步发展的轨道，广播电视有声语言传播的实践创作也摆脱了政治专政工具的局限，对"人"自身的关注逐渐显现。

我国广播电视有声语言传播的创作理念是随着国家政治宣传思想的变化而变化的，在广播电视节目形式和内容的变化过程中，有声语言传播实践创作最为突出的改变是开始要求"降调"。1981年全国第二次播音经验交流会提出了"降调"的问题，这是播音恢复常态的标志。② 会议提出播音工作必须根据改革的需要，勇于创新并尝试探索新的播讲方法，在有声语言表达上有新的发展，在理论研究上要持续深入，加强广播电视有声语言传播业务的创新实践。然而，对于"降调"问题的讨论却存在争议，"降调"讨论中出现的"偏颇"，是对传统风格的有力冲击。它从观念到实践，都在播音风格发展的道路上留下了自己鲜明的印记，引起了播音风格的某些根本性变化。③

广播电视有声语言"降调"传播实践主要表现在形式和内容两个方面。首先，在形式上的"降调"表现为有声语言传播的音量和语调开始逐渐降低，在用声上比"文革"时期松弛了许多，但是会出现过于随意，语意不清、调值不准等问题，从而导致"固定腔调"的出现。费寄平在《播音基础理论探讨》中对于"固定腔调"带来的负面影响这样说道："有些听众说，中央台只有两个播音员，即一个男播音员和一个女播音员。这说明一些人对我们播音风格的单

---

① 姚喜双主编.共和国之声：中国播音口述史［M］.杭州：浙江大学出版社，2022（10）：96.
② 曹海鹰.我国播音风格初探［J］.中国广播电视学刊，1988（05）：15.
③ 同上.

调呆板，千篇一律严重不满……在播音中，特别是有些音色相近的同志，我们自己也要听半天，甚至听到最后报名才知道是谁。"① 这种个性缺失、毫无特点的语言传播现象其成因是受到了之前"一体化"范式的影响，可以说是上一阶段语言传播范式的"机械继承"和"无机模仿"。其次，在内容呈现上的"降调"导致了有声语言传播目的不清、情感不明的问题，可以说是为了"降调"而"降调"。这种丢失了有声语言传播内容依据的"降调"会导致有声语言传播目的的含糊，容易造成政治性、指导性、鼓动性和分寸感的损耗。正如张颂所说："降调不是目的，而是手段，它只是为了更好地为宣传目的服务，只是为了'使人愿意接受'而被我们赋予了存在的价值。否则，它的命运不会比使人听而生厌的高调的命运好多少。要想避免'降调情亦降的效果'，而忽视宣传目的和作用，无异于缘木求鱼。"②

其实，对于"降调"问题的讨论与争议在一定程度上是对人发音生理现象的理性审思与客观尊重。生物学中人的自如声区是最生动、最丰富、最悦耳的发声区域，这个区域范围有着天然的生理阈限，且因人而异，体现着发声器官的独特性和唯一性。人的自如声区存在着相对性的特点，表现为不同人在发声时其声音形式的强弱、明暗、宽窄、厚薄、润干等方面各有不同。如果不加区分地按照统一的标准和格式去"降调"或是"升调"，都是对人生理器官的一种摧残和漠视，更是对人的多样性和异质性的怠忽。因此，对广播电视有声语言传播"降调"问题的辩证审思在珍视和复归人的价值的同时也体现了有声语言最大的魅力，即由其所呈现出的思想感情的变化以及对意境意蕴的营造。

（二）广播电视有声语言传播"多元化"的价值体系

1. 广播电视有声语言传播价值结构体系的"多元化"

广播电视有声语言传播作为信息传播过程中最为显性、最具张力的编码环节，自身有着逻辑严密的结构体系，在经纬交织的结构体系中蕴含着彼此制约、彼此影响、层层递进的价值标准。在我国广播电视有声语言传播范式的演进过程中，结构体系所呈现出来的价值标准使得其范式特点更加立体、更加完备。

我国广播电视有声语言传播的结构体系有三个层级的价值标准："对不对、

---

① 费寄平. 播音基础理论探讨 [J]. 现代传播，1980（03）：36.
② 张颂. 谈谈播音的降调问题 [J]. 现代传播，1979（03）：38.

准不准、美不美"。① 其中,"对不对"指谓着广播电视有声语言传播的标准价值,即语音、语法、词汇等语言本体的正确与否。"准不准"指谓着广播电视有声语言传播的专业价值,即停连、重音、语气、节奏以及对象感、态度分寸、情感表达等专业技术的准确与否。"美不美"指谓着广播电视有声语言传播的美学价值,即意蕴美、音声美、韵律美、分寸美等精神层面的审美感受愉悦与否。第一和第二个层级是结构体系中最基础的本体规范要求,第三个层级则是结构体系在美学上审美关怀的价值期待。从第一层级向第二、第三层级的递进关系中,隐藏着从浅到深、从低到高、由表及里的价值逻辑。

从新闻传播角度讲,这三个层级的价值标准又分别对应着新闻传播的三个维度:信息共享的分享维度、认知共识的认同维度和愉悦共鸣的精神维度。也就是说,"对不对"关涉信息共享的有效传递以达成言事醒人的目的,"准不准"关涉认知共识的形成理解以达成言理服人的效果,"美不美"关涉愉悦共鸣的情感体验以达成言情感人的作用。与此同时,这三重维度又分别处于广播电视有声语言传播的三重空间之中:广播电视语言的生存空间、规范空间和审美空间。在这三个层级、三个维度和三重空间的彼此协调、层层递进的关系当中,可以认为建立在中国特色社会主义道路、理论制度和文化基础上的广播电视有声语言传播体系是具有分享性的信息触达、共识性的权威支配和审美性的愉悦共鸣的三重内涵共同体。其共同体空间既是一个以新闻信息为核心的生存共同体,也是一个以约束规范为根基的标准共同体,还是一个以精神价值为统领的审美共同体。

信息、规范、审美构成了广播电视有声语言传播价值体系的一体三面。其中,作为生存共同体的新闻信息为其提供了赖以存在和发展的有声语言传播内容;作为标准共同体的约束规范为其提供了指导实践的内在要求;作为审美共同体的精神愉悦,拓展了其美学意境的内涵外延。有声语言传播的感召力、创造力和公信力寓于其价值体系的评价标准之中,这种多元、立体的内在结构为其范式的嬗变和演进提供了理论上的逻辑关系和操作上的机制准则。

2. 广播电视有声语言传播理论研究的"多元化"

理论考察是范式研究的有机组成部分。在我国广播电视有声语言传播范式的研究中,还有一项不可忽视的因素——理论研究。所以,在考察广播电视有声语言传播范式的过程中,不仅仅是考察那些出现在有声语言传播实践当中的

---

① 张颂. 语言传播文论 [M]. 北京:中国传媒大学出版社,1999:179.

人物和节目，还要将理论研究者所创作的科学著作及理论研究，以合理的方式进行梳理和摘取。这一时期，对于广播电视的相关研究率先发展，包括基础理论、应用理论及史学研究等，在此基础上进一步推动了广播电视有声语言传播的相关研究，从而为建设具有中国特色的社会主义广播电视有声语言传播体系奠定了基础。

（1）广播电视学的研究成果层出不穷

1986年10月，中国广播电视学会在北京成立，学会的成立使得对广播电视的研究进入了有序发展阶段。在学会的带动和主持下，一批广播电视学著作率先问世。其中，最具代表性的是由左漠野主编的《当代中国的广播电视》（上下册）以及赵玉明所著的《中国现代广播简史》。此后，该书编辑部又筛选汇编了一套8本的《中国广播电视史料选编》。另外，由北京广播学院新闻系、电视系和播音系组织编写的广播电视基础及应用理论类的著作和教材也应运而生。之后，北京广播学院主持编纂了《中国广播电视年鉴》和《广播电视简明辞典》。从20世纪80年代末到90年代，对于广播电视的研究逐步走向成熟，其研究已"由分散、个体为主逐渐走向有组织、有计划的课题性研究为主，广播电视研究的丰硕成果已初步建构起有中国特色的广播电视学的框架"。[①] 此后，对于广播电视学的研究成果遍地开花，丰富多元，主要有：杨兆麟、赵玉明编著的《人民大众的号角——延安（陕北）广播史话》（2000）、赵玉明所著的《现代中国广播史料选编》（2007）、刘习良主编的《中国电视史》（2007）、陈尔泰的《中国广播史考》（2008）、孟建、黄灿所著的《当代广播电视概论》（2011）等。这些论著为广播电视有声语言传播的理论发展及业务探究奠定了史料追本及理论溯源的基础。

（2）广播电视有声语言传播的研究成果丰富繁多

在广播电视学史料汇编及理论研究的基础上，20世纪90年代，一大批与广播电视有声语言传播相关的实践总结、训练指导以及教材论著不断涌现。1990年，张颂、乔实出版了论文集《论播音主持艺术》，对播音活动的基本规律及表达技巧作了详细论述。同年王璐、白龙出版了《语言艺术发声概论》，从气息控制、共鸣发声、机理结构等方面进行了阐述。1992年，李越出版的《播音导论》对播音创作的性质、地位和作用等观念性问题进行了梳理研究。祁芃的《播音心理学》阐述了播音创作主体的心理和受众心理的变化和规律性问题。姚喜双出版的《播音风格探》对播音风格的定义、特征、成因等问题进

---

① 哈艳秋主编. 当代中国广播电视史［M］. 北京：中国国际广播出版社，2018（6）：258.

行了详细的论述。1994年张颂出版的《播音语言通论——危机与对策》着重从语言文化的视角，论述了广播电视有声语言传播的内涵与外延。同年10月，由张颂主编的《中国播音学》问世，初步建立起了中国播音学理论的严整体系，标志着一个新的学科逐渐走向成熟。之后，又有大量的关于广播电视有声语言传播的著作和文论相继出版，如李晓华出版的《广播电视有声语言传播发声艺术概要》（1999），吴郁所著的《主持人的语言艺术》（1999）及《当代广播电视播音主持》（2008），张颂所著的《语言传播文论》（2006），曾志华所著的《中国电视节目主持人文化影响力研究》（2009）等。这些论著从不同角度、维度，宏观和微观层面上丰富着我国广播电视有声语言传播的理论基础，完成了广播电视有声语言传播从内容准备到实际播出过程的体系化、系统化的理论架构。

三、广播电视有声语言传播主体的功能拓展

（一）广播电视有声语言传播主体的审美性

"大部分新范式的早期形态都是粗糙的，等到其美学上的吸引力得以全部展现时，科学共同体的大部分人早已为其他方式所说服。然而，美学上考虑的重要性有时却是决定性的"。[①] 美是人类生活的最大创造，一旦失去了美，生命瞬间也就失去了活力，徒留下空虚的框架和形式，而失去了饱满的生命内核。因此，审美是一种关联自身、他者以及世界的创造活动。[②] 我国广播电视有声语言传播范式从最初的酝酿萌生、形成确立再到进阶转型一直在不断地丰富和完善着，最终衍生出具有美学范畴的学科基质。审美领域学科基质的出现使得广播电视有声语言传播已经不再单纯的是一门技术，而更是一种蕴含着美学的艺术。

1. 广播电视有声语言传播创作的艺术性

"播音是一项特殊的言语活动，具有言语传播的性质。同时，播音又是一项艺术创作活动，具有某些艺术属性，艺术性是其重要属性"。[③] 艺术本身就

---

① ［美］托马斯·库恩.科学革命的结构[M].金吾伦，胡新和，译.北京：北京大学出版社，2012（11）：130.

② ［法］福柯.福柯说权力与话语[M].陈怡含，编译.武汉：华中科技大学出版社，2017（10）：281-282.

③ 张颂.中国播音学[M].北京：北京广播学院出版社，2003（1）：27-28.

是具有美感的，艺术创作的过程就是创造美的过程。广播电视有声语言传播作为一种有声语言传播形式，在这个时期，对其范式的探索逐渐有了艺术性的导向。

具有美学价值的艺术属性集中体现在广播电视有声语言传播的创作过程和广播电视有声语言传播本体的艺术形象建构之中。罗曼·雅各布森（Roman Jakobson）根据人们注意焦点的不同分析了语言的"结构功能"。其中，他提到在语言使用时如果将注意力焦点放在语言本体上，就会形成语言的"美学功能"，所谓语言的焦点集中于自身，是指语言不指向外在的人和事物，不起传达作用，而把注意力集中于自身的音响、词汇、句法等审美意义。① 审美意义上的美学功能的拓展使得广播电视有声语言传播在以内容为载体的思想性功能的基础上复增了以形式为表现的艺术性效用，从而延展其范式特征的美学潜质。其中，广播电视有声语言传播创作的基础以语言功力为积淀，具体包括"观察力、理解力、思辨力、感受力、表现力、调控力、鉴赏力和回馈力"。② 语言功力的表现力直接决定着受众能否感知到其传递信息时所产生的愉悦共鸣的审美特质。另外，语言功力也展现了有声语言传播主体表达方式和表达内容的选择能力，呈现出广播电视有声语言传播活动的审美张力。

2. 广播电视有声语言传播主体的美学功能

广播电视有声语言传播要求广播中的有声语言要"以声传情，声情并茂"，电视中的有声语言要"声画和谐，形神兼备"。因此，"语言传播，归根到底，是一种人文精神的终极关怀，永远逃离不了创造美的规律"。③ 而作为语言传播的创作主体其自身在构建整体和谐中处于重要的位置，必须具备创造美的功能与能力。可以说，广播电视有声语言传播主体"不仅仅是一个辛勤的播种者、灌溉者、耕耘者，而且应该为受众带来审美愉悦的感受"。④ 审美愉悦的感受来自画面语言、音响语言、有声语言以及服饰语言的整体和谐，包含了"感觉美和知觉美、内在美和形式美、直觉美和通感美、理性美和情感美、主体美和客体美、实在美和空灵美、时间美和空间美等"。⑤ 因为整体和谐强调"无数个相关的方面，共处一处，形成立体的、多边的、纵向和横向交叉重

---

① 徐树华.论口语的研究的三种导向——交际、表达、传播［J］.现代传播，2012（9）：67.
② 张颂.语言传播文论［M］.北京：中国传媒大学出版社，1999：114.
③ 张颂.语言传播文论［M］.北京：中国传媒大学出版社，1999：49.
④ 俞虹.节目主持人通论［M］.杭州：杭州大学出版社，1996：10.
⑤ 张颂.语言传播文论［M］.北京：中国传媒大学出版社，1999：47.

叠的、静态与动态相结合的整体关系"。① 也就是说广播电视有声语言传播主体要充满人文关怀，做到"情与景合、心与物合、形与神合"②，在对节目的内容、对象、目的、风格、场景等有清晰的认识的同时，不断调试自己的心态、语态之后，经过广播电视一定的组织化运作与其他部分形成一个有序、和谐的整体，并与各种要素产生抗衡、呼应和推进，最终达到平衡，以使整个广播有声语言传播系统内部充满张力、富于活力。

（二）广播电视有声语言传播主体的个性化

党的十一届三中全会以后，改革开放的勃勃生机弥散至社会的每个角落，整个社会的民主化程度的提高，特别是"双百方针"的贯彻执行，促使广播电视有声语言传播的内容拥有了更丰富、更具人情味的编码手段。这种编码的方式一改过去高音大嗓的广播电视有声语言传播"一体化"范式特征，具有了一种更亲切、更个性的"低音量、近话筒"的广播电视有声语言传播风格。

这种广播电视有声语言传播范式的转换体现了广播电视有声语言传播主体的个性化特点，是其气质个性、思想审美个性、语言风格个性的综合体现，展现了广播电视有声语言传播主体丰富的媒介人格。"所谓主持人的媒介人格，是指作为媒介文化人格化的主持人角色所包含的人格特征，它包括三个方面：公共人格、栏目人格和个体人格"。③ 这三种人格类型集中表现在广播电视有声语言传播主体的个性化语言上，是语言个性与节目个性的统一、内容风格和形式风格的统一、艺术风格和个性风格的统一。"主持人的个性色彩应该和他所主持的栏目风格相一致，这样才能起到相辅相成的作用，才能融为一体"。④ 这一时期，最为典型和具有标志性的电视节目主持人有中央电视台《实话实说》的主持人崔永元，《大风车》节目的主持人刘纯燕，《非常6+1》的节目主持人李咏，《非诚勿扰》的节目主持人孟非等；电台节目主持人有中国国际广播电台《飞鱼秀》节目的主持人小飞、喻舟，北京人民广播电台《人生热线》节目的苏京平，北京电台交通广播《一路畅通》节目的主持人李莉、杨洋、郭炜等。这些个性化的广播电视有声语言传播主体在符合大众审美需求的基础上展现了有声语言传播的文化品位、品格和品德，在丰富我国广播电视有声语言传播实践的同时，对其"人本化"范式的进阶转型产生了深远影响。

---

① 张颂.朗读美学［M］.北京：北京广播学院出版社，2002：7-8.
② 张颂.朗读美学［M］.北京：北京广播学院出版社，2002：11.
③ 李盛之.主持人：角色的尴尬与超越［J］.现代传播，1995（5）：52.
④ 姚喜双主编.共和国之声：中国播音口述史［M］.杭州：浙江大学出版社，2022（10）：156.

事实证明，我国广播电视有声语言传播范式从 1949 年到 2012 年之间六十多年的时间里发生了历史性的演进，完成了从"一体化"为主要特征的有声语言传播范式向"人本化"为主要特征的有声语言传播范式的转向。其中，在以"人本化"为核心特征的范式指导下蕴含着"多元化"、"个性化"、"审美性"、"文化性"、"艺术性"的人文精神价值观和有声语言传播理念，继而成为这一时期中国现代电子传播技术衍生下有声语言传播范式的核心专业基质。因此，可以说我国广播电视有声语言传播范式在从"形成确立"走向"进阶转型"的过程中完成了不同理论层面、不同媒介文化和不同语言符号的全面融合，并为下一阶段我国广播电视有声语言传播范式的时代性变革贮备了条件和动能。伴随我国改革开放逐步走向深入以及新世纪互联网媒体和社会化媒体的崛起壮大，在这种时代大势能和媒介传播技术蓬勃发展的语境下，我国广播电视有声语言传播范式依然在经历着演进和变迁，一场新的范式革命正在悄然孕育。

第四节　中国广播电视有声语言传播"社交化"+"智能化"范式的进化（2012—2020）

2012 年 11 月 8 日，中国共产党第十八次全国代表大会召开，以习近平为核心的中央领导集体成为新一届中央领导集体，全面领导党和国家的各项工作。大会提出了一系列新理念、新思想、新战略，并且出台了一系列重大方针政策，推出了一系列重要工作安排，极大地推动了我国改革开放和社会主义现代化建设不断向纵深发展，由此，中国特色社会主义进入新阶段。[①]2017 年 10 月 18 日，中国共产党第十九次全国代表大会召开，进一步指明了我国发展新的历史方位。习近平总书记在党的第十九大报告中明确指出"中国特色社会主义进入了新时代"，对于中国特色社会主义进入新时代的历史坐标定位，是中国共产党在科学把握世情国情党情深刻变化的基础上，作出的一项关系全局的重大战略部署，进一步彰显了中国共产党与时代共同进步的先进性本色，体

---

① 中央纪委监察部网站. 新时代是从什么时候开始的？[EB/OL].（2017-11-14）[2022-11-1]. https://www.ccdi.gov.cn/special/zmsjd/zm19da_zm19da/201711/t20171113_111651.html.

现了把握历史规律和历史趋势的高度自觉和高度自信。①习近平总书记所强调的"新时代"与改革开放的发展历程一脉相承，又体现了很多与时俱进的新特征，在这样承前启后、继往开来的新时代发展背景下，在电子传播技术极速发展的驱动下，我国广播电视事业也进行了一系列的政策改革和技术调整，这些政策技术方向的调整在提升我国广播电视传播效率及优化传播效果的同时，也孕育出了新的广播电视媒体传播形态。

归纳起来，影响我国广播电视信息传播形态变化的因素包括"新媒体"的异军突起、"社交媒体"的广泛普及和"智能媒体"的创新发展。随着数字化和网络化的进程不断向深入推进，我国广播电视有声语言传播"人本化"范式呈现出新的演进趋势，具体表现为有声语言传播主体的虚拟化、有声语言传播样态的社交化、有声语言传播媒介的智能化。对应这三种趋势，我国广播电视有声语言传播范式衍生出"社交化"＋"智能化"的学科基质。

一、广播电视有声语言传播实践与活力社交有声语言传播实践的互促

（一）媒体融合背景下我国广播电视有声语言传播的观念转向

1. 我国广播电视有声语言传播观念转向的政策导向

党的十八大报告中提出要"促进文化和科技融合，构建和发展现代传播体系"，按照党中央对于广播电视事业发展的指示要求，从2013年开始，我国广播电视整体跨入了融合发展的新阶段。2013年初，国家广播电影电视总局印发《关于促进主流媒体发展网络广播电视台的意见》，提出将网络广播电视台提升到与电台电视台发展同等重要地位，以此推动网络广播电视台与传统的广播电台、电视台之间的资源互动和深层融合。2014年8月中共中央印发了《关于推动传统媒体和新兴媒体融合发展的指导意见》，强调传统的广播电视媒体与新兴的网络媒体之间的融合发展重在"融为一体、合而为一"，要尽快从相"加"迈向相"融"，着力打造一批新型主流媒体。2016年国家新闻出版广电总局发布《关于进一步加快广播电视媒体与新兴媒体融合发展的意见》，明确要求加快推进广播电视媒体的转型升级，提升广播电视媒体在网络空间的

---

① 中国共产党新闻网.中国特色社会主义新时代——关于我国发展新的历史方位［EB/OL］.（2019-7-23）［2022-11-1］.http://theory.people.com.cn/n1/2019/0723/c40531-31250161.html.

传播力、公信力、影响力和舆论引导能力。2017年，我国的广播电视行业开展了形式多样的媒体融合实践，如央视打造的多屏幕、多平台、多终端的"一云多屏"传播体系，以及中央人民广播电台打造的智能娱乐互动平台。2018年组建国家广播电视总局，同时整合中央电视台、中央人民广播电台、中国国际广播电台，组建中央广播电视总台，完成了"中央三台"合并的建制。2018年10月31日，中共中央政治局就人工智能发展现状及趋势举行了第九次全体学习会议，习近平总书记在主持学习会议时强调，人工智能是新一轮科技革命和产业变革的重要驱动力量，将人工智能提升到了中央政治局学习研究的高度。2019年中央广播电视总台建成4K超高清频道技术系统，并于国庆前夕全面开通。2020年11月国家广电总局印发《关于加快推进广播电视媒体深度融合发展的意见》的通知，要求全媒体的建设要按照资源集约、结构合理、协同高效的原则，不断完善中央媒体、省级媒体、市级媒体和县级融媒体中心四级媒体融合发展布局，标志着我国广播电视行业全媒体传播体系正式启动。"在国家层面上对我国传媒机构进行的重大机构改革，即从过去的三大台变成了现在的国家广播电视总台，这个合并实现了一种在传播体量以及影响力覆盖面上的一个几何级的扩充和壮大……它取得了很好的传播效果。融合发展五年多以来，我国广播电视无论是在国内影响力，还是国际影响力，以及在传统媒体平台的占有率以及传播的到达率等方面都取得了很多的成绩"。[1]

在国家对广播电视及新媒体相互融合的战略指导下，我国广播电视有声语言传播范式完成了对传统主流媒体传播秩序的延伸和颠覆，同时也实现了对信息时代开放秩序的重组和超越。"媒体融合不再是传统媒体的网络化延伸，也不仅仅是接收终端的融合以及传输系统的统一，而是从生产到运输再到接收的系统性重构，是社会媒介化和媒介社会化的双向进程"。[2] 不同性质媒体之间的融合也预示着一种范式转换，这种转换表现在以前是媒体独有的内容，现在是内容横跨多媒体渠道流动，各种传播体系的相互依赖日益加深，获取媒体内容的方式日益多样化，自上而下的公司媒体和自下而上的参与文化之间的关系也更为复杂。[3] 这种融合使得我国广播电视有声语言传播的"人本化"范式不断进化，同时也改变着语言传播权力和媒体之间的关系。"智能化或曰智慧化，可能是广电未来的演进方向"。[4] 因此，在我国广播电视媒介数字化转型的过

---

[1] 笔者对王居蔚的专访。
[2] 廖祥忠.从媒体融合到融合媒体：电视人的抉择与进路[J].现代传播，2020（1）：6.
[3] ［美］詹金斯.新媒体和旧媒体的冲突地带[M].杜永明，译.北京：商务印书馆，2012：353.
[4] 胡正荣.智能化：未来媒体的发展方向从[J].现代传播，2017（6）：1.

程当中，我国广播电视有声语言传播范式正处于演进的关键阶段，旧的范式正在迎接新的改变，而新的范式也正在演化形成。

2. 我国广播电视有声语言传播观念转向的内在理路

对于媒体融合时期我国广播电视有声语言传播观念转向的内在理路，需要跳出时代局限，涵盖足够适合的历史跨度，并且有意识地注意到由社会变迁所引发的观念变化。因此，要理解较小的语言情境和较大的媒体结构是如何相互作用的，并试图寻找作用语言情境和媒体结构之中的内在原因。

"媒体融合的根源是技术变革引发的社会信息传播机制的改变。尤其是互联网近30年的发展，形成了今天以数字化为基础，由大众传播、网络传播、自传播和智能传播等多种传播机制交错构成的融合传播新格局。媒体融合的本质，不仅仅是媒体形态随技术发展而转变，更是随着互联网的发展，人类生存和发展的空间，由过去现实空间主导开始逐渐转向由网络空间主导"。[①] 在这样的媒体生态语境下，媒体融合关系到人们生存的整个信息生态，这种媒体形态的融合过程既是历史性的，也是系统性的。所谓历史性，是因为它处理并适应了过去和现在既有存在的各种媒介形态，并将不同形态的媒体进行历史的统一也可以理解为是"一种交流与传播实践跨越不同物质技术和社会机构的开放式迁移"。[②] 所谓系统性，是因为它继承了每一种媒介形态的特点，比如广播的声音形态、电视的画面形态、互联网的交互形态以及智媒体的智慧形态等。所以，如果能够识别出每种媒介形态演变过程中各个阶段的特征，就能识别出媒介发展的潜在规律，从而揭示我国广播电视有声语言传播范式的演进规律。从目前我国媒体融合的进程来看，我国媒体融合可以分为三个阶段：全媒体阶段、融媒体阶段和智媒体阶段。[③]

在媒体融合的大背景下，我国广播电视有声语言传播范式也呈现出融合的特点，这种融合的态势反映出我国广播电视有声语言传播观念转向的三种特质。第一，从以前注重政治传播的有声语言传播观念，向注重个体和个人价值尊严及具体感受的有声语言传播观念转变。第二，从只趋向于研究广播电视等传统媒介的语言传播，向将传统的广播电视有声语言传播关联到更为广泛的社

---

① 方兴东.中国媒体融合的本质、使命与道路选择——从数字传播理论看中国媒体融合的新思维［J］.现代出版，2020（7）：43.

② ［丹麦］克劳斯·布鲁恩·延森.媒介融合：网络传播、大众传播和人际传播三重维度［M］.何道宽，译.上海：复旦大学出版社，2012（9）：17.

③ 李鹏.智媒体：媒体融合转型新阶段［EB/OL］.（2019-04-09）［2022-11-1］.http://media.people.com.cn/n1/2019/0409/c426142-31019937.html.

会化媒介对其自身的影响层面转变。第三，从偏重于研究广播电视有声语言传播中"人"的因素，向智能化媒体中"物"的因素转变。从以上三种观念转变当中，可以说媒体融合的进程打通了以往分散独立的媒体平台"各自奋战"的局面，将一种前所未有的传媒业的新型合作关系嵌入到人们的信息传播活动当中，在此过程中，原本不同媒体平台的受众（用户）也自然而然地汇聚到一起，不仅跨越国家，还跨越代际，形成了圈层共通、打破壁垒的局面。对于在媒体融合背景下我国广播电视有声语言传播观念的转变，甘肃卫视《甘肃新闻》节目主播马龙飞说："这些年的《甘肃新闻》，尤其是联播类的新闻节目，它的威严感，它的声音的张弛度，从以前的'黄钟大吕'现在变成了一种'小清新'……我觉得是一种'高'和'低'之间的改变，在十年前所体现的是一种'姿态的高'，而现在融媒体的环境下，我们试着把姿态放低……我们也经常用这种方式去检视自己在播音的过程中有没有过这个度，或者说叫做'生活语言的自我检视率'，就是我们会问自己，当和朋友说话的时候，你会用这样的语调、语态去表达你所知道的信息吗？事实上如果把电视上以前的语言拿下来，在生活中是没法用的。但是现在的这种'低'，我们会发现广播电视中的有声语言表达和生活中的有声语言表达突然接轨了。"①

　　媒体融合过程中所产生的虚拟技术以及智能语音技术将在未来的广播电视有声语言传播的生产、分发、使用和评价的全流程应用中成为新常态。基于这些卓越的算力和智能化技术的发展潜力，智能化的广播电视有声语言传播将有力推动并构建我国国际传播的大生态格局，并为多样化的国内和国际受众提供全方位、多角度、个性化的有声语言信息服务。因此，具有"智能化"特征的广播电视有声语言传播范式将为加强和增补我国广播电视有声语言传播的效能带来前所未有的历史性机遇。在广播电视有声语言传播"智能化"范式的支持下，中国故事和中国声音的国际化传播、个性化表达、有效性落地才能更好地从理念变为现实，从而实现我国传统文化和民族价值观最大化的输出和渗透。

（二）社交媒体时代我国广播电视有声语言传播范式的表征形态

1. 社交媒体作用下广播电视有声语言传播风格的流行化转向

　　每个时代的广播电视有声语言传播风格都会受到那个时代传播媒介和社会文化的影响，因此，在具体的时代背景中，我国广播电视有声语言传播风格都

---

① 笔者对马龙飞的专访。

会表现出形态各异的流行趋向。在媒体融合发展的第二个阶段，我国的新闻传播呈现出了社交化态势，社交化传播的本质在于将用户激活为传播渠道，从而为内容和用户注入社交动力。在此层面上，我国广播电视有声语言传播也受到了社交媒体中有声语言传播活动的影响。

　　社交媒体（social media），也称作社会化媒体，"是以 Web2.0 的思想和技术为基础的互联网应用，用户可以借此进行内容创作、情感交流与信息分享"。① 回顾我国社交媒体的发展历程，大致经过了四个阶段：第一个阶段是从互联网出现到 2007 年以前，早期以互联网平台上出现的 BBS 论坛为雏形，这种网络论坛形式的社交平台将传统的点对点的交流模式转化为点对面的交流形式，降低了交流成本。第二个阶段起始于 2008 年，以人人网、开心网等娱乐化社交媒体为代表，使其增加了更多的娱乐性和互动性。第三个阶段是 2009 年到 2010 年，以腾讯微博和新浪微博为代表，它们以短小精练的文字语言传播开启了微信息社交媒体的时代。第四个阶段是 2011 年至今，腾讯微信及各类短视频等移动社交媒体的广泛使用和普及将社交媒体的多样化、便捷化、人性化、垂直化特征发挥到淋漓尽致。

　　从我国社交媒体的发展历程可以看出，我国社交媒体发展带来的影响力呈现出层层递进、不断增强的态势。"在社交媒体时代，电视的内容传播方式不再是单向而是双向的，受众可以制造热点并反过来影响电视内容的生产"。② 因此，社交媒体中的语言运用实际与我国广播电视有声语言传播的传统理念形成了独特的公共和私人观念的冲突，使广播电视有声语言传播渗入了数字化的影响，这种影响可以归结为由于现代性的扩张和技术强权而带来的融合文化和去阶级性。"社交媒体既是人类已有交流方式的有益补充，亦是承载了一种全新的、超越性的传播媒介，它超越了传统媒体时代跨文化传播中存有的森严等级和秩序以及单向度的互动方式，建构了一种新的公共领域，为跨文化融入提供了新的可能性。"③ 对此，苏州大学广播电视系青年教师冯洋说："现在的社交媒体特别得发达，大家都喜欢用社交媒体去接触信息和发布信息，那么社交媒体当中就释放出了很多草根性的、社会化的力量。这些草根性的、社会化的语言传播，也是大大影响到了我们传统的广播电视有声语言传播。那么平时我们在教授孩子们这些基础的一些语言表达技巧之外，还特别注重培养同学们的

---

① 尹韵公主编.中国新媒体发展报告（2011）[C].北京：社会科学文献出版社，2021：332.
② 田维钢，雷若彤.社交媒体传播对电视产业链的增值作用[J].广告大观（综合版），2014（4）：33.
③ 于洋，姜飞.国际跨文化传播研究新特征和新趋势[J].国际新闻界，2021（1）：76.

社交化的语言表达。当然,这种社交化的语言表达一定是基于规范、精美和精准的语言表达基础之上的,只是它特别强调社交的概念。"①

对于学习广播电视有声语言传播的新一代的学生来说,互联网对他们的影响非常深远,对此,重庆大学美视电影学院播音主持系副教授刘姗姗这样说:"在实际教学的过程当中,我们发现现在的学生和我们当时上学的时候是完全不一样了。他们接触的新事物更多,他们通过新媒体去了解的知识也更加得广博了……现在的学生,他们通过互联网,通过手机等等移动媒体,随时随地在接受信息,在接受新的事物、新的想法,而且特别乐于通过这些新媒体的手段去展示自己、呈现自己,为自己而发声。而且我发现现在的学生他们在自主性上,包括个人自主意识上越来越强烈了。他们个性的东西会越来越多,他们不再喜欢被驯服,不喜欢被教育……那么反映在具体的教学上呢,就是学生表现出来的"网感"越来越强烈。这种"网感"不仅仅来源于网络上的一些热门的表达,或者说是网络词汇的使用,更包括一些网络的思维逻辑。"②

所以,在社交媒体强势冲击传统广播电视媒体的现实语境中,其所带来的有声语言传播实践也必然影响着传统话语的交流表达方式,具体表现在网络热词的使用上。

"网络热词是具有网络传播热度的词汇,即采用网络化的表达方式、具有一定新意、被网民普遍认可并固化长期使用的词语。网络热词衍生于网络、扩散于网络、互动于网络,在吸引网络用户方面具有天然的传播优势"。③据《中国互联网发展报告(2021)》数据显示,截至2020年我国网民规模达到9.89亿人,互联网普及率达到70.4%,特别是移动互联网总数超过16亿。④在如此庞大的互联网用户中,网络热词可以瞬间引发围观和传播,形成几何式扩散,如《语言文字报》所公布的2020年"十大网络流行语":"内卷、凡尔赛、爷青回、后浪、甩锅、社会性死亡"等等就成为了2020年度网民社交生活的指南针和真实关注的反映。网络流行语之所以能够与用户产生共鸣从而达到共情,是因为一方面它摒弃了传统广播电视有声语言传播语汇中的耳提面命和严肃刻板,以接地气、意蕴生动、内涵丰富、年轻态的、饱含民生视角的语态,激发用户的信息共情和传导能力,实现"硬新闻"语汇的"软着陆"表达,从

---

① 笔者对冯洋的专访。
② 笔者对刘姗姗的专访。
③ 强月新,梁湘毅. 短视频新闻评论话语方式的四种转向——以央视《主播说联播》为个案分析[J]. 现代传播,2021(4):66.
④ 人民网研究院.《中国移动互联网发展报告(2021)》正式发布[EB/OL].(2021-07-22)[2022-11-1]. http://finance.people.com.cn/n1/2021/0722/c1004-32166880.html.

而提升内容驻足率在传统媒体中的覆盖能力,有助于改变人们对于传统广播电视媒体高高在上的刻板印象。另一方面是在融合过程中信息流动所导致的界限模糊和杂糅,表现为"信息的类型、边界越来越弱化以及新闻信息和娱乐信息的边界越来越弱化"。这种信息边界的不明显也从另一个角度体现了传统主流媒体顺应时代发展的变革态度和对网络亚文化尊重与吸纳的立场。

2. 社交媒体影响下广播电视有声语言传播中的情绪传播

"情绪传播是以传播情绪和相关伴随性信息为主要内容的传播类型"。[①] 在媒体融合的时代背景下,传统媒体、新媒体、自媒体、智能媒体等多传播主体的媒介生态环境打破了传统主流媒体一元性、专业化的新闻生产局面,信息传播内容的多样化、传播手段的丰富性以及传播靶向的精确性逐渐释放出以往被新闻业所忽视和掩盖的情绪传播的效能和影响力。

情绪传播的适应性特质和唤醒功能会直接影响受众及用户对信息的接受程度,并且"情绪性语言表达可以传递认知概念,进而对个体的情绪形成刺激,从而影响个体的主观体验"。[②] 因此,情感认同与情绪共振在信息传递、价值判断和社会共识等方面占据着举足轻重的位置。有声语言传播主体通过带有明显情绪传播的词语及语句,与有声语言传播受体产生心理层面的链接以达成进一步的认知共鸣,完成说服传播的全链路,从而增强有声语言传播的效果及接受度。情绪传播在新时代广播电视有声语言传播中对于信息的有效触达用户起到了促进作用,这种带有浓厚情绪传播的有声语言传播方式采用了语言的指示性嵌套的理路,"语言的指示性嵌套指的是在话里行间直接使用具有明显倾向的指示性语言符号来表达说话者的情感,从而说服受众"。[③]

社交语言当中本身就含有大量的语言指示性嵌套成分,这种情绪化的语言充任了话题和话语指示标的角色。2019 年 7 月 29 日,央视移动端推出了时长在 2 分钟内的《主播说联播》新闻评论类短视频,传统的广播电视联播主持人在服装和场景不变的情况下对当天出现的重大消息、突发事件或者热点新闻以情绪感染性强、通俗接地气的语言进行口播评述,以适应媒体融合背景下社交媒体移动化、碎片化、社交化的传播生态。《主播说联播》当中社交语言的大

[①] 刘珍,赵云泽.情绪传播的社会影响研究[J].编辑之友,2021(10):49.

[②] 赵云泽,刘珍.情绪传播:概念、原理及在新闻传播学研究中的地位思考[J].编辑之友,2020(1):51.

[③] 强月新,梁湘毅.短视频新闻评论话语方式的四种转向——以央视《主播说联播》为个案分析[J].现代传播,2021(4):61.

面积使用所产生的指示性符号会对用户脑图的情感触点进行链接激活，进而满足用户生理和心理双层面的愉悦，达到以情感传导和关系嵌套为特征的情绪唤醒的目的。在经过了情绪唤醒、情绪分享和情感共鸣的信息消化处理过程之后，就会在受众或是用户心理层面形成一种情绪记忆场域，从而实现社会关系和身份价值的认同感。《主播说联播》在有声语言传播的创作和实践中，其有声语言传播的语境、有声语言传播的基调、有声语言传播的风格以及话语修辞的方式都发生了变化。自此，以《主播说联播》为模板的新闻话语模式便在全国范围内铺展开来，各省市电视台纷纷创办了自己的说联播节目，成为媒体融合时期一种较为成功的传统媒体转型案例，另外像"喜马拉雅"、"荔枝FM"等社交性广播平台也在改写着传统广播媒体的有声语言传播模式。

虽然这种在社交媒体影响下所产生的广播电视有声语言传播活动与以往传统的广播电视有声语言传播活动在语言使用上所表现出的形态有所差别，但是其语言分寸的掌握、语言内涵的把控、语言选择的弹性与传统主流媒体的调性却是一脉相承、同根同源的。因此，可以理解为是传统广播电视有声语言传播为了适应新传播生态的一种"语言传播变体"，也可以理解为是对传统广播电视有声语言传播的一种"网感化"补充，是新媒体信息生产方式对传统广播电视节目生产的一种"反哺"和"迎合"。

二、广播电视有声语言传播实践与社交媒体有声语言传播实践的互塑

大众传播媒介的丰富和拓展，特别是社会化媒介的诞生和普及，使得有声语言传播成为现代社会当中普遍存在的一种传播现象，甚至解构和祛魅了之前广播电视有声语言传播的范式结构，成为一种"泛语言传播"。

社会化媒介（social media）的概念最初是由安东尼·梅菲尔德（Antony Mayfield）提出的，指的是一系列具有参与、对话、公开、社区化、连通性等特点，并且能够给予用户极大创造性、能动性的媒体总称。我国的社会化媒介主要包括：微博、微信、社交网站、论坛、贴吧等媒介形式。社会化媒介赋予了参与个体与社会其他成员之间保持密切互动的权利，并且在这种权利的作用下会形成新的人际关系网络。与传统的广播电视媒介单向性传播信息的方式不同，社会化媒介的传播者和受众表现为一个个独立、分散的节点，他们相互参照、互为诠释、相互激发，在信息传播过程中扮演着传播者和生产者的角色，在解构传统广播电视媒介以社会精英为信息生产者的同时，对话语权和表达权

进行重新分配，不断壮大社会化媒介场域的影响范围并促成集体话语的形成。

基于社会化媒介在信息传播中所产生的影响力，我国传统的广播电视有声语言传播实践与社会化媒介的语言传播实践之间便产生了一种彼此制约、相互博弈的互构关系，具体表现在两个方面：一方面是传统广播电视有声语言传播实践对社会化媒介语言传播实践的收编和挪用。另一方面是社会化媒介语言传播实践对传统广播电视有声语言传播实践的渗透和补充。

（一）广播电视有声语言传播实践对社会化媒介语言传播实践的收编和借用

1. 广播电视有声语言传播从固化保守走向融合开放

我国广播电视在长期的发展过程中，因媒介运行的环境因素、体制因素、市场因素等逐渐形成了内容程式化、形式凝固化、权威不容置疑的传播逻辑，在一定程度上表现出封闭性的特征。与传统的广播电视媒体不同，社会化媒体在内容生产和表现形式上呈现出开放性和流动性的特征。因此，传统的广播电视媒体在融合发展过程中只有以新姿态、新语态、新思维来拓展自己的传播疆域，才能实现转型发展。

2020 年 11 月，国家广电总局印发《关于加快推进广播电视媒体深度融合发展的意见》的通知，《意见》要求在全国上下构建有连接力、组织力、引导力的四级全媒体传播体系，形成全程、全效、全覆盖的智慧全媒体传播生态。此次的四级全媒体传播体系建设与 1983 年提出的"四级办电视、四级混合覆盖"的广播电视事业改革方针有着异曲同工的意味，但在智能网络时代提出"全国一张网"的四级融合发展战略决策布局是对传统广播电视媒体发展理念的一种更新换代和创新重组。

在互联网思维的冲击和浸润下，我国的广播电视媒体与网络新媒体呈现出更加深层的互联融合态势。一方面表现在广播电视媒体依旧在信息传播和舆论引导上延续着传统主流媒体的主导格局，并借助广播电视媒体平台进一步巩固广播电视媒体语言传播范式对信息传播的控制和渗透。另一方面，也孵化出了一批具有网络化、流量化的语言传播主体，这种来自互联网和移动媒体的语言传播新动能在增量和存量上解构和重组着传统广播电视有声语言传播范式的组成要素，与此伴生的更具灵活性的有声语言传播活动，从更为广泛和实际的层面构建了一个多中心、开放式的有声语言传播体系。

面对全新媒介环境的冲击，中央广播电视总台顺势而动，采用 MCN 网红运作模式，通过将主持人、记者 IP 化、网红化实现主流媒体的话语转型，从而打破圈层壁垒，变现受众及用户的驻足率和流量，取得了很好的传播效果。例如 2020 年 9 月，央视新闻官方账号发布了一条《总台记者王冰冰："快乐小草"，再也不用担心会"秃"了》的短视频，瞬间就登上了 B 站的热搜榜。在充满生活气息的软新闻的报道中，记者王冰冰用活泼通俗的语言和充满亲和力的形象重塑了"萌态"的新闻感官，贴合了年轻一代的收视偏好和审美需求。对于新生一代广播电视有声语言传播主体在信息传播实践中的变化，我国第二代新闻主播李瑞英说："要从代际的角度来说，这些年轻一代的主播，他们的语言状态是比我们老一辈主播的语言状态更松弛一些，这就是时代影响下的代际差异。其实我们的广播电视有声语言传播也是时代影响下的产物，是时代造就了经典……随着时代的发展，其实每一代人，他们的语言特点是完全不一样的。包括在具体时代下所产生的媒介也会影响到这一代人的语言使用。"[①]

除此之外，央视还通过多样化的主题宣传、多元化的场景设置、多感官符号的体验策略延伸扩展传统广播电视有声语言传播主体的影响力、美誉度和粉丝效应，使传统广播电视媒体以"内容"为根基的传播逻辑朝着新媒体以"人"为特质的传播逻辑转变。

2. 传统广播电视有声语言传播实践对社会化媒介语言传播实践的收编借用

互联网的勃兴和崛起，为社会化媒介的广泛普及和应用提供了媒介支持，由此逐渐形成了以"人"为基础单元的开放式传播格局。作为社会化媒介中的一个个传播节点，用户编织起了以人际关系为信息流动的传播网络。社会化媒体的应运而生与野蛮生长促使语言传播的生产者和消费者之间的界限愈发模糊，以往的语言传播内容来源于主流媒体机构采集的消息，专业性、规范性、标准化、格式化较为统一和凸显，规整的有声语言传播样态整齐划一，而从社会化媒体当中采集和选用的有声语言传播素材则更加丰富多元，角度和语态更加具有随意性、个性化、生活化。这种对于有声语言传播内容来源的复杂互动，体现了我国广播电视有声语言传播范式演进的能动性和时代感，有助于丰富和扩展公共参与有声语言传播的积极性与主动性，也体现了传统的广播电视有声语言传播范式的容纳度和接受度。

虽然社会化媒体所创作和传递的是碎片化的信息内容，但是其蕴涵的力量在于不断延展信息创作主体的多样性，而传统媒体的力量在于其能够放大这些

---

① 笔者对李瑞英的专访。

多样性，并利用主流媒体强大的整合作用，赋予其一定程度的合法性地位。因此，我国主流媒体面临着巨大的挑战，一方面要保持主流话语的主体性地位，另一方面，还要吸纳甚至迎合社会有声语言实践的加入。

2020年12月，国家语言资源检测与研究中心发布了"2020年度十大网络用语"，其中"逆行者"、"秋天的第一杯奶茶"、"带货"、"云监工"、"奥利给"等词因使用频繁，快速传播而被主流媒体迅速跟进使用，成为主流媒体融合网络元素的"新常态"。此外，"点赞"、"给力"等词汇也因具有一定的语用价值而成为新闻媒体叙事修辞当中的"常客"。传统广播电视有声语言传播在保障报道客观性和真实性、正确引导舆论的基础上对社会化媒介语言传播实践的挪用收编，是新时代广播电视有声语言传播永葆青春活力，顺应时代发展的必然，也是传统主流媒体链接社会、沟通分享、开放平等的实践探索。

（二）社会化媒介的语言传播实践对广播电视有声语言传播实践的渗透和补充

1. 社会化媒介重构传统广播电视媒介场域的权力版图

社会化媒介的运行逻辑是基于用户需求以及经济资本驱动的，也就是说在用户关系、传播技术、资本控制等因素的相互嵌合和博弈中所形成的社会化场域媒介隐含着复杂的权力关系，而且这种权力关系是流动的、变换的。因此，社会化媒介所形成的场域结构在各种客观力量的影响和制约下对传统广播电视媒介场域的权力版图造成了冲击，可以说"社会化场域的媒介从连接状态和控制形态两个层面重构了个人与社会的权力关系与地位"。[①]

社会化媒介暴露了很多以往传统媒介统治下许多精英群体或是草根群体的后台行为，而过去只能通过广播电视等传统媒介才能获取的信息，现在经由社会化媒介的发掘和展露扩大了人们获取信息的范围和阈域，也扩大了对后台行为的接触和意识。社会化媒介的高度可接触性导致社会中的语言传播的来源或形式都能被普通人接触与释放，同时使人们远离了传统的广播电视媒介所制造的群体景观，致使社会中的群体身份产生了变化。这种身份的变化给人们的关系赋予了积极意义但也有消极的影响，积极的意义在于人们之间的纽带联系更加紧密，消极的影响则是会产生冲突与加深隔膜。但更广义的积极意义在于

---

① 喻国明，王小龙，郭剑楠.智媒时代媒介的重新定义——依据社会化场域的范式［J］.青年记者，2019（10）：40.

使得原本具有地点特征的行为和活动开始融合，人们私下的语言传播活动和公共的广播电视有声语言传播活动发生了融合。

与长期支配我国信息传播的广播电视媒体相比，社会化媒体则是以完全不同的传播逻辑和方式运行：开放，参与，互惠，点对点。我国媒体融合的过程是一个自上而下，由国家不断推动的过程；同时又是一个自下而上的，由信息消费的大众推动的过程。而对于信息消费者而言，则不断地学习如何使用各种社会化媒介进行社交和互动。在这种全新的复杂的媒介环境中，信息消费者也更加全面地将自己圈子内的文化通过和传统广播电视媒介争夺话语权的方式来进行博弈和抗衡。考虑到这些传播逻辑，可以预测的是，数字化社会的传播体系将会分散权力的分配，而使用社会化媒体进行内容生产和创作的用户将推动广播电视有声语言传播"人本化"范式向"社交化"范式转变。

2."人"与"人"的关系成为连接异质媒介的核心要素与桥梁

由互联网和社会化媒介所重塑的传播格局突破了以往传统广播电视媒介语言传播目标的模糊性和服务的单向性，极大地释放了社会中语言传播主体的能动性、创造性和积极性，从而使广播电视有声语言传播表现出丰富的、有机的多模态性。正是基于这种社交化的语言传播性能，广播电视有声语言传播推动着信息传播"从部落化到非部落化到重新部落化"。[①]因此可以说，社会化媒介的崛起给广播电视媒介带来的不仅仅是技术进步的影响，更是对传统广播电视有声语言传播的一种强烈冲击。如今，无论是微博、微信，还是客户端，个人用户已经成为信息生产源头的一个有机组成部分，有些信息的传播甚至超过了专业新闻媒体机构发布的速度和角度。

社会化媒介的用户打破了传统广播电视媒体与受众所形成的单向话语传递模式，逐渐形成了一种基于"类人际传播"的双向话语交互模式。这种双向话语交互模式是社会化媒介的用户从单纯的内容消费向复杂的内容生产行为的转变，从而改变传播语态。同时这也暗示了媒介发展的人性化趋势，即在多元媒介助推下的语言传播越来越接近人际交流与获取信息的最佳状态。"社会化媒体不只是一种新的渠道，更是全面变革了公共信息传播的模式，其传播模式的基本特点是'以人为媒'"。[②]在"以人为媒"的"连接与再连接"的传播逻辑影响下，社会化媒体激活了社会大众表现自己、传播信息的愿望和动力，在信

---

① ［加］马歇尔·麦克卢汉.理解媒介——论人的延伸［M］.何道宽，译.北京：商务印书馆，2000：2.

② 彭兰.新媒体时代语态变革再思考［J］.中国编辑，2021（8）：4.

息传播的强互动关系中，完成着价值认同、情感共振、节点交互的内容生产。于是，社会中人与人的"关系表达成为内容范式的第三个价值维度，作为关系表达的内容已经并将继续成为视频时代社会交流与社会互动时构造影响力的最为重要的力量"。[1] 这种"类人际传播"的广播电视有声语言传播实践在节目的形态上体现得最为鲜明，例如改版后的《鲁豫有约》节目："鲁豫有约之大咖一日行"。这档传统的访谈类节目为了适应新传播生态，直接将演播室移至户外，主持人沉浸式地带观众走进采访嘉宾的生活场景之中完成信息的传递，将"类人际传播"中的各项要素完全呈现，其交流语态也更贴近于日常好友间的谈话，人与人之间的"社交性"被最大限度地激活。

Vlog 是视频博客的英文缩写，于 2017 年在国内开始兴起，时长一般在 4 到 10 分钟，叙事节奏较慢，个性化强，很大程度上展现创作者个人化的视角和态度，注重人格化和网感化。一般是创作者手持轻型化摄像设备同时与镜头进行对话交流，有着强烈的互动感和交互性，给人带来一种沉浸式的体验。2019 年 11 月，央视主持人康辉发布了以自己日常工作环境和出国报道前筹备工作为内容的 Vlog，瞬间登上热搜，引发了大众的围观。视频中康辉一改往常西装革履、正襟危坐的形象，以生活化的语言和朋友般的交流语态与观众进行互动，利用"新闻+Vlog"这种新的媒介内容生产实现了与受众（用户）的"社交型"关系建构。

除了广播电视有声语言传播主体运用 Vlog 进行信息的生产和传播外，广播电视新闻的内容生产也借助其独特的关系嵌套功能实现与受众的情感链接。2020 年疫情期间，央视的新闻节目《新闻直播间》就推出了一系列以 Vlog 为创作方式的新闻作品，如《总台 Vlog》《武汉 Vlog》《复工初体验》等，记者带领观众一起了解疫情期间医务工作者的工作环境、患者的医治情况以及武汉市民的生活场景等，全面客观地为电视观众呈现了一个真实、生动的抗疫全景图。另外，央视新闻还选取了很多以个人视角拍摄的 Vlog 作品，并将其作为新闻素材的内容来源，这些来自民间的"素人"在视频当中所使用的语言更是补充与稀释了专业语言传播者的模式和样态，借助用户生产内容的方式构建了底层逻辑的社群聚合效应，这种"亲身在场使人们更容易觉察他人的信号和身体表现，进入相同的节奏，捕捉他人的姿态和情感……确认共同的关注焦点，从而达到主体间性状态"，[2] 并进一步打通了异质媒介借由"人"和"人"之间

---

[1] 喻国明，张珂嘉. 简论传播内容范式的三个价值维度[J]. 教育传媒研究，2020（4）：12.
[2] ［美］兰德尔·柯林斯. 互动仪式链[M]. 林聚任，王鹏，宋丽，译. 北京：商务印书馆，2012：105.

的关系链接所形成的交际链条。

三、广播电视有声语言传播主体与智能虚拟有声语言传播主体的互联

智能化是新时代我国广播电视发展的一个重要关键词。在传播技术的赋能下，我国广播电视媒介的"智能化"转型经过了一个循序渐进的发展过程：从最初的广播媒体调频调谐、电视媒体的跨时空场景与声音再现、广播电视媒体的直播传输到数字机顶盒的点播和重播再到机器人采访写作、智能语音播报、VR 虚拟主持人等等。可以说，人工智能技术在信息传播领域的普及应用使广播电视媒体从数字媒体向智能媒体或智慧媒体的方向转型升维，以互联网电视、可穿戴设备等为载体的智能媒体为广大用户提供了强交互性的智能性服务。

广播电视媒介的智能化也促进了有声语言传播的智能化。广播电视有声语言传播的智能化加快了信息传播的速率和效果，其运行机制是通过信息计算机制或者算法中心逻辑对有声语言传播主体或者语言本身的语音、词汇、语法等内部和外部要素进行自动化、虚拟化生成和匹配，从而实现广播电视有声语言传播的自动化和个性化。

（一）语言智能的勃兴

人工智能作为人类科技发展和产业革命的重要驱动力量，在人类认知事物、感知世界、探究未知等方面带来了颠覆性的影响。人工智能将经历三个阶段：弱人工智能、强人工智能、超人工智能。[1] 在人工智能六十多年的发展史中，目前，人工智能技术的开发和使用仍处于弱人工智能阶段。但随着数据累计和计算能力的不断提升，人工智能在抽象思维、解决问题、通识创新等方面将突破"奇点"，最终演化为超级人工智能。

伴随人工智能迈入认知智能阶段，"语言智能"逐渐走进我国广播电视有声语言传播领域。"语言智能"指语言信息的智能化，运用计算机信息技术模仿人类语言的智能，分析和处理人类语言的科学。[2] 其旨在通过推演实施语义、语用和语境分析，以实现人机交互。语言智能是人工智能走向认知智能的关

---

[1] ［美］尼克.人工智能简史［M］.北京：人民邮电出版社，2017（12）：224.
[2] 周建设，吕学强，金生，张凯.语言智能研究渐成热点［N］.中国社会科学报，2017-2-7（3）.

键,迄今为止已经历了七十余年的发展历程,其中包括理性主义主导的自然语言处理初级阶段、经验主义主导的人机对话和机器翻译阶段、机器学习阶段。21世纪以来,语言智能进入"机器学习"阶段,大数据和语音爬取技术使语言智能的学习朝着集成学习、深度学习方向迈进,完成了语言智能的快速迭代升级。

语言智能的快速发展引起了全世界政府和企业的高度重视,全球各国将语言智能技术开发应用于信息传播行业。2012年微软发布了运用深度学习技术的全自动同声传译系统。2016年谷歌公布了基于深度学习的神经网络翻译系统。[1]2019年12月我国举行了第二届"语言智能与社会发展"论坛,论坛对语言智能规范发展、伦理道德、责任义务等多方面提出了合理性建议和规划探讨,这些国际大型网络公司和科研机构对于自然语言结构系统(词汇、语法、语义)及计算机分析系统模型建构的研究,特别是分析和处理人类语言、声音、认知、思维、情感技术的研发和推广,将极大地改变我国广播电视有声语言传播范式格局,建构一种以人类语言能力为基础、人机深度互联的综合性智能化语言传播范式。但就目前而言,我国语言智能与广播电视有声语言传播的结合还停留在语音识别及语音合成阶段,二者的结合强调具体语流中节奏的抑扬顿挫、轻重缓急以及重音的等级差异、位置分布等方面,实际应用多见于天气预报和新闻播报领域,但对于自然语音的语气色彩差异、话语情感表达、语调韵律格式把握等方面效果不太理想。在可见的未来,随着语音特征提取的精细化、声学模型建构的成熟化、语言模型建构的系统化以及解码搜索技术研发和应用的普遍化,我国语言智能与广播电视有声语言传播将形成相互融合的发展态势,届时一种全新的广播电视有声语言传播范式便会呼之欲出,使广播电视有声语言传播在效率、速率和个性化等方面实现质的飞跃。

(二)智媒体时代广播电视有声语言传播的"虚实相生"

"虚实"是一组相互对应的概念,"虚"指涉的是事物以一种虚拟的状态存在,这种虚拟的状态建立在想象的基础之上;而"实"指涉的是事物以一种真实、实在的状态存在,能够直接、客观地体现实际。传播媒介是一种物质性的存在,不论是甲骨、纸张、书籍,还是广播电视,抑或是互联网,都是由有形的物质载体构成的,而智能媒体的出现则打破了真实和虚拟的边界,呈现出虚

---

[1] 胡开宝,田绪军.语言智能背景下的MIT人才培养:挑战、对策与前景[J].外语界,2020(2):60.

实相生、亦真亦虚的发展态势。

智媒体是我国媒体融合发展过程中媒体自身功能和结构演进的重要体现，智媒体是用人工智能技术重构新闻信息生产与传播全流程的一种新型媒体，其核心组成部分主要为智能媒体、智慧媒体和智库媒体。它是基于人工智能、移动互联网、大数据、虚拟现实、传感器、定位系统等多种新技术相互协同所构成的全新信息生态系统。"伴随网络化、移动化、智能化时代的到来，数据驱动的智能传播将成为新的主导性传播机制"。[①] 智能化的传播范式将越来越多地嵌入人类的信息生产过程之中，信息化和数字化将极大提高我国广播电视有声语言传播的速度和范围，使得语言传播终端的受众定位更加垂直精准。除此之外，智能化的传播范式也将拓展我国广播电视有声语言传播的空间边界，广播电视有声语言传播与人工智能、虚拟技术的融合将极大改变"人本化"范式中的学科基质，催生新的广播电视有声语言传播范式学科基质。

1. 虚拟人工智能语言传播主体的崭露

智媒时代人工智能技术的应用颠覆了传统媒体新闻生产的格局，也丰富和拓展了人们获取新闻信息的方式和渠道。VR、AR、全息影像等技术的应用让受众体验到沉浸式和"强临场感"的视觉体验；基于传感器所采集的新闻信息，借助卫星传感器、遍布城市的摄像头、无人机以及人们所佩戴的手环等媒介，拓宽了人们采集信息的维度；写作机器人的诞生，在体育、财经、天气等"低语境"的领域缓解了新闻记者繁琐的新闻写作压力；基于机器算法的算法推荐机制根据用户购买链接或者点击浏览的数据判断出用户的兴趣并进行针对性的新闻匹配和分发。

在人工智能技术广泛渗入我国新闻生产传播全过程的当下，语言传播主体的虚拟性成为我国广播电视有声语言传播范式学科基质中所显现出的独特线索。智能语音技术是实现人机互动的起始环节，作为人工智能领域中应用最广泛的技术之一对我国广播电视有声语言传播产生了重要影响。智能语音播报已经成为新闻播报的新样态。2015年12月22日，东方卫视融媒体新闻节目《小冰摇摇吧》，微软"小冰"利用大数据梳理近期发生的热点新闻，通过收集筛选网友评论和线上视频采访等方式，配合主持人完成节目的制作。之后"小冰"又登上了湖南卫视《我是未来》节目，完成了跨界主持的任务。2016年2

---

① 方兴东.中国媒体融合的本质、使命与道路选择——从数字传播理论看中国媒体融合的新思维[J].现代出版，2020（7）：47.

月,央视新闻客户端推出了智能语音新闻播报功能,使传统的广播电视新闻借助移动化的新媒体实现了"让用户在路上随时随地听新闻"的目标。2017年11月6日,西安广播电视台《西安新闻》节目推出了机器人主播"石榴娃",与主持人协调搭档,完成了与真人主播的"人机对话"。2018年11月7日在第五届世界互联网大会上,新华社联合搜狗共同推出了全球首位全仿真虚拟主持人——"AI合成主播"。同年,央视、南方财经全媒体与科大讯飞联合打造了首个AI配音的纪录片《创新中国》,以及根据央视主持人康辉声音模拟合成的虚拟主持人"康晓辉"主持的《直播长江》。2019年两会期间央视新闻客户端发布了以白岩松为声音原型的AI记者助理"小白"以及两会期间深圳卫视《深视新闻》节目中的特别嘉宾"小壹"。除此之外还有辽宁抚顺广播电视台新闻广播《930新闻直播间》的虚拟主持人"小雪"和安徽广播电视台的交通广播智能主持人等等。虚拟语言传播主体的次第崭露,在扩展广播电视有声语言传播主体维度的同时,也为"智能化"的广播电视有声语言传播范式铺设了前路。

2. "现实"和"虚拟"的交相辉映

(1) "场景"价值作为关键要素凸显传播效能

罗伯特·斯考特和谢尔·伊斯雷尔最早将"场景"一词引入传播学,他们认为移动设备、社交媒体、大数据、传感器和定位系统是场景时代主要依托的技术支撑。① "场景传播要求摆脱实体空间场景的局限,更强调时间和空间一体化的适时体验"。② 正是基于场景传播的这种一体化的适时体验,使其能够有效实现用户和用户、用户和信息生产者以及用户和内容产品之间链接、协同及价值的统合。因此,场景传播成为互联网时代个性化服务和精准性服务新的概念元素。"场景要素的崛起,关系基点的定位、非逻辑非理性成分的活跃与主流影响,都将成为未来社会表达范式革命的重要景观"。③

按照场景的界面形式,可以将其划分为现实场景、虚拟场景和现实增强场景。④ 现实性场景一般指的是现实生活中的场景形态,如商场、教室、影剧院、酒店等社会公共空间。虚拟性场景一般指依托新兴的传播技术、数字化媒体平

---

① [美]罗伯特·斯考特,谢尔·伊斯雷尔.即将到来的场景时代[M].赵乾坤,周宝曜,译.北京:北京联合出版公司,2014:11.
② 严小芳.场景传播视阈下的网络直播探析[J].新闻界,2016:51-52.
③ 喻国明.5G:一项引发传播学学科范式革命的技术——兼论建立电信传播学的必要性[J].新闻与写作,2019(7):54.
④ 喻国明,王佳鑫,马子越.5G时代VR改写传播领域的关键应用[J].现代视听,2019(8):34.

台等创造出的虚拟场景形态，如微博、购物网站、社交平台等网络虚拟空间。现实增强性场景指的是现实性场景和虚拟性场景互相融合之后出现的复合场景形态，如 AR/VR/MR 等虚拟视觉技术的应用。

随着互联网和移动平台的升级更替，三类场景之间的边界也变得更加模糊。基于以上三类不同界面形式所衍生的场景价值，成为我国信息传播的新蓝海。我国广播电视产业也渐渐意识到"场景"价值对于用户、信息和服务三者之间的重要意义，通过构建不同类型的"场景"来吸引具有特定"趣缘"的受众在特定的场景中汇聚，以此来提高传统广播电视媒体的舆论引导力和内容吸引力。

利用"场景"来提高"在场感"的移动新闻直播成为信息传播的新形式，是对传统的广播电视新闻节目形式及模式的延伸和革新。在 2020 年的疫情报道当中，央视频推出了一场全程无剪辑、长达 600 多小时的两座应急医院建设的慢直播，吸引了 1.7 亿人在线观看，点赞数超过 221 万，同时配合央视新闻直播间的穿插报道，这次的慢直播热度和关注度被许多国际主流媒体和社交平台大量转播转载。可以说这次慢直播的走红，是主流媒体借助技术手段打造的一款现象级的传播实践，是主流媒体在媒体融合发展过程中利用"场景"价值的一次成功尝试，"这种虚拟远程的在场有着即刻的大量互动，而且在场与远程在场也同时性地交融在一起"，① 从而实现群体与个体信息、情感、心理、意愿等多重需求的完美适配与融合。

（2）智能演播空间的升维提升传播效力

"现实"和"虚拟"的融合还表现在全媒体智能新闻演播室和语言传播主体的协同互动上。全媒体智能新闻演播室是近年来随着计算机技术飞速发展和色键技术不断改进而出现的一种新的电视节目制作系统的演播室样态。它集合了文字、图形、动画、网页、音频和视频等多种媒体表现手段，以综合调度的方式呈现海量信息和新闻内容。其原理是通过操作台上的色键功能将人物从蓝色背景中分离出来，实时地与计算机产生的三维模型无缺地集成在一起，构成一个现实中不存在的，但是在电视画面上却呈现出新的环境和场景，最终得到实拍的人物与虚拟景物无缝融合的画面。

全智能新闻演播室主要有两个特点：一个是有声语言传播主体与画面、受众的互动性强。高清、大屏的播出系统和全媒体功能极大地释放了有声语言传

---

① 孙玮.交流者的身体：传播与在场——意识主体、身体主体、智能主体的演变［J］.国际新闻界，2018（12）：100.

播主体与受众实时互动的潜能,比如在直播节目中,受众的语音、视频可以直接切入现场,弥补了传统广播电视即时信息传递反馈单向性的缺憾,实现了受众与新闻内容的互动以及有声语言传播主体与受众之间的心理层面的互动。另一个特点是新闻信息表现方式的多变多样。虚拟植入技术使得新闻变得可视化,而且这种可视化的程度逼真立体、形式绚丽。例如在2014年新闻联播的特别板块"两会大数据"中,主持人用手一挥,一张画面立体、颜色丰富的政府工作报告热度图便出现在观众眼前,主持人轻触每一个3D"模块"就会弹出相应的动画人物和数据模型,这种动态可视化、强交互性的虚拟呈现在增强数据新闻趣味性的同时,也提高了新闻报道的形象表现力。因此,在虚实同构的智能传播生态之中,我国广播电视有声语言传播"智能化"范式将得到最大程度的呈现和彰显。

(三)万物皆媒语境下"人媒"与"物媒"的协同交互

1. 信息的"大传播"格局与"媒体泛化"

(1) 5G时代"大传播"格局的形成

高速度、低功耗、广连接的5G技术将互联网"万物互联,万物皆媒"的性能再次拓展,预示着我国传媒业态再次重组。一方面,5G+云计算将助力我国广电建设实现智慧化制播体系,打造智慧媒体服务云与制播云的互联互通、协同联动、融合创新,构建"全媒体汇聚、共平台生产、多平台发布"的一体化媒体智能化信息资源平台。另一方面,5G技术的普及还会对我国广播电视的生产机制、生产环节进行效率性的提升和改善,从而进一步对整个传媒领域的边界、内涵、要素构造以及运行规则带来生态性的改变,推动我国媒体朝着移动化和智能化的方向发展。

5G带来的"大传播"格局将推动机器生产内容模式的兴起。在5G时代,传感器和可穿戴设备将带来自动化、交互式的内容生产,用户的行为数据将得到分析,算法的智能化与精准性将使海量数据得到最大限度的价值变现,因此"传感器资讯将成为未来内容生产当中最重要的生产品类之一"。[①]在"大传播"理念的指导下,传统的广播电视媒体和新媒体加速整合,搭建起新型的信息传播平台,朝着实现新闻信息传播的创新性、共识性、智能化、社交化方向发

---

① 喻国明.5G时代视频传播的机遇与挑战——在"5G融合、智慧赋能:2019视频融合传播数据价值创新峰会"的演讲 [J]. 现代视听,2019(10):88.

展，形成多层次、多角度、多形式、整体互联互通的传播新生态。

（2）智媒时代的"媒体泛化"

在"万物皆媒"的现实语境中，信息传播技术加强了人与物的连接，构建了信息传播的智能化场景。语音交互、机器人写作、自动化视频生产、AI主播等智能化信息生产传播技术的出现及应用不断促进着信息传播朝着数据化、网络化、智能化的方向发展，"人的世界"和"物的世界"之间的界限彼此交融，持续拓展着传媒边界，由此展开了智媒时代媒体泛化的图景。

"媒体泛化"指的是智能媒体作为复杂巨系统，通过开放的逻辑和连接的规则，重组人、机、物与环境的关系而导致媒体化的拓展与深化，使人、机、物与环境都具有媒体性的趋势。① 媒体的泛化和融合，从本质上来说是内容消费模式的演变，也是媒介性能从微观到宏观的系统性变革。

智媒时代的媒体泛化主要表现在两个层面上：智能媒体化和媒体智能化。其中，智能媒体化指的是智能倾向于通过升级化的媒体功能达成目标，继而成为超级媒体。媒体智能化指的是媒体使用人工智能技术不断升级、建立新范式的进程。② 从媒体泛化所表现出的两个层面特点可以看出，一个层面强调智能技术本身的特质和强大影响力，另一个层面关注的重点是媒体自身的演进和功能。其中，智能媒体化包含着人工智能和人类智能双主体化的特质，是人类赋予机器的智慧和人类生物本体智慧的一种有机结合，也就是说一切加载了人工智能技术的物体都可以成为传递信息的媒介，从而使智能化的信息世界呈现出"泛媒介化"特征。而媒体智能化则是在人工智能的赋能下，人类的主体性将不断弱化，"海量数据所产生的海量的'传感器资讯'将进一步稀释专业传播工作者所生产的内容在内容生产整体格局中所占的份额"。③ 传统广播电视新闻的采集、传输、制作、送达等一系列环节将被人工智能所替代，人和智能机器形成一种合作和博弈的关系。

智媒时代的媒体泛化会引发危及旧范式的范式革命，表现在我国广播电视有声语言传播领域，就是"智能化"范式的逐渐显露。在这种"智能化"范式的作用之下，我国广播电视有声语言传播将融合智能机器的物理世界和人类器官的生物世界，在有声语言传播扩展和缩紧的弹性之中，在有声语言传播兼容和替代的张力之中，在有声语言传播开放和接纳的深广之中，最终达到耦合自

---

① 吕尚彬，黄荣.智能时代的媒体泛化：概念、特点及态势［J］.西安交通大学学报（社会科学版），2019（9）：115.

② 同上。

③ 喻国明，张珂嘉.简论传播内容范式的三个价值维度［J］.教育传媒研究，2020（4）：11.

洽从而重塑新的混质认知模式，不断衍生出具有无限活力、生生不息的广播电视有声语言传播范式学科基质。

2. "后信息时代"新闻信息的"私人订制"

尼葛洛庞帝（Nicholas Negroponte）在《数字化生存》一书中提到一个概念："后信息时代。""智能"成为"后信息时代"新的信息传播代名词。"后信息时代中，信息将变得极端个人化。"① 在后信息时代，新闻信息将成为一种日常的消费品，信息消费的定制化生产，将针对个体及其关联场景的整体属性，从信息生产的第一个环节起，就将实现新闻信息的"私人订制"。人们对信息的需求更加迫切，既非在电视上、报纸上看新闻，也不是在网上去看新闻，而是通过私家编辑（智能传输端）或私人秘书（智能接收端）来获取新闻。

智能化信息生产的目标是对个人需求深度认知的彻底实现。"在信息、产品、服务变得极端个人化的后信息时代，真正的个人化时代已经来临，每个人都会拥有极度善解人意的代理人"。② "所有媒介终将变得越来越人性化，它们处理住处的方式愈发像人一样'自然'且优于已有的任何媒介，从而使得通信的便利性日益增加。"③ 一方面，从内容生产的角度来说，后信息时代所产生的智能化生产技术将削弱传统广播电视媒体在内容生产方面的话语权，并且与社交化内容生产相互融合进一步改变内容生产的模式。各类媒体（自媒体、社交媒体、智能化媒体）所生产的内容将形成与用户价值需求高度匹配的态势，并逐步从大众媒体向分众媒体再向小众媒体最后变成为个人化服务的方向转变。另外，基于传感器的生理信息反馈将改写用户反馈的现有机制，实现全程、实时、全方位的数据导引，更加客观、真实地反映用户的心理动态和感受体验，并对用户的反馈作出特定的反应，从而调整内容生产的方向和匹配度。另一方面，从内容分发的角度来说，在后信息时代，内容分发的形式更加多元丰富，智能媒体对大数据的运用将传播目标靶点变得窄化和细化，甚至可以实现针对个人投递信息的定制化分发。

智能化的传播媒介具备了感知、识别等多维度智能功能，能够通过聚合、

---

① ［美］尼古拉·尼葛洛庞蒂.数字化生存［M］.胡泳，范海燕，译.北京：电子工业出版社，2017（2）：159.
② ［美］尼古拉·尼葛洛庞蒂.数字化生存［M］.胡泳，范海燕，译.北京：电子工业出版社，2017（2）：序43-45.
③ ［美］保罗·利文森.软边缘：信息革命的历史与未来［M］.北京：清华大学出版社，2002：59.

搜索、匹配用户信息以实现用户关系网络的搭建，在此基础上形成更为个性化的个人数据挖掘和服务。随着人工智能技术、生物量子芯片技术、5G技术、AR/VR等虚拟视觉技术、全息技术、触觉反馈技术等的发展成熟，将重构传统广播电视的传播方式和媒介形态，这些技术的广泛普及和应用将把人的身体的临场感进一步真实化，使人的感触觉突破原先由电子媒体所设定的时间和空间的限制，获得一种"身体媒介"的非凡传播体验，进而实现"针对传播者个人的个性化传播场景与互动定制，传播活动将变得越来越'私人化'"。①除此之外，云计算技术将数据的运用和处理进一步推向精确化、精准化，媒介产业通过对云计算的使用和应用，能够及时准确地跟踪用户的活动轨迹、兴趣爱好，实时更新用户的数据变化（位置数据、行为数据、关系数据、情绪数据等），并对其行为和画像进行定位和描绘，从而对用户的偏好提供个性化、私人化的内容推荐。所以说，"未来的传播过程不是'人找信息'，而是'信息找人'，主流媒体的新闻语态需要进一步及时更新，才能适应人机交互方式的变迁"。②

从人民广播诞生到中国特色社会主义进入新时代，我国广播电视走过了八十年的发展历程，基于广播电视媒介所形成的广播电视有声语言传播也完成了一次次范式转换和更迭。从"一体化"的广播电视有声语言传播范式到"人本化"的广播电视有声语言传播范式再到"社交化"+"智能化"的广播电视有声语言传播范式，每个时期主导我国广播电视有声语言传播的范式类型也在历史的见证下不断增补着具有时代性的学科基质。

其中，"一体化"的广播电视有声语言传播范式是在我国经历了漫长的革命战争后，为了稳固政权、维护权威而逐渐形成的。在这个过程中，由于强政治和强压迫导致"一体化"的有声语言传播范式逐渐走向"极化"，最终发生了科学革命危机，这次危机直接导致了我国广播电视有声语言传播范式的转移，并为"人本化"的广播电视有声语言传播范式的确立埋下伏笔。改革开放作为我国广播电视有声语言传播范式转换的内生性动力，成为引发我国广播电视有声语言传播范式转移政治层面的革命性力量。在以人为本的传播理念影响下，"人本化"的广播电视有声语言传播范式应运而生。随着新技术带来的传播生态的改变，"人本化"的广播电视有声语言传播范式继续深化，衍生出

---

① 喻国明, 王小龙, 郭剑楠.智媒时代媒介的重新定义——依据社会化场域的范式［J］.青年记者，2019（10）：41.

② 崔林, 陈昱君, 林嵩."互动"与"亲民"：融合发展背景下主流媒体电视新闻的语态变革——以央视《新闻联播》为例［J］.新闻与写作，2019（11）：25.

具有强烈人际传播性质的"社交化"范式的学科基质;同时,人工智能技术的飞速发展又使得广播电视有声语言传播融入了更多的科技性。因此,"社交化"+"智能化"的广播电视有声语言传播范式显露端倪。总体来说,"人本化"的广播电视有声语言传播范式是"一体化"的广播电视有声语言传播范式的升级超越,"社交化"的广播电视有声语言传播范式是"人本化"的广播电视有声语言传播范式的拓展和深化,"智能化"的广播电视有声语言传播范式是新时期我国媒体融合进程中出现的范式新要素,它在一定程度上延展了我国广播电视有声语言传播范式的外延,为我国广播电视有声语言传播范式的演进提供了新的视野参考。

然而,我国广播电视有声语言传播范式的演进不能被简单地认为是西方式的"科学革命"的继续或者复制,虽然库恩指出,科学革命后的事业往往是以隔断历史为代价的,因此具有强烈的非历史性,但是这一点在人文社科领域则有所不同。我国的广播电视有声语言传播虽是建立在现代电子技术之上的传播系统,但是它却无法截然割裂、完全脱离中国的文化传统和具体的社会语境。因此,我国广播电视有声语言传播范式的演进是深深根植于我国具体的社会语境和发展实际当中的,并且在我国广播电视有声语言传播范式的演进过程中其基础的学科基质及关键性的要素保持着一种前后承续、恒常贯通的关系规律。

探讨我国广播电视有声语言传播范式的演进不能仅仅依据不同阶段的史实来进行质性的划分,还需要结合影响我国广播电视有声语言传播范式演进的各个重要因素来进行理性的分析。在我国广播电视有声语言传播范式演进的过程中会透露出细微的线索,有时以一种典型或显性的方式呈现出来,所以需要我们绘制一张范式地图。如果"把范式看做一幅特殊的地图,借助这张地图我们可以看到那些与语言变化明显相关的生活和思想领域发生的更为广阔的变迁",[1]继而对种种语言传播变革的本质进行探索。按照这张语言传播范式地图的索引,我们可以按图索骥,在这个充满线索的迷宫里找到三个路标来破解谜题:政治规制、社会文化和媒介技术。

在我国广播电视有声语言传播的体系框架中,这三个路标性的关键词见证了每个时期语言使用模式和样态的变化,也见证着我们在构建民主、达成共识、促进团结、拥抱技术等问题时特有思维的总体性变化。也就是说,我国广播电视有声语言传播范式的演进与我们身处环境中的政治体制、社会文化和

---

[1] [美]雷蒙·威廉斯.文化与社会[M].高晓玲,译.北京:中国人民大学出版社,2019(4):导论+15.

技术变迁有着千丝万缕甚至是决定性的关联性关系。只有将有声语言传播与具体的国家政治规制、社会结构、文化历史以及媒介传播技术变迁三者联系在一起考察，分析指出范式中的基质结构的整合属性，才能确保对我国广播电视有声语言传播范式的演进获得进一步的理解。所以要求我们拓宽视野，涵盖比较性、历史性、多样性的研究方式，从而寻找和获得多维度影响我国广播电视有声语言传播范式演进的因素。

第二章

政治规制对中国广播电视有声语言传播范式演进的主导性影响

我国广播电视事业具有鲜明的政治属性，以政治为基础的行政力量始终是我国广播电视行业改革发展的主导性推力。政治的支配性力量不仅表现和组织了特定的历史时期内社会和文化力量，还表现和组织了一定时期内传播理念的风貌。回顾我国新闻事业的发展历史，其"发端于政治宣传，这决定了中国的新闻话语先天地继承着政治话语的基因"。① 因此，不论是广播电视政策法规的出台，还是广播电视发展理念的革新，都是服务国家发展和宣传需求的。我国广播电视有声语言传播范式在演进发展过程中时刻体现着社会身份、政治态度并触发一定的社会行为。所以，在分析考察影响我国广播电视有声语言传播范式演进的因素时，必须谨记党和国家以及人民的角色。我国广播电视媒介机构在发展过程中以特定的方式获得政治或意识形态的介入，由其产生的语言传播规制常常与国家政治紧密地联系在一起。

从 1940 年到 2020 年的八十年时间里，我国广播电视事业经历了从主要作为鼓动和宣传的工具到以服务民生、教育引导大众的现代化信息传播载体，再到凸显产业功能、融合发展的新型主流媒体的发展过程。伴随我国广播电视事业的不断发展，我国广播电视有声语言传播范式也经历着从初创萌生到增补完善再到进化发展的整体性演进变革。在众多影响其范式演进的因素当中，政治规制"刚性"的强制约束力量是影响我国广播电视有声语言传播范式演进的主导性因素。因为，在我国的政治语境和制度环境中，"党管媒体"是我国广播电视有声语言传播生存和发展的基础法则，也是助推我国广播电视有声语言传播范式演进的根本遵循，所以必须充分考虑规制体制变革所依赖的政治属性、经济属性、公共属性以及行业发展的特殊性。

从政治规制维度对我国广播电视有声语言传播范式演进所带来的主导性影响来看，有三种力量成为范式演进的深层次动力。一是来自传统政治领域的制度性惯性控制；二是来自政治框架下市场领域的资本扩张冲击；三是由于国家主导下的传播技术所带来的挑战。我国广播电视有声语言传播范式就是在这种政治规制的控制与市场及传播技术所带来的反控制的矛盾中不断演进发展的。从宏观角度来说，我国广播电视有声语言传播范式的演进发展一方面受到来自政治领域权力配置的严格制约和管控，另一方面在市场化运作与技术发展中传播观念的主动扩张和媒体融合的意愿又与单一和僵化的旧宣传理念相抗衡。从微观角度来说，我国广播电视有声语言传播范式中基础性学科基质的定型和确立都是在政治规制强约束的力量中实现和完成的，传播内容和传播规格都受到

---

① 王舒怀.20 世纪 90 年代中国经济新闻话语变迁研究 [D].北京：北京大学传播学，2005：75.

意识形态领域的严格管控。所以，将政治规制这个主导性影响因素引入到我国广播电视有声语言传播范式演进的研究中主要是基于中国共产党在领导我国实现民族独立和民族富强过程中的主导地位，以及我国广播电视媒介"喉舌论"和"党管媒体"的基本原则，以此更加理性地看待广播电视有声语言传播在维护党的执政地位和体制规制中的特殊作用。

第一节　中国广播电视有声语言传播与政治的依存关系

一、广播电视媒介依存于政治的历史沿革

"由于中国执政党和政府具有很大的政治权威，大众传播媒介也具有较强的政治性质"。① 中国共产党领导下的广播电视作为我国主流的信息传播媒介，深深地烙上了执政党的政治印记，因此，我国广播电视媒介依附于国家政治是研究其语言传播范式演进的基础。

（一）新中国成立初期至改革开放前我国广播电视媒介的政治属性

我国人民广播事业肇始诞生于革命战争的硝烟之中，广播媒介是中国共产党领导动员广大人民群众进行革命斗争的重要工具，一开始就被纳入党委、政府宣传的管理之中。1940年中共中央成立了广播委员会，由朱德主持广播电台的筹建工作，1941年中共中央宣传部就明确指出广播电台要在党的统一宣传政策下工作。自此我国的广播电台一直是由中央政府管辖，并且受到党的直接领导。1949年10月，中央政府将中央广播事业管理处改组为中央广播事业局，直接领导中央人民广播电台和全国各地方人民广播电台，由此初步确立了我国广播电视"管办合一"的体制。新中国成立后，我国的电视事业开始起步发展，1958年9月，北京电视台开始正式播出节目（1978年4月改名为中央电视台），同年，随着上海电视台和哈尔滨电视台的相继成立，我国的电视事业走上了历史的舞台。1958年，我国的电视媒体在全国范围内极速扩张，到

---

① 陈力丹. 舆论学——舆论导向研究［M］. 北京：中国广播电视出版社，1999：55.

1978年改革开放前期，我国的电视台数量维持在 30 个左右。党和国家领导人将广播电视定为"宣传政治、传播知识和充实群众文化生活"的工具，是党和人民的喉舌，由国家开办经营。"由于所有制是国家从生产关系层面对传媒性质、地位和功能的一种设定，所以，与政治制度和意识形态相适应，中国传媒的所有制形式必然采取公有制，传媒的产权皆属于国家"。① 这一时期的广播电视媒介被要求"尽可能反映当前国家和人民政治生活中的重要事件，报道社会主义建设的成就"。②

我国的广播电台和电视台作为国有事业单位，经费全部依靠国家财政拨款，因而形成了较为封闭的生产经营模式，其产权由国家和政府所有，具有典型的计划经济特征。可以说，新中国成立后的广播电视媒介的所有权和产权是从国家政治角度来划定的，国家的政治形势决定着其基本的属性和发展的方向，以中央广播电台和中央电视台为代表的国家级媒体具有较高的政治地位，承担着政治宣传和舆论引导的任务。由于党的新闻舆论宣传工作与新闻媒体紧密地结合在一起，因此在新中国成立到改革开放前期，我国的广播电视媒体带有浓厚的政治化和行政化色彩。在政治权力的支配下，我国广播电视媒体表现出媒介功能单一化、媒介组织行政化、媒介宣传导向部门化、传媒机构布局条块化的特点。③

（二）改革开放后至中国特色社会主义新时代我国广播电视媒介的政治属性

1978 年，以邓小平为核心的第二代中央领导集体带领中国迈出了改革开放关键一步，解放思想、发展市场经济的理念开始在全中国范围弥散开来。国家与社会、政府与市场以及党与新闻媒介的关系都发生了重要变化。在社会整体转型的背景之下，我国原来的计划经济也开始逐渐向着社会主义市场经济转型，这种转型在新闻传媒领域突出表现为权力分配规则和角色的转变，即我国的广播电视媒体由之前政府高度集中的管控模式向集约分散的管控模式转变，并且开始逐步尊重新闻信息传播规律，扮演了政治宣传、公共服务、产业发展以及协调社会关系的多元角色。

对广播电视媒体功能的重新定位使得其恢复了以传播信息为生存依据的基本功能。"事业单位、企业化管理"的双轨制运行模式赋予了广播电视机构一

---

① 丁和根. 中国传媒制度绩效研究 [M]. 广州：南方日报出版社，2007：21.
② 杨伟光. 往事如歌——老电视新闻工作者的足迹 [M]. 北京：人民出版社，1997：1.
③ 郭海英. 传媒行业政府规制体制研究 [D]. 天津：南开大学，2014：51-53.

定的财经支配权，广播电视媒体的市场化改革打开了其市场经营的新窗口。国家政治政策上的一系列改革措施不仅使广播电视媒体拥有了自我发展的经济基础，而且还使得广播电视媒体拥有了相对独立于党政部门和独立利益取向的媒介自主经营权，这对于处于转型期的广播电视媒体走向市场意义深远。

在我国现代化建设过程中，政治的影响无处不在，媒介体制作为国家体制的重要组成部分，政治体制改革和经济体制改革对于媒介体制的改革产生着重要影响。1982 年，中央广播事业局改为广播电视部，划归中央政府管辖。1983 年，第十一次全国广播电视工作会议在北京召开，会议提出了"四级办广播、四级办电视、四级混合覆盖"的广播电视事业建设方针。1992 年党的十四大确定了报纸、广播电视在内的传媒业具有"政治上层建筑和经济信息产业"的双重属性。从 20 世纪 90 年代后期开始，我国开始组建大型广电集团，中央电视台和无锡太湖影视城联合组建的中视传媒、湖南广播影视集团、上海文化广播影视集团以及中国广播影视集团都是这一时期大型广电集团的典型代表。到 20 世纪末，世界范围内的信息技术蓬勃发展，进一步扩大了人们信息交流和生存交往的半径和空间，以互联网为代表的数字技术渗入人们信息生活的角角落落，信息领域的数字技术在新闻传播领域崭露头角，多元化的传媒新体系代替了传统广播电视媒体一统天下的传媒生态格局。1999 年，国家广播电影电视总局发布了《关于加强广播电视有线网络建设管理的意见》，要求台网分离，广播和电视、有线和无线相互合并，并且要求停止四级办台。从 2003 年下半年开始，广电总局暂停对广电集团的审批，只允许组建事业性质的广播电视台或者总台。为了加强国际传播能力建设，打造国际一流媒体，2010 年我国整合有线电视网络，组建了国家级广播电视网络公司和国家新媒体集成播控平台，推进电信网、广电网和互联网三网融合发展的战略，以实现各类信息传播渠道的互联互通、有序运行。

（三）中国特色社会主义新时代我国广播电视媒介的政治属性

2012 年，第十八次全国代表大会召开，中国特色社会主义进入新时代，提出要"促进文化和科技融合，构建和发展现代传播体系"，从 2013 年开始，我国广播电视整体跨入了融合发展的新阶段。2013 年，国家广播电影电视总局印发《关于促进主流媒体发展网络广播电视台的意见》，提出将网络广播电视台提升到与电台电视台发展同等重要地位，以此推动网络广播电视台与传统的广播电台、电视台之间的资源互动和深层融合，由此打造具有中国特色的广播电视网络视听新媒体传播格局。2014 年中共中央印发了《关于推动传统媒体和新兴媒体融合发展的指导意见》，强调传统的广播电视媒体与新兴的网络媒体要尽快从相"加"迈向相"融"，着力打造一批新型主流媒体。2016年国家新闻出版广电总局发布《关于进一步加快广播电视媒体与新兴媒体融合发展的意见》，明确要求加快推进广播电视媒体的转型升级，提升广播电视媒体在网络空间的传播力、公信力、影响力和舆论引导能力。2018年组建国家广播电视总局，同时整合中央电视台、中央人民广播电台、中国国际广播电台，组建中央广播电视总台，完成了"中央三台"合并的建制。2020年国家广电总局印发《关于加快推进广播电视媒体深度融合发展的意见》的通知，要求全媒体的建设要按照资源集约、结构合理、协同高效的原则，不断完善中央媒体、省级媒体、市级媒体和县级融媒体中心四级媒体融合发展布局，标志着我国媒体融合进程进入深度融合的发展阶段。

从以上对我国广播电视媒介依附于政治的历史发展梳理当中可以看到，中国共产党是领导和统领我国广播电视媒介发展的主体，我国单一制的国家结构形式使得"在中国的媒介场域中，政治资本具有制约媒介生存的关键作用"。[①]因此，对影响我国广播电视有声语言传播范式演进的政治规制因素的分析必须充分考虑中国共产党在国家新闻舆论以及整体规制格局中的特殊地位的重要影响。

二、广播电视有声语言传播实践发展的政治语境

我国广播电视媒介的发展与政治密切相关，其有声语言传播活动与政府机构、组织部门、社会公众有着千丝万缕的内在联系。新闻是政治的近亲，广播电视有声语言传播的根本属性是新闻性，因此，我国广播电视有声语言传播活动具有很强的政治性。我国广播电视有声语言传播范式的演进有赖于多种环境，如社会环境、文化环境、技术环境、经济环境等，但首要的环境因素是国家的政治环境。政治环境不仅为我国广播电视有声语言传播提供了良好的发展环境，而且为不同阶段广播电视有声语言传播范式的形成提供了政治保障和政治资源。

"场"是物理学当中的一个概念，一般指物体周围传递重力或电磁力的空间，后来场的理论被引入到社会科学当中，以库尔特·温勒（Kurt Lewin）的场论为突出代表，场论被赋予了元理论的地位。库尔特·温勒的场论强调关注

---

① ［法］皮埃尔·布尔迪厄著.关于电视［M］.许钧，译.北京：北京大学出版社，2020（9）：188.

场内各种力量的相互依赖与联系，并且他认为各种力量之间所达成的平衡是短暂的，场域内各种力量会经常发生冲突和变动。之后，场论又扩展至其他学科领域，其中法国社会学家皮埃尔·布尔迪厄（Pierre Bourdieu）在惯习、资本等概念的基础上提出了"场域"的概念。即在我们生活的空间中存在着政治、经济、艺术、宗教等不同的空间，不同空间形成了不同的"场域"，这些场域彼此隐秘相连。在一个场域中，不同个体所掌握的资本不同，而占据资本的不同决定了它们在场中的位置。另外，场域也是一个充满冲突和竞争的空间，不同的场域会相互争夺资本的垄断权和规则的制定权，场域中的规则不断生成和变化，具有极强的历史性。

1996年布尔迪厄又提出了"媒介场"的概念，特指规模生产的大众媒介，并以其中的新闻传播为主要研究对象。如果把媒体空间看成布尔迪厄所说的由复杂关系构成的媒介场域，广播电视所形成新闻场域是媒介场域的一个重要部分，而由媒介所产生的权力和资本会以一种符号的形式展现出来，并发挥某种支配性的特殊影响。布尔迪厄认为，虽然有内在的动力和场域中的冲突，但大多数行动都会倾向于大规模再生产场域的结构，除非遭到了外部相邻场域的压力。这种外部的冲击可能包括民主程序所带来的新的政治秩序、整个法律和经济政策环境大的变动，以及特定的媒介规制、社会和文化运动、经济危机。[①]在我国，广播电视媒介归国家所有，国家的政治权力赋予其直接的合法性，并对其发展产生重要影响。作为党和人民喉舌的广播电视媒体所形成的媒介场域与国家的政治场域密不可分，并且紧紧依附于国家政治场域。

在我国的政治场域里，广播电视有声语言传播活动首要达成的目标是积累符号象征权力去推行主流价值信念和国家意识形态的认同感，从而在思想观念、政治观念上为我国广播电视的发展和宣传报道提供行之有效的政治软环境。而要推行这些思想的政治信念和原则，就必须积累信任资本及特别的权威，这种权威和资本部分来自广播电视有声语言传播对受众所产生的效果。因为，"政治场域中的代理者所拥有的象征资本是与众不同的，是具有区隔性的资本。"[②]这种"区隔性"的资本在"一体化"的广播电视有声语言传播范式时期通过广播电视媒介所形成的"媒介场"发挥作用，并且排斥其他类型的资本，诸如经济资本、文化资本的进入。

---

① ［美］罗德尼·本森，［法］艾瑞克·内维尔主编. 布尔迪厄与新闻场域［M］. 张冰, 译. 杭州：浙江大学出版社，2017（3）：9.

② ［美］罗德尼·本森，［法］艾瑞克·内维尔主编. 布尔迪厄与新闻场域［M］. 张冰, 译. 杭州：浙江大学出版社，2017（3）：39-40.

由广播电视所形成的"媒介场"对其他不同的场域施加各种影响，这些影响的形式和作用是与新闻场特有的结构紧密相连的，是政治资本庞大力量的集中综合体现。庞大的国家权力机构通过行动决策和对新闻场的干预控制着新闻场的议事日程。诸如书写报道国家发展史、记录时代风云变化的《新闻联播》就表现出鲜明的政治性，在内容题材、编排结构和叙事特点等方面都呈现出"政治优先"的原则。同时，政府机构不仅能够采用经济束缚的手段来对其施加影响，并且还借助其合法的新闻，特别是官方信息来源的垄断性对其施加影响。[1] 然而，这种由政治资本独占所形成的媒介场所达成的平衡是短暂的，随着社会的进步和时代的发展，其他场域所形成的力量开始动摇并瓦解这种平衡，致使其发生变动和冲突。

改革开放后，我国媒体的市场化改革对传统的媒介场结构产生了巨大影响，"新闻事业具有了形而上的上层建筑属性和形而下的信息产业属性"。[2] 在改革开放的浪潮中，我国的新闻事业拥有了"事业性质、企业管理"双重性质的角色定位。国家经济体制改革直接触动了原先保守、封闭的政治结构，突飞猛进的经济生活成为社会焦点，经济报道大量出现在新闻报道之中。按照皮埃尔·布尔迪厄（Pierre Bourdieu）对于场域理论的解释，新的入场者为了争夺资源使原先的媒介场发生变化，导致媒介场中出现了三种关键资本相互博弈的局面：即政治资本、经济资本和文化资本的此消彼长。其中，政治资本指的是党对于媒体正当性的认可程度。一般来说，在我国传统的党报、广播电视媒介具有的政治资本最多，而以市场为取向且政治立场比较激进的媒体政治资本较低。媒介场中的经济资本指的是媒体在市场上获取经济利益的能力，体现了媒介独立于政治控制的自我解放和独立发展。文化资本则是媒体所体现的文化水准和专业能力，有着圆融通达的辐射力和影响力。

在改革开放之前的中国媒介场域中，政治资本是唯一的资源，只要有政治正当性，经济和文化资本只是附属资源。但是，自大众传播媒体市场化改革之后，政治资本不再是唯一的可分配资源，经济资本和文化资本对政治资本构成了挑战。不同体制的媒介所拥有的政治资本、经济资本及文化资本均有所差异，以互联网为代表的新媒体及社会化媒体的出现极大地改变了传统广播电视媒体的传播生态，网络新媒体凭借其高度的交互性、个人性和移动性的特点导致传统的广播电视媒体面临严重的受众流失危机。一方面，传统广播电视的

---

[1] ［法］皮埃尔·布尔迪厄著.关于电视［M］.许钧，译.北京：北京大学出版社，2020（9）：99-100.

[2] 李良荣.新闻学概论［M］.上海：复旦大学出版社，2013（4）：105.

受众流失伴随着广告收入的流失，直接造成了传统广播电视媒体的经济资本被网络新媒体所瓜分的局面。另一方面，由网络新媒体所衍生出的网络社群及其多元文化也同传统广播电视所代表的主流文化相抗衡，其影响力甚至从虚拟网络空间延伸至实体社会，这对传统广播电视媒体所独占的政治资本和文化资本造成冲击和挑战。为了应对来自市场领域资本扩张的动力以及由传播技术的迭代发展所带来的新情况，新老媒体的边界逐渐消融，不同性质的媒体在内容生产、传输渠道和接收终端等方面加速融合，致使媒介场域中的政治资本、经济资本及文化资本此消彼长，相互杂糅。有时，经济资本增长过快的网络新媒体会被政治权力收编，从而以经济资本换取政治资本；有时拥有绝对政治资本优势的广播电视媒体会造成经济上的垄断，从而获得额外的经济资本。但总体而言，在我国广播电视媒介的发展历程中，政治场域中的政治资本一直是影响媒介场域变化发展的重要因素，只是在面对经济资本和文化资本的强势介入及传播生态的改变时，政治资本才会作出适应性的调整。

第二节 中国广播电视有声语言传播规制的生成依据

我国广播电视有声语言传播范式中关键性学科基质的厘定与那些受制于多种复杂因素而表征于现实的外在变化相比，从更微观、具体的政策规制角度来说，深刻地受到作为宏观的国家政治框架下语言规划和有声语言传播政策等内在强制制度因素的影响。

一、广播电视有声语言传播规制生成的基础

（一）语言规划及语言传播政策

1. 语言规划

语言规划指的是国家制定的关于语言文字方面的全面而长远的发展计划，是对社会上所存在的语言问题诸如官方语、国语的标准选择和地位提供管理对策，或是对语言问题所作出的主动的反应和调节。其核心是"用选择的方式对现有的语言形式进行批判的活动"。它反映了人们对语言文字的发展规律、社

会发展的客观现实、国家政治经济的需要等方面的认识，是一种主动的、有组织计划的、有意识目的的、长期复杂的国家层面的战略性规划。具体包括语言的选择、协调、规范化以及推广、改革、习得等。

2. 语言传播政策

语言传播（扩散）政策指的是面向一定的受众或者语域以传播某种语言为目标的政策。语言传播政策也包括稳固一种语言的使用，提升语言使用的技能，改变语言使用的态度，增强或扩大语言在任何语域的地位和功能。[①]"语言政策"是国家、阶级和政党为了实现目的而执行的总政策的一个部分。语言政策的形成必须考虑语言对个体、族群、民族、社会及国家的意义，其中也涉及认同的概念。其按照传播范围可以划分为国内语言传播政策和国际语言传播政策，按照显隐性可以划分为显性语言传播政策和隐性语言传播政策。

我国的语言规划包括了语言传播政策的确定和调整，并为语言传播政策的研究制定和贯彻落实提供了保障。所以，鉴于语言规划与语言传播政策之间包含与被包含的关系，下面主要以语言规划作为讨论的主要对象。

（二）语言规划目的、意义和任务

1. 语言规划的目的

语言规划的目的是由语言的社会交际功能决定的，为的是最大限度地发挥和促进语言（文字）的社会功能，使语言（文字）为人们的社会交际、情感表达、思维认知和文化传承服务。在我国不同的历史发展时期，语言规划的目的也不尽相同。我国语言规划目的的重心大致可以分为三个阶段：第一阶段的工作重心主要是为政治统一服务。第二阶段的工作重心主要是为工业建设和经济流通服务。第三阶段的工作重心是为社会经济的信息化建设服务。三个阶段的语言规划目的相互叠加，层层递进，服务于国家整体发展的根本性目的。

新中国成立初期，百废待兴、百业待举，为了巩固新中国国家政治的统一局面，这一时期我国语言规划主要是通过在全国范围内推广和制定共同的语言文字，提高工农群众的文化素质，以达到在国际上树立新中国良好形象的

---

① Ammon U. Language-spread policy [J]. Language Problems and Language Planning, 1997, 21（1）: 51-57.

目的。改革开放以后,为了适应社会经济的改革发展,扩大语言文字工作的视野,我国又重新确立了新时期语言文字的工作方针,使语言文字在社会主义现代化建设中更好地发挥作用。① 目的是配合十一届三中全会后我国施行的各项关于文化发展的改革措施,诸如继续在全国范围内推广普通话、继续巩固汉字简化的成果,继续推行汉语拼音方案等等。同时又提出了新世纪语言文字工作新的指导思想,即解放思想、实事求是、尊重语言发展规律,使语言文字工作更好地为社会主义现代化建设事业服务。

2. 语言规划的意义

语言规划的意义可以理解为语言规划及相关语言传播政策制定的价值或者作用,总体来说有着三方面的重要价值:第一,提高社会运行效率,适应人们的生产生活需要。第二,用来表达民族情感并强化统一国家的意识。第三,对语言本身的发展施加影响,使其向适合使用者利益的方向发展。

语言传播政策的制定是一系列语言规划方案得以贯彻落实的前提条件和基本保证,语言规划是语言传播政策制定的重要依据,语言规划方案和语言传播政策的制定有着阶段性和区域性的特点,而且是随着社会经济的发展不断动态变化的。从另一个角度来说,语言规划及相关语言传播政策制定的意义在于建构一种独属于国家民族的认同力,这种认同力是一个国家民族内在象征的外在体现,也是凝聚共识、维护国家民族尊严与文化向心力的重要力量,它对于一个独立的主权国家意义重大。

3. 语言规划的任务

与语言规划相适应的就是语言规划任务,语言规划任务一般可以分为基本任务、具体任务和主要任务。其最基本的任务是保证语言文字能够最大限度地发挥服务人们交际交流和生产生活需要,除了这项最基本的任务之外,语言规划及相关语言传播政策制定还有一些具体的任务,如语言文字的改革与维持,语言文字的标准化、规范化及现代化,语言文字的传播及语际交流等。语言规划的主要任务是:确定语言在一个国家和具体社会中的地位,协调不同种类语言之间的关系,保障人民群众使用语言的基本权利,提高某种语言在社会中的声望,强化人们使用语言的规范意识,促使语言及语言生活持续、健康地发

---

① 全国语言文字工作会议秘书处编.新时期的语言文字工作——全国语言文字工作会议文件汇编[M].北京:语文出版社,1987:23.

展,更好地为社会服务。

(三)语言规划的内容、类型与过程

1. 语言规划的内容

语言规划的制定属于一种社会性的行为活动,行动的目的决定了它的内容。语言规划及语言传播政策十分广泛和庞杂,包括诸如贯彻、体现国家在语言文字方面的政策、制定语言文字及其应用的标准和法律规章制度、确定语言文字规划及语言传播政策的实施办法等等。我国语言规划及语言传播政策内容的确定是在继承了新中国成立前中国传统以及其后我国社会经济、政治、文化、教育、科技等综合因素的基础上形成的。具体而言,语言规划及语言传播政策制定的内容有:第一,国家标准语的选择、确立和推广。第二,语言文字系统的创制、改革。第三,科学术语的规范化及标准化制定。第四,创制注音工具。第五,新生词语的整理和研究。①

2. 语言规划的类型

根据我国语言规划的功能与特性,一般将其划分为三类:第一,语言的地位规划。其中包括推广普通话,并建立相关法律法规,以保证其作为国家的通用语言;制定和推行汉语拼音方案,作为汉语的注音工具;少数民族语言文字的地位规划等。第二,语言的本体规划。指的是对我国语言文字本身的形式、结构等方面开展的一系列的干预和调节活动,即针对普通话、汉字、汉语拼音方案、各少数民族语言文字等进行的规划,使之进一步规范化、标准化。第三,语言传播的规划。指的是为了扩大国家通用语言在国内及全球的影响而进行的一系列规划活动,包括国家通用语在国内和国际的传播范围、国家通用语进行传播的媒介、建立国家通用语传播机构和组织、组建国家通用语的传播队伍、完善相关法律规章等等。②

3. 语言规划的过程

美国斯坦福大学教授艾纳·豪根(Eniar Haugen)将"语言规划"的过程分为四个阶段:标准的选择、标准的健全、标准的实施和标准的扩建。其中标

---

① 郭龙生. 中国当代语言规划的理论与实践 [M]. 广州:广东教育出版社,2008(9):32-34.
② 郭龙生. 中国当代语言规划的理论与实践 [M]. 广州:广东教育出版社,2008(9):40-184.

准的选择是指国家根据民族和地区特点选择某种语言或方言作为官方语言，并规定这种语言的地位和作用，以服务国家社会发展的需要。标准的健全是指在语言系统的各个层面，包括语音、词汇和语法等设立标准，通过立法或者协定来巩固和完善这个基本标准。标准的实施是指接受并适时推广已经选定的语言标准，从而在政府机构、社会组织以及相关领域逐步推广这个标准。标准的扩建是扩展、规范语言的使用范围，增加可供选择的形式，以满足现代社会对语言功能的复杂要求。①

语言规划与语言传播政策的制定为广播电视有声语言传播范式的形成和确立提供了政策上的保障。要考察我国广播电视有声语言传播范式的演进历程，就必须对影响其演进过程的政策规制进行梳理和阐释。回溯我国广播电视的发展历程，相关部门对广播电视有声语言传播活动也作出了相应的政策规制方面的限定，这些限定在一定程度上为我国广播电视有声语言传播范式的确立提供了政策和法律上的支撑。

二、广播电视有声语言传播规制生成的脉络

（一）什么是规制？

"规制"一词英语原文为"regulation"，或者"regulation constraint"，意为以法律、规章或者制度来加以控制和制约。日本学者植草益（Masu Uekusa）对规制进行了进一步的解释和说明："通常意义上的规制，是指依据一定的规则对构成特定社会的个人和构成特定经济的经济主体的活动进行限制的行为。"② 规制在我国广播电视有声语言传播的语境中可以拆分为两个部分进行理解：一是对广播电视中具体语言要素的规划，二是对广播电视有声语言传播活动符合国家政治发展所订立的制度。总体来说，指的是党和国家通过制定法律和规章制度的形式，对广播电视有声语言传播活动中语言本身的本体性要素进行限定以及监管、约束和规范广播电视有声语言传播主体的行为所订立的法律法规，在强调广播电视有声语言传播主体所要履行义务的同时也包含了明确的规则意识和控制能力。

---

① 徐大明，陶红印，谢天蔚.当代社会语言学［M］.北京.中国社会科学出版社，1997（2）：163-164.

② ［日］植草益.微观规制经济学［M］.朱绍文、胡欣欣，等译.北京：中国发展出版社，1992：1.

（二）我国广播电视有声语言传播规制的发展历程

我国广播电视有声语言传播规制的颁布施行是随着国家及社会的不断发展进步而不断调整和改变的，规制标准的制定坚持了与时俱进、逐步完善、循序渐进、由浅入深的路线原则。

1. 民族共同语的奠基

民族共同语的形成为我国广播电视有声语言传播规制奠定了重要基础和参照依据。汉语作为中国汉民族的语言，已有两千多年的发展历史。自春秋战国时期，我国汉民族就开始了民族共同语的推行和普及，从先秦时期的"雅言"、西汉时期的"通语"到清朝末年的"官话"、民国初年的"国语"再到现在的汉语普通话，我国的共同语在历史穿行中一直进行着满足人们交际交流和生产生活需要的语言运动，并且在社会生产实践和经济发展中，起到了凝聚共识、打破隔阂、增进团结的作用。

2. 延安陕北时期的广播有声语言传播规制

以延安为中心的陕甘宁边区是我国广播电视有声语言传播规制发轫和形成的重要地区。在人民广播诞生前夕，新文字运动就在中国共产党领导下的边区民主政府的推广下得到重视和发展。首先是在延安边区成立了新文字促进会，并且出版和举办了相应的刊物和补习班。1940年1月，毛泽东发表了《新民主主义论》，指出言语必须接近民众。为了尊重语言、文字传播的科学性、逻辑性和历史性发展规律，吴玉章撰写了《文学革命与文字革命》《新文字运动与新文化运动》等文章对其进行了论述和阐释，指出汉字改革必须走拉丁化、国际化的道路。1940年12月25日，边区政府颁发了《关于推行新文字的决定》，规定从1941年1月起始，新文字拥有和汉字同样的法律地位，并且在接下来的一年当中，边区政府又颁布了《新施政纲领》，并且规定在边区推行新文字，以达到使边区人民都识字、继而消除文盲现象的目的。1941年5月25日，中共中央书记处发布了《关于统一各根据地内对外宣传的指示》和《关于电台广播工作的指示》，强调"电台广播是各抗日根据地目前对外宣传最有力的武器……广播内容应该以当地战争及政治、军事、经济、文化教育等各方面的具体活动为中心，并以具体事实来宣传根据地的意义和作用。"[①] 同年6月20日，中共中央宣传部在《关于党的宣传鼓动工作提纲》中指出："广播

---

① 中国社会科学院新闻研究所.中国共产党新闻工作文件汇编［M］.北京：新华出版社，1980：99.

是近代宣传鼓动的有力工具,发展广播事业非常重要。"①《提纲》中更是指出党宣传的理论、提纲和政策是符合客观真理和全国人民利益的,而且要抓住和人民群众联系最紧密、能够触动人民群众内心感受的事件,用广大人民群众听得懂的语言去宣传。

有声语言传播细则的制定也为我国广播电视有声语言传播规制的完善提供了帮助。1946年6月,新华社口头广播组改建为新华社语言广播部,温济泽主持和制定了《新华总社语言广播部暂行工作细则》,《细则》的出台,从宏观、中观和微观三个层面分别认证和确立了广播有声语言传播的政治基调、内容格局和规范要求,并建立起了广播有声语言传播的规制架构雏形,为日后我国广播电视有声语言传播范式的形成提供了理论上的指导作用。《细则》首先是明确了广播机关的任务,即广播电台作为党的宣传机构要宣传党的政策主张,同时揭发国民党的黑暗腐败统治。其次,对广播中有声语言传播的内容编写做了具体规定,其中新闻性的稿件包括新闻消息、纪录新闻、通讯和特写、时事讲话和评论等,而且这些新闻性的稿件在整个广播节目当中所占比例为百分之七十。最后,从广播中有声语言传播的语言本体角度提出了要求,强调使用普通话和短小的句子,并且要从听众的角度把握广播有声语言传播通俗易懂、入耳入心、优美响亮、生动有趣的特点。

《总结》和《意见》的落实对我国广播电视有声语言传播规制的萌生和初创起到了重要的补充作用。1947年6月,新华总社语言广播部制定了《XNCR陕北阶段工作的简单总结》和《对目前改进语言广播的几点意见》两个文件,其中《总结》中对广播科的具体人员配置和新闻节目内容选择做了明确说明,以及对新闻语言的政策尺度、语气感情、态度分寸的把握提出了要求规定。《意见》中强调要加强对纪录新闻的语言传播比重,每日至少播纪录新闻一小时,评论类的节目根据评论文章的长短,采取两人轮播的方式进行,以区分评论部分和原文部分。另外,《意见》还提出要有计划地培养广播有声语言传播的语言传播主体即播音员和评论员。1948年陕北新华广播电台陆续制定了《播音手续》《编播发稿工作细则》《口播清样送审办法》等政令文件,这些政令文件明确规定了陕北台播音员在进行语言传播时的规范性要求,如"播音时必须严格依照稿件,不得错漏或更改一字","如发现播错,应立即重播","若系重大错误,应请示编辑部负责人,正式发表更正"等等。1948年3月,时任

---

① 中国社会科学院新闻研究所.中国共产党新闻工作文件汇编[M].北京:新华出版社,1980:106.

新华社语言广播部主任的温济泽起草了《从文稿改写成口播稿的几个原则》，1948年7至8月陕北新华广播电台编制了《播音手续》，使广播中的语言传播的规范性再次得到制度上的保障，其中强调："播音时必须严格依照原稿，不得错漏或更改一字。若系重大错误，应请示编辑部负责人，正式发表更正。"[①] 1948年10月出台了《陕北台播音组关于训练和培养播音员的意见》，填补了广播有声语言传播主体训练培养规制方面的空白。《意见》提出："应全盘有计划、有步骤、有组织地训练一批播音员，尽可能招收一定数量的男女播音员，集中训练，成立训练班，除政治政策等训练科目外，要有播音技术座谈、练习、收听等科目，还需要了解一般浅显的无线电常识及机器使用及简单原理。"[②]《意见》的出台颁布也标志着对广播有声语言传播主体的选拔、培养开始走上正规化的道路。1948年10月和12月由陕北台先后编印的《编稿发稿工作细则》《北平新华广播电台训练播音员的方法》和《口播清样送审办法》，以及1948年底《新华总社经中央批准关于用语的指示》等规制的出台，在不同程度上对我国广播有声语言传播范式中学科基质的形成起到了重要作用。

3. 新中国成立后到改革开放前期的广播电视有声语言传播规制

普通话作为我国民族共同语的典范是广播电视有声语言传播范式演进发展中最基础的要素，普通话所代表的是国家政治安定、团结统一、民族关系和谐与友好、经济多元发展和生活态度积极的一种价值观念，具有高度的实用价值、文化价值和审美价值。[③] 因此，广播电视有声语言传播规制中很大一部分都是对普通话的推广和使用加以限定和约束的。1906年研究切音字的学者朱文熊在《江苏新字母》一书中首次提出了"普通话"的名称，之后在1955年确定了普通话的定义为："以北京语音为标准音、以北方话为基础方言、以典范的现代白话文著作为语法规范的通用语。"普通话中的北方方言"经过经济集中和政治集中而成为一个统一的民族方言"。[④] 普通话作为汉民族语言的规范和标准，受到国家和领导人的高度重视。新中国成立后，全国上下各级人民广播电台对于广播有声语言传播及广播有声语言传播主体的日常工作和业务能

---

① 中央人民广播电台研究室、北京广播学院新闻系编.解放区广播历史资料选编［M］.北京：中国广播电视出版社，1985（8）：159.

② 中央人民广播电台研究室、北京广播学院新闻系编.解放区广播历史资料选编［M］.北京：中国广播电视出版社，1985（8）：186.

③ 袁钟瑞.话说推普［M］.北京：语文出版社，2004：64-74.

④ ［德］弗里德里希·恩格斯/［德］卡尔·马克思.马克思恩格斯全集第3卷［M］.中共中央马克思恩格斯列宁斯大林著作编译局.北京：人民出版社，1960：500.

力都作出了更加严格的规定要求和更加系统的考评制度,其中以监听制度、稿件审查制度和编辑试播制度为代表,这些制度的落地和实施使广播有声语言传播活动的规范性得以进一步筑牢。

汉语拼音有利于汉语的学习和推行,可以有效地保证人们学习和推广普通话。新中国成立伊始,我国便开始制定汉语拼音方案。1952年2月,中国文字改革研究委员会成立,并设立了拼音方案组,开始正式展开对汉语拼音方案的研制工作。后来经过讨论,在中央召开的知识分子会议上决定"拼音方案采用拉丁字母"。拼音方案的确定为普通话的推广和使用奠定了重要拼写保障。1955年10月召开的第一次全国文字改革会议和现代汉语规范问题学术会议上,将规范的现代汉民族共同语定名为"普通话",并阐述了普通话的定义、地位及语音标准,会议强调指出:规范化并不是限制语言的发展,而是根据语言发展的内部规律,把语言在其发展过程中所产生的一些分歧适当地加以调整,引导其向更完善的方向发展。1956年1月,中国科学院语言研究所成立普通话审音委员会,并制定了《普通话审音原则(草案)》,其中对异读问题、轻声处理、儿化处理、方言词的读音、外来词的读音及专门术语等都做了明确说明。根据1956年国务院《关于推广普通话的指示》要求,广播事业局要求在中央人民广播电台和各地区人民广播电台举办普通话讲座。1957年10月,公开发表了《普通话异读词审音表初稿》,收异读词666条。1958年2月,中华人民共和国第一届全国人民代表大会第五次会议通过了《全国人民代表大会关于汉语拼音方案的决议》,并正式批准了《汉语拼音方案》。1959年7月,发表了《普通话异读词审音表初稿(续)》,收异读词569条。1962年12月发表《普通话异读词审音表初稿(第三编)》,收异读词600余条。1963年10月,三表合一,形成《普通话异读词三次审音总表初稿》,为普通话的语音规范和推广起到了积极的促进作用。

4. 改革开放后到中国特色社会主义新时代的广播电视有声语言传播规制

自第一次全国文字改革会议之后,经过"文化大革命"的洗礼,我国广播电视有声语言传播规制经过三十多年的发展有了新的变化。十一届三中全会之后,国家结合新时期社会发展的特点开展了语言文字的改革工作,在保持原来文字改革工作的基础上,针对新时期语言文字的信息处理、社会资讯服务、规范标准制定等方面开展规范化工作。这一时期广播电视有声语言传播规制主要包括两个方面:一个是广播电视有声语言传播所使用的语言规范,一个是广播电视有声语言传播主体的规范。

（1）广播电视有声语言传播的语言规范

广播电视有声语言传播的语言规范方面的规制制定主要表现为对普通话的要求上。1982年出台的《中华人民共和国宪法》强调了"国家推广全国通用的普通话。"国务院在《关于推广普通话的指示》中明确提出普通话推广使用的人群范围包括广播电台、播音人员、杂志社和出版社的编辑等。1986年1月，第一次全国语言文字工作会议确定了新时期语言文字工作的方针，并明确了新时期语言文字工作的主要任务，即做好现代汉语的规范化工作，大力推广和积极普及普通话，在县级以上广播台、站、电视等机构中使用普通话作为宣传语言。1987年4月国家语言文字工作委员会和广播电影电视部联合颁发了《关于广播、电影、电视正确使用语言文字的若干规定》的通知，从政策层面强调了广播电视用语的示范作用。1994年国家语委、国家教委、广播电影电视部联合推出了《关于开展普通话水平测试工作的决定》，并在全国范围内开展普通话水平测试，这一制度的实施，在很大程度上保证了广播电视有声语言传播规范性的落实。1997年12月，第二次全国语言文字工作会议召开，大会报告指出跨世纪语言文字工作的指导思想是："高举邓小平理论伟大旗帜，贯彻党的十五大精神，继续贯彻国家新时期语言文字工作方针，解放思想，实事求是，尊重规律，重在建设，积极、稳妥、逐步地推进工作，使语言文字工作更好地为把社会主义现代化建设事业全面推向21世纪服务。"会议并提出在2010年以前制定并完善与《中华人民共和国语言文字法》相配套的法律法规、2050年在全国范围内普及普通话的奋斗目标。1999年2月，教育部、国家语委发出《关于进一步发挥城市的中心作用，全面推进语言文字工作的意见》，《意见》涉及全面推进语言文字工作、明确城市语言文字工作的目标和要求、实施城市语言文字工作综合评估等内容。2000年2月，教育部、国家语委印发《一类城市语言文字工作评估标准（试行）》，其中要求党政机关、广播电视、学校、公共服务业等四个领域要健全推广普通话工作的评估要素。2000年颁布，2001年1月1日起正式施行的由第九届全国人民代表大会常务委员会第十八次会议通过的《中华人民共和国国家通用语言文字法》再一次明确了普通话作为国家通用语言在广播电台及电视台的功能定位和使用要求。

（2）广播电视有声语言传播主体的规范

广播电视有声语言传播主体的规制制定主要体现在播音员、主持人的资格问题上。2001年12月国家广播电影电视总局令第10号发布了《播音员主持人持证上岗规定》，《规定》中的四章分别从播音员主持人持证上岗的总则、播音员主持人资格的取得、播音员主持人资格的管理和少数民族及外籍主持人持证上岗四个方面规定了播音员主持人的岗位管理问题。2004年6月国家广播电影电视总局令第26号发布了《广播电视编辑记者、播音员主持人资格管理暂行规定》，再一次细化明确了播音员主持人的义务和权利。同年11月，国家广播电影电视总局又发布了《中国广播电视播音员主持人职业道德准则》，《准则》倡导播音员主持人群体要继续做好党、政府和人民的喉舌，并发扬良好的职业精神和职业道德，以规范广播电视播音员主持人的职业行为。2005年8月国家广播电影电视总局发布了《广播电视编辑记者、播音员主持人资格考试办法（试行）》，《办法》细致明确地说明了广播电视编辑记者、播音员主持人资格考试的组织机构、报名考试、考务纪律等。同年9月，中国广播电视协会制定了《中国广播电视播音员主持人自律公约》，明确了广播电视播音员主持人群体在传播先进文化、弘扬民族精神、维护国家利益、促进社会进步等方面的责任。2022年1月25日国家广播电视总局办公厅印发了《关于进一步规范播音员主持人职业行为和社会活动的管理意见》通知，《意见》在政治素养、职业道德、信息发布、上岗规定、管理责任等方面规定了播音员主持人群体的责任范围。

（三）我国广播电视有声语言传播规制制定的主体

1. 主体的属性："党管媒体"的基本定位

我国广播电视有声语言传播规制制定的主体，一般可以从宏观和微观两个角度划分：宏观层面指的是国家政府或者政府所授权的机构，如涉及广播电视媒体语言传播规制制定的主要部门、主管单位等。微观层面指的是从事广播电视有声语言传播研究的专家学者及语言学家、社会学家等。但是鉴于最为典型和最具普遍意义的领导体制对广播电视有声语言传播规制主体的强调，宏观的国家政府及政府所授权的机构是讨论广播电视有声语言传播规制制定的主要对象，另外，还必须要充分考虑党在广播电视有声语言传播格局中的特殊地位和重要影响。

在我国媒体制度变迁的历史过程中，作为政治集中体现的政府是所有行为主体中最为重要的行动集团。[①] 在我国，媒体的合法性是其生存的前提和条件。广播电视等传统媒体归属于党和国家经营所有，即使是新兴的商业媒体也要受

---

① 潘祥辉.政府理性、政治权力聚散与中国媒介制度的变迁[J].浙江传媒学院学报，2010(4)：45-51.

到执照和法规的制约，并接受相关部门的管理。

从政治规制角度来说，首先要明确的是媒体的所有制属性。世界范围的媒体所有制主要分为三类：民营、公营和国营，分别代表着私人利益、公共利益和政府利益。我国的广播电视媒介属于国有性质，是政府机构的延伸，并作为事业单位接受国家财政拨款和政府补贴，因此承担着维护社会公共责任、"党和人民的喉舌"以及"人民的公器"的重要角色。1978年改革开放，以《人民日报》为首的首都八家媒体向财政部提出申请，要求在保持事业化管理的前提条件下，允许媒体进行企业化经营。由于"文化大革命"后国家财政困难，百废待兴，为了摆脱经济负担，这一要求很快得到批准。由此形成了中国媒体企业化经营、事业化管理的双轨制。[①]自此，我国由原先的计划经济模式逐渐转向社会主义市场经济模式，经济领域的快速发展带动了我国政府治理体系的变革，主要体现在两个方面：一方面是改变了以往高度集中的政府管理体制，变为分散的、宽松的政府管理系统；另一方面是原先由同一机构承担多项职能转变为不同机构承担不同的职能。

面对时代惯性所带来的政府治理体系的变革，我国的广播电视事业成为市场化的探路者，在政治制度框架下拥有了企业的性质，具备市场经济主体的基本属性和特征，并在市场化运作中参与市场竞争。虽然，我国广播电视媒介走上了"事业性质、企业化管理"的运行轨道，但是"党管媒体"的基本性质定位以及政府高度集中的宣传体制始终没有改变。因此，不管是改革开放之前广播电视媒介单一的媒介属性，还是改革开放之后双重性质的媒介属性，党和政府对广播电视媒介所实行的高度集权化的管理始终没有改变。因此，在对传媒运行的指导和管理方面，"党管媒体"的基本功能定位凸显了广播电视"党和人民的喉舌"基础功能。

2. 主体制定规制的特点：硬性的专业技术标准和强制性的法律规定

我国广播电视有声语言传播规制规定的主体是国家政府或者政府所授权的机构，其所制定的规制主要是对党领导下的广播电视机构中从事语言传播活动的客体在职能定位、有声语言使用规则以及有声语言使用标准等方面的设计与规范的内容。我国广播电视有声语言传播规制规定的主体主要有两大特点：技术资格层面的硬性施行和法律层面的强制规定。

---

① 李良荣.论中国新闻媒体的双轨制——再论中国新闻媒体的双重性[J].现代传播，2003（4）：1-4.

（1）技术资格层面的硬性施行

我国广播电视有声语言传播规制在技术资格层面的要求具有硬性的执行效力，主要集中在对广播电视有声语言传播主体的技术标准要求和选拔要求两个方面。从陕北延安时期到新中国成立初期，强制性的标准施划多是以细则、原则、办法、经验、指示、意见的方式呈现出来。如1946年由时任新华社口语广播部主任温济泽主持制定的《新华总社语言广播部暂行工作细则》就对广播有声语言传播的政治定位和规范性作出了明确规定，其中要求广播机关的主要任务是宣传党的政策主张，报道国内外时局的动向。对广播有声语言传播方面则强调用普通话作为口语形式，句子要短，播读力求通俗易懂，同时还要注意音韵优美和响亮，最重要的是要把握好新闻播音的总的语言基调。1947年邯郸新华广播电台细化了广播有声语言传播的规范要求，在其刊布的《邯郸台口播编辑技术初步经验》和《邯郸台播音技术的点滴经验》中就从听众角度对广播有声语言传播在"口语化"和"简练性"两个方面提出了规格、标准、技巧和文法的细致要求。1948年10月，由陕北台播音组制定的《陕北台播音组关于训练和培养播音员的意见》，《意见》中明确了播音员应具备的基础条件以及关于培养播音员的步骤等。1949年8月由北平新华广播电台刊布的《北平新华广播电台训练播音员的方法》更是在之前《意见》的基础上细化了播音员的选拔标准及技术要求。除此之外，还有《从文播稿改写成口播稿的几个原则》（未完成稿）、《口播清样送审办法》《编稿发稿工作细则》《新华总社关于在使用统计数字时要学习列宁的精细作风的指示》《新华总社经中央批准关于用语的指示》等都对广播有声语言传播的技术作出了明确要求。

（2）法律层面的强制规定

我国广播电视有声语言传播相关的规制一般是以法律的形式确立，具有国家强制力的保证实施。新中国成立后，随着国家各项事业逐渐步入正轨，广播电视有声语言传播方面的规制也变得更加成熟和完善，其中立法是广播电视有声语言传播规制施行的重要手段，以法律法规形式确立下来的广播电视有声语言传播规制标志着我国广播电视有声语言传播规制步入了正规化、法制化的轨道。主要包括新中国成立后陆续制定和颁布的法规文件，如全国人民代表大会制定的《中华人民共和国宪法》（1982年、1988年、1993年、1999年、2004年）中与语言文字相关的法律法规，1958年2月全国人民代表大会批准通过的《汉语拼音方案》，1956年国务院出台的《关于推广普通话的指示》，2000年10月全国人民代表大会教科文卫委员会制定的《中华人民共和国国家通用语言文字法》、2001年12月国家广播电影电视总局颁布的《播音员主持人持证上岗规定》，以及之后陆续出台的《中国广播电视播音员主持人职业道德准则》《广播电视编辑记者、播音员主持人资格考试办法（试行）》等法律规章，这些法律条例、规章意见作为广播电视有声语言传播规制构成的基本框架，从国家法律层面对从事广播电视有声语言传播活动主体进行了强制性的约束与规范，成为广播电视有声语言传播主体基本的行为依据和工作准则。

总体来说，硬性的专业技术标准和强制性的法律规定是我国在技术和法律两个层面上对广播电视有声语言传播作出的一种实践和探索，在长期的发展过程中，形成了以国家法律标准为主体，行业标准为衔接配套补充的广播电视有声语言传播的规制标准体系。强制的法律规定和硬性的专业技术标准是包含与被包含的关系，强制性的法律规定是从普适性的层面对广播电视有声语言传播活动进行要求和规范，而硬性的专业技术标准则是对强制性的法律规定的进一步细化，更加精准地定位了广播电视有声语言传播主体及其活动的具体准则。

（四）我国广播电视有声语言传播规制规定的客体

我国广播电视有声语言传播规制规定的客体包括了广播电视有声语言传播范式中的共同体成员，共同体领域中存在着一个制度性的控制体系。在这种制约规范的控制体系当中，共同体成员的义务和权利往往体现在制度性规范的应用问题上，制度性规范构成了一组作为附带条件的关系规则。"在社会情形中，制度性规范的架构里面的具体关系，都特别是针对具体行动或具体行动复合体而言，它们在这个意义上要看作是直接行动的各种成分的结果。在某种意义上，这种关系是机械的，而共同体的关系在与之相应的意义上是有机的。"[①] 因此，在制度性的控制体系当中自然存在着相辅相成、彼此映衬的控制关系，这些控制关系主要体现在以下几个方面：

1. 正向规范与反向规范

我国广播电视有声语言传播规制规定的对象主要是针对从事语言传播活动的行为主体，主体的专业素养及行为资格是规制制定的依据。所以，规制规定的客体主要集中在广播电视有声语言传播活动中最具显性的传播符号上。简而言之，广播电视有声语言传播规制的正向规范指的是有声语言传播主体可以做、应该做和必须做到的准则和规范。广播电视有声语言传播的反向规范指的

---

① ［美］塔尔科特·帕森斯.社会行动的结构［M］.张明德，夏遇南，彭刚，译.北京：译林出版社，2012（7）：775-778.

是有声语言传播主体不能做、不应该做的各项行为规范。

从上述对我国广播电视有声语言传播规制的发展历程中可以看到，广播电视有声语言传播规制的正向规范一般包括三个层面，一个是政治层面，即广播电视有声语言传播主体要有一定的政治素养和政治觉悟，自觉地维护党中央的领导地位，宣传党的主张、政策和决策部署，同时要遵守国家制定的宪法、法律，以及广播电视相关法规、规章等。第二个是技术层面，即广播电视有声语言传播主体要有相应的文化教育程度和学历，要使用纯正的普通话作为传播用语，嗓音良好并且具有较好的语言表达能力、良好的公众形象和声屏形象等。第三个是道德层面，即广播电视有声语言传播主体要做好党、政府和人民的喉舌，并发扬良好的职业精神和职业道德，无论是台前还是幕后都要严格规范自己的行为，维护自己的社会形象。与正向规范相对应的就是反向规范，即与以上三个层面相异的行为活动及现象都属于反向规范的范畴。我国新闻出版总局作为负责广播电视机构的归口单位，到目前为止已经对广播电视有声语言传播主体的行为规范作出了具体翔实的规范要求，并且已经形成了常规化、制度化的规范格局。从中央到地方的各级广播电视媒体都必须严格执行落实，这种"制度化"的管理体制既保证了常规建制的有效运行，同时又确保了广播电视有声语言传播从业者有章可循。

2. 一般规范与特殊规范

一般规范是专门化规范的一种，适用于普遍意义上以法律和规章制度等固定形式出现的规范要求，反映在我国广播电视领域如政治性强的联播类的新闻节目，其语言传播主要准则是发挥时政新闻在宣传党的方针政策和舆论导向方面的价值作用，因而联播类的节目中的语言传播必须使用纯正规范的国家通用语普通话。

特殊规范是国家根据民族分布、地理位置、经济发展、社会需求等众多元素作出的不同于一般性规范的区别调整。在少数民族地区少数民族的语言出现在广播电视节目之中就是特殊规范的典型。我国是一个多语种多方言的国家，国家对少数民族和方言的保护十分重视。新中国成立伊始，我国便开始着手进行少数民族语言播音的建设工作。诸如在1950年3月，国家新闻总署召开的全国新闻会议就决定在中央人民广播电台增设蒙古语、藏语、朝鲜语广播；1953年6月，新疆人民广播电台维吾尔语开始播音；1954年5月，内蒙古广播电台增设蒙古语播音；1955年6月，西藏人民广播电台增设藏语广播。以上少数民族地区的播音工作体现了国家对少数民族语言广播关注程度的重视。

3. 行业规范与社会规范

广播电视有声语言传播的行业规范指的是从事广播电视有声语言传播活动的主体必须具备相应的技术资格、素养能力，是一种"硬规范"。广播电视有声语言传播的社会规范指的是社会对广播电视有声语言传播主体约定俗成的角色定位、道德约束、信念信仰和风俗习惯等，是一种"软规范"。

广播电视有声语言传播的行业规范是行业内部对广播电视有声语言传播主体义务和权利的一种明确，也是对国家政策法规的有效补充。作为国务院直属的国家广播电视总局主要负责国家新闻、出版、广播、电视和电影领域的管理工作，其在2004年出台了《中国广播电视播音员主持人职业道德准则》，《准则》从责任、品格、形象、语言、廉洁等方面对广播电视有声语言传播主体作出了明确要求。中国广播电视协会作为行业协会组织在行业自律条例的制定及广播电视有声语言传播主体的行为规范等方面发挥了重要的约束指导作用。在2005年9月协会发布了《中国广播电视播音员主持人自律公约》，提出了对我国广播电视有声语言传播从业人员用语的具体要求，除此之外还包括广播电视有声语言传播从业人员的使命和社会责任，也包括广播电视有声语言传播从业人员的行为准则。《公约》从广播电视有声语言传播主体的产生机制、警告机制等方面进行了讨论，体现了行业自律的"自我约束"。

广播电视有声语言传播的社会规范则体现了更大范围的社会公众对广播电视有声语言传播主体的监督和约束效力，随着社会化媒介的普及和应用，社会公众对广播电视有声语言传播主体行为作风的审视和逼视也愈加显著。新型数字化媒介将原先传统广播电视媒介所塑造的权威逐渐瓦解，将之前很多后台性的隐藏信息暴露于前台，祛魅了传统广播电视媒介的神秘感。作为社会公众人物的播音员、主持人的个人隐私逐渐被让渡，其一言一行、一举一动都在公众全景敞式监视之中，如2015年，央视前主持人毕福剑不当言论视频事件就是通过社交媒体广泛传播，最终受到严肃处理，最终不得不离开央视。所以在社会公众的全天候、全方位的监督之下，广播电视有声语言传播主体更要谨言慎行、严于律己，维护好自己的形象，履行好自己的职责。

综上所述，建立广播电视有声语言传播主体约束机制，对于广播电视有声语言传播范式在一定时期内的形成和稳定有着重要意义。而对于广播电视有声语言传播规制的制定与执行，一方面要完善国家广电总局管理的法制化及注重长效化机制，防止"运动式"的建章立制和"大批判式"的完全禁止，要改变单纯运用培训研讨、行业自律或行政命令干预广播电视从业人员的方式，尊重广播电视有声语言传播规律和网络媒体及社会化媒体语言传播规律；另一方面，还要鼓励广播电视有声语言传播从业人员内部的自律行为，以及尽快建立对广播电视有声语言传播主体的奖惩机制。

第三节　政治规制对中国广播电视有声语言传播范式演进的影响分析

语言在本质上是一种"社会产物"，是为了满足社会成员交际的实际需要而不断发展改变的。除此之外，语言有着自身独特的规律性，并且具有历史意义的特殊性。在一定的社会条件下，关注国家政治和社会条件给语言传播带来的机制影响，是研究语言传播与社会变化相关的话语变化的重要组成部分。在具体的国家社会语境中，语言是其使用者所依赖的共同体系和规约，对语言的干预和规划成为国家政治的一个重要面向，属于政治行为的范畴。可以说，在国家层面上对语言的干预和规划是"社会集团"为了使个人有可能行使言语机能"所采用的一整套必不可少的规约。"① 这种以国家政治站位对语言传播进行的制度约束具有强烈的目的性、连续性、长期性、复杂性和系统性特征，在制度的规范和制约下，借助集体所创造和提供的语言工具，语言系统的各项机能得到有效的发挥。另外，这套在社会发展过程中长期形成建立起来的涉及语言机能的规约制度有着现实的价值和意义，它有利于减少社会风险，同时增加社会信任。

一、影响之一：基础性学科基质的确立

我国广播电视有声语言传播范式中学科基质的形成和增补始终是在政治因素的主导下完成蜕变和更替的。其中，最重要的学科基质——规范性，是整个广播电视有声语言传播范式体系中最基础、最坚实的一个要素。故规范性是我国广播电视有声语言传播范式学科基质的扎根之土。"人们必须遵守社会的共

---

① ［瑞士］费尔南迪·德·索绪尔.普通语言学教程［M］.高明凯，译.北京：商务印书馆，1980：30.

同规约——语言规范,只有这样,言语活动、思想交流才得以进行。"[1] "语言规范化"是指语言文字完全符合适应时代发展的规划标准的内容要求,是把那些符合语言发展规律的新成分、新用法确定下来并加以推广,对那些不符合语言发展规律的新成分、且又难以被社会公众接受的成分和用法,根据规范化的要求加以剔除,从而为共同语确定语音、语汇、语法方面的标准,并用这些标准去引导人们的语言使用,以使语言文字真正切实有效地为人民服务,为社会服务。[2]

语言的规范不是静止不变的,而是随着社会经济的发展不断变化着的。"语言规范工作既是对语言使用的一种制约,也是对语言发展过程、丰富过程的指导和干预。"[3] "规范——发展——再规范——再发展,是文明社会语言和文字演进和改革的原则和规律。"[4] 语言的规范对一个国家有着重要的意义,曾任全国人民代表大会常务委员会副委员长的许嘉璐就曾指出:"语言的规范和统一关系到一个国家的统一和稳定。"[5] 长期以来,我国广播电视媒体拥有范围最广、数量最多、层次最为丰富的受众群体,他们一直把广播电视中的有声语言作为标准和标识。不论我国广播电视有声语言传播范式如何演进,规范化和标准化始终是其范式中的核心要素。规范化和标准化简而言之就是广播电视有声语言传播主体在进行传播时,要使用规范的读音及词汇语法。规范和行动之间在逻辑上存在三种可能的关系。第一种是规范本身的存在,第二种是规范作为一种标志,单纯地表现着支配行动的实际力量,第三种是规范作为构成具体行动中的一个结构性成分,在达到规范的过程中有一些必须加以克服的障碍和阻力。[6] 规范化和标准化在具体的广播电视有声语言传播活动中有着实际的指导意义和强制力量,我国广播电视有声语言传播实践是建立在国家民族共同体意义之上的,因为"意义的交换有一个前提,即交换的双方必须要有共通的意义空间",[7] 而意义空间的建构正是建立在规范和标准的基础上的。虽然我国少数民族众多,其语言种类和语言习惯千差万别,但是在更大范围和国家文化战略角度上讲,"书同文、语同音"是国家的一种政治选择,也是凝聚民族向心

---

[1] 吴为章.新编普通语言学教程[M].北京:北京广播学院出版社,1999:17.
[2] 郭龙生.中国当代语言规划的理论与实践[M].广州:广东教育出版社,2008(9):13-14.
[3] 许嘉璐著.未成集——论新时期语言文字工作[M].北京:语文出版社,2000(3):1.
[4] 许嘉璐著.未成集——论新时期语言文字工作[M].北京:语文出版社,2000(3):268.
[5] 许嘉璐著.未成集——论新时期语言文字工作[M].北京:语文出版社,2000(3):313.
[6] [美]塔尔科特·帕森斯.社会行动的结构[M].张明德,夏遇南,彭刚,译.北京:译林出版社,2012(7):280-281.
[7] 郭庆光.传播学教程[M].北京:中国人民大学出版社,1999:53.

力的必然要求。因此，政治规制对我国广播电视有声语言传播范式演进的重要影响之一就体现在规范化和标准化上。

二、影响之二：时代性学科基质的衍生

政治体制决定传媒体制，对广播电视有声语言传播的规范体现了国家作为具有强力牵制性的媒介所有者的权力属性。以政治导向为根本遵循的语言传播规制是确定我国广播电视有声语言传播范式演进的基本坐标。而在以规范性为基础性学科基质之上衍生出来的时代性学科基质同样受到国家政治发展的制约和影响。

在国家政治框架中衍生出的时代性学科基质是我国广播电视有声语言传播范式体系分化和整合的结果。具体而言就是在我国广播电视有声语言传播范式形成的初期，整个范式系统会选择一种具有稳定结构和特征的学科基质，这种学科基质的选择不是随意确定的，而是既包含着未来即将发生分化和变形的各种要素，又包含着等待持续变化的结构形式和由有声语言传播实践活动所将引发的反常与危机。当反常和危机产生时，广播电视有声语言传播范式系统内部的各要素便开始活动并发生移位，为了应对这种危机以达到平衡，随之就会产生一种持续变迁和制度变革的倾向来应对危机。"这是持续发展的问题，即形成一种能够容纳持续变迁的问题与要求的制度结构。"[①] 而产生危机与化解危机的过程则需要制度结构中保有弹性的成分发挥作用，以保证整个范式体系的平衡。

我国广播电视有声语言传播范式中学科基质分化的过程越是复杂，越具有时代感强的现代性特征，如果要维护和保持阶段性范式的稳定，就必须有一套相应的规制与之相匹配。所以与我国广播电视有声语言传播范式相得益彰的规制本身就应该是一个持续变化、开放包容、不断进化的"弹性结构"，也正是因为规制的这种"弹性结构"，才能容纳和增补由时代变迁带来的范式要素变化和多样化的价值取向，由此获得创新的能力而得以不断向前发展。可以说，"实践探索——理论跟进——政策规范——实践再探索——理论再跟进——政策再规范"成为我国广播电视有声语言传播范式不断向前演进的基本逻辑。

综上所述，我国广播电视发展所依赖的第一环境就是国家的政治环境，国家赋予了广播电视重大的政治责任和巨大的能动空间。我国广播电视有声语言

---

① 艾森斯塔德.现代化：抗拒与变迁中[M].张旅平，译.北京：人民大学出版社，1988(4)：49.

传播范式演进的主导性动力来自"刚性"的政治规制的强制约束力量,党的新闻观、舆论观和媒体观从政治站位、思想观念、创作道路等方面为我国广播电视有声语言传播范式中学科基质的确立和厘定提供了政治软环境。在我国以中国共产党领导的多党协商执政的政治语境和制度环境中,同时,"党管媒体"是我国广播电视有声语言传播生存和发展的基础法则,也是助推我国广播电视有声语言传播范式演进的根本遵循。

然而,进入新世纪以来,在中国社会快速转型和互联网传播技术迅速崛起的背景下,走过了辉煌发展二十年的广播电视媒体悄然面临着互联网的传播挑战以及转型发展的困惑。我们在忧叹传统广播电视媒体的影响力日渐衰弱的同时,也要深刻理解媒体自身根本的发展规律。因为,关于影响我国广播电视有声语言传播的政策规制因素从另一个侧面反映出了一定的社会文化内容,也反映出这个社会和文化的需要,社会文化自然而然、不可避免地会打上制度的烙印。所以要剖析影响我国广播电视有声语言传播演进的诸多要素,不能单一的从政治规制角度进行分析,还需要从社会文化的变迁和媒介传播技术的更替两个方面进行多维度的综合解读。

第三章　社会文化对中国广播电视有声语言传播范式演进的深层性影响

从我国广播电视有声语言传播范式演进的历史脉络当中不难看出，语言使用中的变化是更加宽泛的社会变化和文化变化的一个重要组成部分。① 社会和文化的相互渗透以及嬗变成为影响我国广播电视有声语言传播范式演进的深层因素。在这种不易察觉但又至关重要的深层因素的作用影响下，我国广播电视有声语言传播范式便构成了具有中国特色信息传播行为的听觉感官系统和有声语言表达方式的总和。因此，对于我国广播电视有声语言传播范式的研究应该着眼于更为宏大和广阔的社会文化视角，正如斯图亚特·霍尔（Stuart Hall）所言："社会和文化中的'话语转向'，是近年来发生在我们社会知识中的最重要的方向转换之一……人们关心的不是'语言'运作方式的细节，而是话语在文化中的更广泛的作用。"②

综上所述，对于我国广播电视有声语言传播范式演进的考察分析，应该结合我国具体的社会语境和历史文化语境，以较为典型的有声语言传播的话语实践作为证据，站在更为宏观的社会文化角度去剖析我国广播电视有声语言传播范式演进的内在逻辑，从而揭示其范式在更迭、转换过程中所蕴含的价值意义和内生性动力。

第一节　中国广播电视有声语言传播范式演进的深层动因

一、社会的分化整合

我国广播电视有声语言传播范式的演进历程，是由传统范式积累分化，再由新的学科基质融入整合的过程。即前范式当中的各个要素是新范式进一步整合的重要前提条件，新范式所形成的学科基质是前范式积累分化的结果。要理解社会文化对我国广播电视有声语言传播范式演进的影响与作用，我们应该从社会结构的分化与整合上寻找动力和原因。

社会作为一个有机的整体，在这个整体内部时刻发生着群体的分化和斗

---

① ［英］费尔克拉夫.话语与社会变迁［M］.殷晓蓉，译.北京：华夏出版社，2003（7）：导言5.
② ［英］斯图亚特·霍尔.表征：文化表象与意指实践［M］.徐亮，陆兴华，译.北京：商务印书馆，2003：6.

争,然而,整体的一致性不可能一直保持,内部系统的稳定性很容易被分化的裂变力量所冲破,而这种裂变的力量往往就是变革与发展的萌芽。经济社会学家尼尔·斯梅尔瑟(Neil Smelser)对分化和整合作出了解释:"'分化'就是一个具有多种功能的角色结构转变为几个功能更专一的结构……并且能够充分有效地在新的历史条件下发挥功能。而'整合'就是把分化的结构在新的基础上合为一体。"① 分化和整合是事物向前发展的一种常规态势,同时也贯穿事物变化的始终。

按照尼尔·斯梅尔瑟对"分化"和"整合"的解释,我国广播电视有声语言传播范式的整体性特征在社会层面上出现了"分化"与"整合"的局面。社会"分化"过程的伊始会导致广播电视有声语言传播范式新要素的产生,而这些新要素与前范式中的学科基质会发生冲突和对抗。随着"分化"过程的日益加剧,我国广播电视有声语言传播范式结构中的学科基质会产生不均匀、不同步的情况。当然,社会不会一直无止境地分化下去,到了一定阶段就会产生"整合"的效力,"社会整合"是指植根本地的、具身化的、面对面的交流活动,即社会为了维持稳定和恒久而产生的一种凝聚性效应。② 而且社会分化和整合的过程并不总是规则的、同步的、及时的,"社会发展就是分化与整合之间'对位性相互作用的过程'"。③

作为社会中重要的信息传播组成载体,社会这种"分化"和"整合"的力量会作用于我国广播电视有声语言传播实践,以此来抚平、协调其学科基质中存在的矛盾和冲突。因此,我国广播电视有声语言传播范式就在这种社会分化力量和整合力量的博弈中向前演进。具体而言,我国广播电视有声语言传播从"一体化"范式向"人本化"范式的转换过程中,随着当代社会分化的扩大,国家的权力和重要性不断增长,"一体化"范式当中的权力控制和对个人的冷漠逐渐削弱。因此,其范式体系当中的学科基质因社会的分化而裂变为功能更为专一、适应性更为广泛、对象性更为多元的组成要素,从而在新的社会历史条件下凸显出时代特征、满足传受需求。当"人本化"范式向"智能化"+"社交化"范式演进时,又有新的广播电视有声语言传播范式学科基质诞生,这些新的学科基质与前范式当中的学科基质会发生冲突和对抗,随着冲突和对抗的加剧,"整合"的力量便开始将前范式中的学科基质与新萌生的学科基质相互

---

① [美]尼尔·斯梅尔瑟.经济社会学[M].方明,折晓叶,译.北京:华夏出版社,1989:169-176.
② Giddens A. The Constitution of Society[M]. Berkeley:University of California Press,1984:377.
③ [美]尼尔·斯梅尔瑟.经济社会学[M].方明,折晓叶,译.北京:华夏出版社,1989:176.

融合，在协调矛盾和冲突后达到平衡，完成新范式的转换。总体而言，我国广播电视有声语言传播范式正是在这种社会的"分化"与"整合"之中发生了范式的转移，也正因为有了范式的转移才为整个有声语言传播的结构和要素提供不断向前发展的动力。

二、范式的"适应性调整"

对我国广播电视有声语言传播范式演进的研究，必须将社会进化的时代势能和广播电视有声语言传播系统内部的要素综合起来探讨。首先，需要明确的是我国广播电视有声语言传播是一个开放的、动态的、全息的、复杂的弹性系统。这种多质性的系统要达到平衡与发展需要依靠多种力量的角力，面对我国社会结构的分化与整合，我国广播电视有声语言传播范式作出了"适应性调整"。

依据结构功能论的理论解释，对社会进化与建构的讨论可以追溯到18世纪末期，英国法学家亨利·萨姆纳·梅恩（Maine, Henry James Sumner）在《古代法》一书中根据社会类型的不同将社会分为以等级身份为特征的"传统社会"和以契约为特征的"现代社会"，"传统社会的人从来不被看做是'他自己'，不被看做是一个特殊的个人。而在现代社会里，人是被作为独立的'个人'来对待的。"[1]之后，埃米尔·迪尔凯姆（Émile Durkheim）在《社会分工论》中用"机械的团结"和"有机的团结"两个概念来区分不同的社会类型，所谓的"机械的团结"指的是将个人与整个社会和谐地联系在一起，个人有着强烈的集体意识和共同信仰，可以理解为"社会成员平均具有的信仰和感情的总和，构成了他们自身明确的生活体系。"[2]但同时，它又是"建立在个人相似性的基础之上的，并且集体人格完全吸纳了个人人格。"[3]而随着社会分工的不断分化与细化，"传统社会"的"机械结构"开始松动和瓦解，人们之间的关系因为分工的细化而日益增强，逐渐形成了"现代社会"的雏形，"现代社会"的一个标志性特征便是"有机的团结"。所谓"有机的团结"指的是个人与社会的相似性及同质性开始减弱，区别性显著提升并且建立在职能分化的基础之上。"这些社会并不是有某些同质的和相似的要素复合而成的，它们是各种不同机构组成的系统，其中，每个机构都有自己的特殊职能，而且它们本

---

[1] Maine H S. Ancient Law [M]. Boston: Beacon Press, 1963: 69.
[2] [法]埃米尔·迪尔凯姆. 社会分工论 [M]. 渠东，译. 北京: 三联书店，2000: 42.
[3] [法]埃米尔·迪尔凯姆. 社会分工论 [M]. 渠东，译. 北京: 三联书店，2000: 91.

身也都是由各种不同的部分构成。"① 在"有机团结"的社会中"每个人都拥有自己的行动范围，都能够自臻其境，都有自己的人格。"②

在我国社会分化和整合的过程中，随着社会结构"整合"的解体和社会职能"分化"的加剧，逐渐映现出我国广播电视有声语言传播范式中两个突出的学科基质的发展趋势。趋势之一是"个人"意识的苏醒与"个性化"的出现。我国传统社会的集体主义对人的约束力普遍较为强烈，因此，"个人"意识与"个性化"传播的拓展和活动空间就被挤压得较为狭窄，故而，模式性的范例成为当时主导人们行动和思维的主要参照。但是由于现代化进程带来的观念上的改变，人们开始摆脱对于集体主义的控制制约，从而为广播电视有声语言传播范式的"个人"意识的发展和"个性化"传播的生长提供了优渥的土壤。趋势之二是社会（国家）的同质性的增加及标准化的统一。在我国传统社会里，广播电视有声语言传播社会群体的结构大致相似，而对其标准的规划却表现出很大的差异。一方面，我国现代社会的成熟发展是从传统社会中脱胎而来，因此，原先"分社会"（区域）之间的弥合便导致了差异性的消失和同质化的趋同。另一方面，在我国各个地区、省际和民族聚居地之间各有差别，语言传播还没有成为一个有机体，共同语的标准纽带十分脆弱，为了促进民族团结与国家统一，传统的广播电视体系需要建立一个确定的契约关系和规则体系，于是"一体化"的广播电视有声语言传播范式便应运而生。也就是说，在"一体化"的广播电视有声语言传播范式指导下，个人行动的终极目的是实现价值和观念的统合，以形成一个单一的共同体结构体系，这种体系是把整个民族和国家的意志作为统一性的最高成分而言的。

我国广播电视事业作为社会的一个"子系统"，自然成为整个社会分化和整合的有机组成部分。其中，有声语言传播作为广播电视系统内部更小的"子系统"也随着上一级系统的变化而发生变化，表现为：广播电视有声语言传播随着广播电视事业的发展进程的不断深入而愈加专业化，其专业化程度反过来又进一步促使有声语言传播要素内部的分工细化。诸如有声语言传播主体的社会角色的变化、有声语言传播本体审美的变化、有声语言传播形式样态的变化、有声语言传播理念观念的变化等等，这是其系统内部基本的分化。而这种有声语言传播要素内部的细化和分化来源于社会信息传播活动中所产生的各种动态关系，例如节目样态、节目内容、受众成分、反馈诉求、传播媒介，甚至

---

① ［法］埃米尔·迪尔凯姆. 社会分工论［M］. 渠东，译. 北京：三联书店，2000：142.
② ［法］埃米尔·迪尔凯姆. 社会分工论［M］. 渠东，译. 北京：三联书店，2000：91.

是传播主体的性别比例等。所以，即使是同种类型的节目，由于以上因素的配比不同，也会对有声语言传播系统内部的构成要素产生影响。

所以，广播电视有声语言传播要素分化和细化的层次越多、在有声语言传播范式里增加新要素和新功能的可能性越多，就越是能够应对社会对信息获取和传播要求的复杂情况。这种现代广播电视有声语言传播体系高度的复杂性和高度的有机联系也说明了其应对社会变化和传播媒介变化的生命力与适应力。

第二节　社会变迁视域下中国广播电视有声语言传播范式图景

一、社会变迁与社会继替

（一）宏观的社会变迁引起我国广播电视有声语言传播范式学科基质的增补

社会变迁是一个国家的社会结构本身的变动，这种变动是一个逐步的、缓慢的过程，而且发生变动的是整个结构中的某一个部分，包括宏观上社会纵向的前进和后退以及群体性社会横向的分化和整合。"社会变迁通常是发生在旧有的社会结构不能应对新的环境的时候。新的环境发生了，人们最初遭遇到的是旧方法不能获得有效的结果，生活上发生了困难。另一方面，新的方法却又不是现存的，必须有人发明，或者有人向别种文化去学习、输入，还得经过试验，才能被人接受，完成社会变迁的过程。"[①] 费孝通在《乡土中国》中所描述的社会变迁从一个全新的角度阐释了社会结构的变动原理，即社会结构的变动需要在多种因素下产生，促使它变动的原因是它已经不能满足新环境下的人们的需要。同样，社会变迁的原理也可以用来解释我国广播电视有声语言传播范式演进的内在逻辑。

我国广播电视有声语言传播范式的演进是一个缓慢修缮的过程，在前范式

---

① 费孝通.乡土中国［M］.北京：译林出版社，2020（6）：91.

向新范式演进的过程中，范式当中某些学科基质无法应对新的传播生态和传受需要，就会引起前范式要素上的松动和异化，由此新的学科基质就会应运而生。当然前范式中的学科基质有其固有的怠惰性和依赖性，并且新范式中学科基质的诞生也不是现存的，所以在新旧范式交替的期间，不免会有一个争论、彷徨、挣扎的时期，而也正是因为这种无所适从的紧张，为新的有声语言传播范式埋下极速生长的种子。随着新观念和新要素以不可阻挡的态势冲入前范式的体系中，在经历不断摸索、屡次尝试、不断验证后，新的学科基质就会获得认可和接纳，从而加入整个范式体系当中，最终完成整体性范式的向前演进。

回顾我国广播电视有声语言传播范式的演进历程，可以发现，在其诞生之初，有声语言传播本体系统中各要素的框定、有声语言传播表达技巧的探索和实践以及对新闻传播规律的遵循和恪守这三个重要的学科基质成为我国广播电视有声语言传播范式发轫的基石，为接下来"一体化"范式的形成做好了关键要素上的准备。在"一体化"范式形成和确立的过程中，由于"文化大革命"所引发的社会冲突和权力异化，使得"一体化"范式系统遭遇瓦解和失范的危机。得益于拨乱反正的政治纠偏和对脱离实际、脱离真实的深刻反思，我国广播电视有声语言传播"一体化"范式中的学科基质得到了实践和时间的考验，最终得以复归。之后，在我国广播电视有声语言传播内容和形式、广播电视有声语言传播理念以及广播电视有声语言传播主体三方面变动更替的作用下，前"一体化"范式逐渐向着"人本化"范式转移。"人本化"范式的显现是由前范式体系内部诸要素面对新的传播生态和新的传播理念而不断协商、改造、完备、修缮的结果，它满足了当时社会大众对于信息生产过程中语言传播形式和内容的新诉求，这种新的广播电视有声语言传播范式蕴含着强大的生命力和迁徙力，不断升维着前范式系统中的诸要素。而随着中国特色社会主义进入新时代，我国社会的主要矛盾发生转移和改变，在新的指导思想、新的发展理念和新的社会结构的作用影响下，我国广播电视有声语言传播范式又出现了新的学科基质，在人工智能技术和社会化媒介的联合介入下，"人媒"和"物媒"彼此渗透、交互协同，"智能化"与"社交化"的学科基质要素和概念语汇由此走上了有声语言信息传播的舞台。

（二）微观的社会继替对我国广播电视有声语言传播范式共同体的作用

社会继替是人们在一个国家社会结构中的流动，是社会运转和社会成员新陈代谢的过程，是微观的、个体化的一种社会变迁形式。范式是一个学科共同体成员所遵从的规则和习得技巧的重要准则，共同体结构是一个学科范式的重要组成部分。如果说宏观的社会变迁是我国广播电视有声语言传播范式演进的动因，那么微观的社会继替就解释了我国广播电视有声语言传播范式演进过程中共同体结构的调整。

社会继替对我国广播电视有声语言传播范式演进过程中共同体结构的作用主要表现在共同体成员的前后相继上。我国广播电视有声语言传播范式共同体成员的前后相继性一方面表现为新范式必须保留前范式共同体成员所坚持和认可的学科基质，即一个时期内范式的定型，是由这个学科共同体结构内部所持有共同经验的成员相互弥合的结果，正是因为这种弥合，才能够确保这个共同体的大多数成员能够遵从一套建立在共识基础上的范式体系。另一方面，新旧范式在转换时，通常会产生危机，因此才会促使新学科基质的萌生，并且新的学科基质必须为这个学科共同体的大部分成员认可、理解并最终实现思想上的认同，这个过程是对前范式当中的学科基质产生质疑、解构、修正、批判甚至颠覆并逐渐形成自身价值典范的科学革命。

我国广播电视有声语言传播范式在形成之初，即革命战争时期，在争取民族独立、人民解放的时代背景中，自然而然地衍生出了价值理想信念一致的广播有声语言传播范式共同体，他们在确立广播有声语言传播共同体的群体性身份的同时，衍生出以延安精神为表征的共同体意涵，继而为我国广播电视有声语言传播范式的酝酿和萌生准备了条件。新中国成立后，我国广播电视事业进入全面发展阶段，在"一体化"的广播电视有声语言传播范式统合下，其共同体结构在承续前范式共同体成员属性的基础上，在层次、体系和培养上较前一时期变得更加丰富，更为多元，更具科学性。在"一体化"的广播电视有声语言传播范式向"人本化"的广播电视有声语言传播范式演进的过程中，新的学科基质萌生显现，在"新风格"、"服务性"、"个性化"和"人文性"等多元价值取向的作用下，我国广播电视有声语言传播范式的共同体因学科基质的改变而凸显出新的结构特征。"人本化"范式指导下的共同体成员扬弃和保留了前范式当中的学科基质，创新发展出更加符合时代、符合社会对语言传播要求的结构要素。进入新时代以来，"新媒体"、"社交媒体"和"智能媒体"迅速崛起，"人媒"和"物媒"相互交织，"虚"与"实"的广播电视有声语言传播主体协同相生，于是全新的有声语言传播思维和传播逻辑开始挑战旧的有声语言传播格局，前范式当中的许多学科基质渐渐不能满足当前范式对于新情况和新时代的传播诉求，一场新的广播电视有声语言传播的科学革命即将到来。

二、传统社会与现代社会

我国广播电视事业是在国家社会变迁的历史背景下发展的，其中经历了从社会主义建设初期向现代社会主义建设转变的过程，在新中国成立之前及之后的相当长的时间段里，我国一直处于以乡土社会为主要特征的社会主义建设初期，可以说乡村是整个中国社会建设的缩影。我国社会主义建设初期是相对稳定的社会，费孝通先生认为，中国社会的人际交往方式较西方人相比呈现出一种"差序格局"的特点，传统的中国社会是一个熟人社会，交往方式由己及人，层层外推。[①] 社会主义建设初期的中国社会因这种人际间的"差序格局"而表现出封闭、集体主义的倾向。而在我国社会主义建设初期向现代社会主义建设时期转型的过程中，现代化成为打破这种封闭和团体式格局的力量。

一般来说，以1978年党的十一届三中全会为界，将我国划分为社会主义建设初期和现代社会主义两个阶段。在中国社会主义建设初期阶段，我国坚持"无产阶级专政"和"党的一元化领导"，并且以阶级斗争为纲，强调"政治是统帅、是灵魂，是一切经济工作的生命线"。国家一直实施的是计划经济体制，国家综合实力有限。

现代社会则是以工业生产为经济主导成分的社会，是继传统社会（农业社会）和工业社会之后的社会发展阶段。现代社会从本质上讲是生产方式历史转换所造就的不同于以往人的生存状态的社会。[②] 学者们认为，现代社会一般具有以下一些特征：雇佣劳动、高科技、专业化分工、社会流动性强、社会民主化程度高、交通运输及通信网络发达、人的思想观念充分更新开放等等。自1978年以后，我国进入现代社会主义阶段，即"中国特色社会主义"建设阶段，自此开启了中国式现代化新征程。

美国社会学家塔尔科特·帕森斯（Talcott Parsons）将传统社会与现代社会进行了比较，他指出传统社会是未经分化的集体主义至上的社会系统，是一种"熔合社会"，而现代社会则是经过高度分化而又重新整合的个人主义取向的社会系统，是一种"衍射社会"。传统社会的选择取向是"无私"团体式的，强调等级和特权，现代社会则是个人利益至上的，强调效率权威和自由平等；在价值标准方面，传统社会是无特殊标准的，而现代社会是具有普遍性标准的。反观我国广播电视有声语言传播范式演进的价值取向，在传统社会即人

---

① 费孝通. 乡土中国[M]. 北京：三联书店，1985：21-27.
② 庄友刚. 在唯物史观中批判现代性意味着什么？[J]. 马克思主义与现实，2015（6）：15-21.

民解放、国家独立的革命战争阶段，我国广播电视有声语言传播范式的价值取向是为国家的集体主义奉献，采用的是一种无特殊标准或者可以理解为价值单一、目标纯粹的标准，即为国家政党服务、无私团体式的"一体化"范式。自改革开放特别是社会主义现代化进程加速后，我国广播电视语言传播范式内部要素开始趋向多元，在收视要求和经济驱动以及差异竞争和市场占有等方面的压力之下强调"个人或者集团利益取向"并采取普遍性的标准，目的是为了体现大众化的利益诉求，从而适应社会现代化的发展进程，从而显现出"人本化"的范式特征。因此，我国在从传统社会向现代社会转型的过程中，我国广播电视有声语言传播范式的价值取向是在不断演进更替的。

在历史的底片上，透显着现代的线条。新中国成立后，我国进入了较为漫长的社会转型期，城市化、工业化、现代化三种力量杂糅交织冲击了国人业已积存的生活惯习，从一定程度上打破了前一时期的社会文化格局，在社会转型期，人们的思想和认知都会受到社会骤变对以往惯例的严重甩掷。从新中国成立到改革开放之前，我国就已经意识到现代化建设对于国家发展的重要性，并且提出了建设社会主义现代化国家的目标任务和实现步骤。改革开放以后，党和国家将工作重心和探索方向转移到社会主义现代化建设上来，改革开放的解放思想、勇于创新、实事求是精神为我国的社会主义现代化建设提供了强大的动力。一个国家的现代化或者说一个社会的现代化程度其实最终取决于生活在这个国家和社会中的人的现代化程度，人的现代性是社会浸润的结果。大众传播媒介所传播信息和造成的一种环境，能够促进人们进一步现代化。[①]在社会的现代化转型过程中，我国广播电视有声语言传播主体的价值也随之发生改变。

（一）社会现代化转型下我国广播电视有声语言传播主体开放、独立的价值取向

我国广播电视事业的发展和我国现代化建设进程紧密相连，甚至可以说是我国现代化进程的推动者和见证者。我国广播电视有声语言传播主体作为广播电视系统中最为显性、最具影响力的一个组成部分，更是充分体现了人在社会现代化进程中主体性的价值变迁和能动作用。在改革开放之前，我国的广播电视有声语言传播强调计划经济下的意识形态宣传，这样的思想灌输强化了社会大众平均主义、依赖思想和大锅饭意识的风气，在一定程度上阻碍了人的现

[①] 尹保云.什么是现代化：概念与范式的探讨[M].北京：人民出版社，2001：120.

代化发展。1978年底，中共中央召开了具有伟大历史意义的十一届三中全会，自此，我国的广播电视系统发生了根本性的变化。我国的广播电视有声语言传播在一定程度上恢复了实事求是、一切从实际出发的思想路线和人民广播的光荣传统。广播电视作为新时期重要的大众传播媒介，其有声语言传播在塑造人民的现代人格方面起到了不可替代的作用，如"向学生灌输平等思想，以及灌输从父母权威中独立而忠于政府团体、团结、尊重科学等普遍的价值标准。"① 这种借助广播电视媒介进行的语言传播行为促进了人们的竞争意识、自主观念、普遍主义原则和法律意识。

传统社会和现代社会中生长的人往往会呈现出不同的特质倾向。D. 里斯曼（D. Riesman）在《孤独的人群》一书中，根据社会发展的不同阶段提出了"传统倾向"、"内部倾向"和"其他倾向"性格导向的三类人群。② 其中对"传统倾向"和"内部倾向"这两种特质人的划分对于区别传统社会和现代社会中语言传播主体的价值变迁更具解释力。依据里斯曼的研究结果，具有"传统倾向"的人依赖惯习惯例，并且容易墨守成规，对于政治权威更是竭力维护，坚持社会的团体性和传统规范格式。而具有"内部倾向"的人，是从传统规范行为中挣脱出来的，强调个性和独立性，理性地追求现世的功利主义，并且拥有一套高度内化了的行为规范和处世态度，更容易接受新经验和新思想，并且是相对心怀开放的和具有认识的弹性。③ 这两种倾向的人分别对应着传统社会中的人和现代社会中的人。在改革开放之前的传统社会里，广播电视有声语言传播主体表现出明显的"传统倾向"性格特征。诸如在"一体化"范式时期，广播电视有声语言传播主体就曾表现出生硬、呆板、政治调门高、语言风格单一、固定格调、千人一面的现象，使得当时的听众误认为中央台只有两位播音员，即一位女播音员和一位男播音员。对此在1961年时任中央广播局局长的梅益在同中央电台播音组的同志们座谈时就明确指出："播音员不能老是一个腔调，必须根据不同的题材采取不同的播法，播音应该亲切，播音风格应该多样化。"④ 而在我国实施改革开放政策和进行现代化建设后，我国广播电视有声语言传播主体则表现出明显的"内部倾向"性格特征。诸如20世纪80年代初，广播电视中就出现了以主持人为创作重心的新的节目形式——主持人节目以及

---

① 阿里克斯·英克尔斯.社会主义与非社会主义国家的人的现代化,罗伯特·海布尔罗纳.现代化理论研究,1989:142-144.

② Riesman B D, Glazer W N, Denney R. The Lonely Crowd: A Study of the Changing American Character [M]. New York: Doubleday and Company, Inc., 1953: 8-24.

③ Inkeles A. Becoming Modern [M]. Cambridge: Harvard University Press, 1974: 290.

④ 赵玉明主编.中国广播电视通史 [M].北京:北京广播学院出版社,2004:234.

借鉴了海外广播优势、大胆创新、节目形式灵活的大板块、主持人直播、听众参与的"珠江模式",这些充分发挥广播电视有声语言传播主体能动性的广播电视节目,体现了社会主义现代化建设时期我国宣传工作的改革以新闻改革为突破口的业务方针,是对我国广播电视"自己走路"方针政策的生动诠释。这一系列以广播电视节目的创新改革为起点的业务实践过程,涌现出了一大批受到听众、观众喜爱的广播电视有声语言传播主体,如中央人民广播电台《午间半小时》节目的主持人虹云,《阅读与欣赏》节目的主持人齐越、夏青、林田、费寄平、葛兰、林如等,以及中央电视台《为您服务》节目的主持人沈力和《动物世界》节目的解说赵忠祥等等。这些具有典型性和代表性的广播电视有声语言传播主体体现了现代社会中所表现出"内部倾向"人的特征,同时也印证了马克斯·韦伯对"现代人"的描述,即一个现代人具备普遍标准、工作时不带个人情感、能够承担专业化的角色、对自己有成就取向的要求等等特点。正如研究现代社会人成就心理的哈弗大学教授麦克莱兰所说:"'成就需要'是现代人的突出特点。"① 成就需要使广播电视有声语言传播领域出现了更多个性化的传播主体和个性化的传播实践。这种具有高度独立性和自主性的个人功效意识的传播主体的不断涌现,一方面是市场化对于广播电视产业的刺激,另一方面也是基于现代性作用于语言传播群体的意识觉醒。"独立的现代知识分子群体的形成,标志着一个国家的人的现代化的成熟。"②

(二)社会现代化转型下我国广播电视有声语言传播主体自由、平等的价值取向

自由和平等是现代化蕴含的价值取向,现代化的原则是强调社会的发育和个人自由的发展。③。我国广播电视有声语言传播从"一体化"范式向着"人本化"范式再向"智能化"、"社交化"范式演进的过程,是实现传受主体间自由平等交流的过程。法国学者雅克·埃吕尔(Jacques Ellul)认为,随着现代化和民主化的推进,传统的人和人之间的紧密联系被逐渐打破,出现了两个矛盾又内在统一的现象——个体化的社会与大众化的社会。二者的关系是:个体化的社会成员以大众的形式结合在一起,大众化的社会则是被个体化了的成

---

① McCelland D C. The achievement motive in economic growth [M] //Hoselitz B F, Moore W E. Industrialization and Society. New York: UNESCO-Mouton, 1996: 74.
② 尹保云. 什么是现代化: 概念与范式的探讨 [M]. 北京: 人民出版社, 2001: 123.
③ 尹保云. 什么是现代化: 概念与范式的探讨 [M]. 北京: 人民出版社, 2001: 328.

员的集合。① 埃吕尔所说的个体化的社会指的是社会结构层次更加细致繁多，人们不断从各类社会共同体中脱离出来，强调个人主义精神。而大众化的社会则指的是人们的思想观念和价值判断以集体组织为基本单元，共同协商社会生活规则，在集体主义和国家主义的规定下形成的统一的整体。作为在社会发展过程中人们对信息传播速率和效率追求下应运而生的大众传媒在这两个矛盾体之间扮演了黏合剂的角色，个体化的社会和大众化的社会因大众传媒的作用衍生为一种大众化和个体化犬牙交错的社会状态。

社会中的人们借由大众传媒间接的相互接触，形成了以情绪感知和意见反应为基础的"类人际传播"现象。社会学家唐纳德·霍顿（Horton Donald）和理查德·沃尔（Richard Wohl）在其论文《大众传播与类社交互动》一文中用一个"类"字为我们揭示了广播电视有声语言传播主体与观众之间表面上是一种亲密的关系，但实际上并非是真正意义上存在于人际交流的属性，其观点性、本真性与真正的人际互动稍逊一筹。因此，广播电视媒介通过对人际交流的模拟再现，创造出了人际交流的"拟态情境"，在不以广播电视媒介为中介化交往的时代，人们通过人际交流和语言沟通可以意识到自己在人群中的位置，而广播电视所营造的"拟态环境"则使人们无法察觉到外部真实的世界。格朗夫妇曾作出过这样的讨论："一方面，观众对外部世界的感知完全依赖于电视；他们无法检验自己的印象正确与否，无法对信息提供者提出正面的质疑，无法咨询和参与他人的观点，更无法以任何方式对事件的发展施加影响。另一方面，对于参与者而言，群体活动无论最终的目标是什么，即可被视为特定个体与人性因素交互影响的结果。而之所以会出现异议，是因为个体劝服力量的匮乏，电视观众完全没有机会去了解群体的个性化维度。"② 媒介强调任何个体都是特殊的个体，这些个体在传播过程中相互关联。③ 听众、观众的内在和自我属性都是高度社会性的，并非"沉默的螺旋"，因此听众、观众自我内在的社交属性、电视媒介之外的社交属性，以及听众、观众与有声语言传播主体的社交性都在彼此影响、相互成就，而在这个过程中社会现实关系就以此而被构建出来。

广播电视有声语言传播主体与受众间实现信息交互的过程，实际是一种态

---

① Ellul J. Propaganda: the Formation of Men's Attitude [M]. Kellen K, Lener J, Translated. New York, NY: Alfred A.Knopf, 1965: 90.

② Lang K, Lang G E. The unique perspective of television and its effect: A pilot study [M]. New York: Ardent Media, 1953: 11.

③ Scannell P. For-anyone-as-someone structures [J]. Media, Culture & Society, 2000, 22(1): 5-24.

度和行动双向影响的过程,这个过程体现着传受双方平等交流、自由意志交互的意涵。按照韦伯对于社会行动逻辑概念的解释,"社会行动是按其对于该行动者或行动者们的主观意义来说,涉及到他人的态度和行动,并在行动过程中以他人的态度和行动为取向的那种行动。"① 如果只一味地坚持作为电视节目制作者的创作意图,而忽视了广大社会群体性的差异和多样性,则将脱离实际,最终遭遇挫折。虽然广播电视媒介天生具有弱交互、弱反馈的特点,但是随着互联网媒介和社会化媒介的崛起,在一定程度上弥补了广播电视媒介的不足,特别是在媒体融合过程中,广播电视媒介取长补短、融合多种媒介的优势扩大自己的媒介影响力。广播电视有声语言传播主体间自由平等对话的趋势越来越明显,一方面表现在受众拥有的话语权力不断增强,新的媒介传播载体为话题和信息的扩散提供了渠道。另一方面是怀疑主义盛行,受众不再是"单向度的人",只追求一致性、标准化的普适性价值,而是倾向于袒露自己的判断和心声,"崇尚个性"取代"崇尚真理",批判和质疑精神被释放。

自2012年党的十八大召开以来,我国的政治、经济、文化和整个社会的发展变得更加有序、协调。以互联网、新媒体等为代表的信息传播技术革命的兴起,成为推动我国信息传播的又一重要力量。信息传播智能化、服务化的趋势以及社会化媒介的广泛普及使传统广播电视有声语言传播具有了"智能化"与"社交化"的范式特征,在社交媒体强势入驻广播电视有声语言传播的现实语境中,传统广播电视的主体间性愈加显得模糊和杂糅,自由平等的价值取向愈加明显和凸出。以人际交流为基本逻辑的社交媒体链接社会关系群体,具有开放性、自发性、平等性、交互性的群体传播特征,使得传统广播电视大众传播的"类"人际传播越来越趋向于真实的人际交往,对社会舆论和意见气候感知的"沉默的大多数"不再"沉默"。在社交媒体时代,人际支持通过社交媒体的"放大效应"广泛地嵌入到大众传播之中,削弱了广播电视媒体营造意见气候的能力,从而改变舆论生成的传统逻辑。

三、现代性的作用与影响

我国社会从新中国成立到全面开启改革开放再到进入中国特色社会主义新时代,经过了前现代、现代和后现代的社会现代化变迁历程。因此,在我国社

---

① [美]塔尔科特·帕森斯.社会行动的结构[M].张明德,夏遇南,彭刚,译.北京:译林出版社,2012(7):717.

会现代化变迁的发展历程当中，现代性是一个无法回避的关键词。

现代性指的是"文艺复兴以后，特别是自笛卡尔所开创的近代哲学以后西方资本主义社会的思想与文化。"① 可以说，现代性话语问题的提出和探讨始于西方，在马克思看来，现代性是现代化运动发展的历史产物，并伴随社会现代化和全球化的发展成为了跨越历史和时空的一种革命性力量。从马克思的社会发展视野角度看去，"现代性"就是现代社会有别于传统社会的根本特性，并且贯穿于一个国家社会发展的诸多方面。"现代性"具有流变性和连续性的特点，这种流变性和连续性的特点加速了社会结构的调整，挑战和解构着传统社会的秩序和法则，重新建构着现代社会中人与人、国家与国家的关系。现代性是寓于整个现代化过程之中的，是现代化进程中的结晶，是对传统的消解和变革。"现代性本质上是'传统'走向'现代'的连续性断裂，逐渐成为中国特色社会主义研究的基本向度。"② 我国广播电视有声语言传播范式演进的逻辑脉络正是寓于国家社会的变迁之中，我国社会呈现出现代性的核心特征对广播电视有声语言传播范式的影响，主要体现在以下几个方面：

（一）广播电视工具价值的弱化

"工具论"作为我国广播电视本质属性的论断是随着时代发展不断调整着其内涵和外延的，我国从社会主义建设初期向现代的社会主义建设时期转变过程中，广播电视作为单一政治宣传的工具价值逐渐弱化。

革命战争时期，国家军事的强弱成为能否夺取社会主义革命胜利和建设社会主义国家的前提和保证，毛泽东在领导中国共产党进行革命斗争和争取国家独立的过程中十分重视军队的近代化和现代化。新中国成立后，中国共产党为了使自己的国家强大起来，首先确立的目标就是实现现代化。1954年，在第一届全国人民代表大会上周恩来总理就曾指出："如果我们不建设起强大的现代化的工业、现代化的农业、现代化的交通运输业和现代化的国防，我们就不能摆脱落后和贫困，我们的革命就不能达到目的。"③ 为此，中国共产党领导全国人民开启了国家现代化建设的新征程。可以说从革命战争时期革命根据地的军事化管理到新中国成立后的社会主义现代化建设，我国广播电视有声语言传播"一体化"范式的萌生和创立都是在严格的军事管理和政治宣传体制之下形

---

① 张世英. "后现代主义"对"现代性"的批判与超越[J]. 北京大学学报，2007（1）：42-45.
② 王成，陈达南. 构建中国特色社会主义现代性的三重意识：逻辑、属性和价值[J]. 中共太原市委党校学报，2022（1）：19.
③ 周恩来选集：下卷.[M]. 北京：人民出版社，1984：132.

成和确立的。在"一体化"范式的指导之下,自然而然导致了广播电视有声语言传播范式出现了工具性的特征。在这个时期,我国广播电视媒体被喻为党和人民的喉舌,是党和政府方针政策实现上传下达的工具,在具体的语言传播实践活动中,表现为居高临下的、僵硬的说教,主要任务是教导和教育大众。

自改革开放以来,以邓小平为核心的第二代领导集体在经济改革的同时,还对政治宣传方面进行了改革,实施了党不代政、党政分工,充分发扬民主,加速立法和加强司法监督,保证民主制度化、法制化等举措。并提出健全社会主义民主制和党的民主集中制,政治上"充分发扬人民民主,保证全体人民真正享有通过各种有效形式管理国家、特别是管理基层的地方政权和各项企业事业的权力,享有各项公民权利。"① 一系列的改革措施让中国社会充满了生机勃勃的现代化气息,人本精神和人文精神的弘扬及彰显,充分体现了我国现代化建设过程中现代性和后现代主义的特征。"后现代主义并非全盘否定现代性,而是在某种程度上对现代性的重新建构。"②

在现代性和后现代主义深刻影响下,我国社会出现了一些新的特征:一是批判传统的"主体性"。二是批判以"普遍性、同一性"压制个体性、差异性的传统思想模式。三是把对传统思想文化的批判归结为人的审美生活——自由生活的彻底实现。③ 在我国社会现代化发展的现代性和后现代主义思潮的作用下,"一体化"广播电视有声语言传播范式中的"工具性"意味逐渐隐退,作为国家宣传工具的"主体性"渐次淡化,人的主体性价值得到重视。马克思·韦伯(Max Weber)将理性划分为价值理性和工具理性,由此形成了现代性的二元结构。从价值理性来看,与传统制度相比,人类确立的自由和民主的现代制度是人权的一种进步。从工具理性来看,理性的高度发展将人的思想钳制,同时又束缚了人的自由。④ "后现代主义"正是强调了人的多面性和对以往宏大叙事的祛魅,从工具理性和价值理性两个层面挖掘出了我国广播电视有声语言传播"工具性"背后的"人"的价值,从而在一定程度上肯定了人是世界的中心,并且倡导尊重人、关怀人,以人的自我价值实现和人的积极性、主动性、创造性为根本遵循。

---

① 邓小平文选:第2卷.[M].北京:人民出版社,1993:322.
② 赵春兰.现代性、后现代主义及其对中国社会转型的启示[J].东北农业大学学报,2018(10):94.
③ 张世英."后现代性"对"现代性"的批判与超越[J].北京大学学报,2007(1):44-45.
④ [法]福柯.福柯说权力与话语[M].陈怡含,编译.武汉:华中科技大学出版社,2017(10):252.

（二）广播电视有声语言传播人本价值的复归

现代性首要实现的目标是人的"主体性"，即强调人的自由和自主，现代化的社会强调效率和平等，社会赋予人们更多自由和权利。按照唯物史观的观点，马克思在其文集中明确提出了"全部人类历史的第一个前提是有生命的个体的存在。"① 根据马克思的这一唯物史观的阐释，"人"是作为考察一切历史的出发点和现代性发展的逻辑起点。生活中的"人"是"处在现实的、可以通过经验观察到的、在一定条件下进行的发展过程中的人。"② 那么，"人类社会的理想境界是通过人并且为了人而对人的本质的真正占有；因此，它是人向作为社会的人即合乎人的本性的人的自身的复归，这种复归是彻底的、自觉的，保存了以往发展的全部丰富成果。"③ 马克思一针见血地向我们阐明人类的传播活动无不以人为目，一切信息交换的最终价值是服务于人的需要。

反观我国以广播电视媒介为主的大众传播活动，都是建立在人际交流基础上的，因为"传播是人际关系借以成立的基础，也是它得以发展的肌理。"④ 威尔伯·施拉姆（Wilbur Schramm）在《传播学概念》中指出："传播是人类所有技能中最富有人性的。"基于此，学者邓文能早在1985年就针对节目当中的语言传播主体提出了传播的人格化概念："传播的人格化就是以生活中的具体的人同听众、观众说话的形式播节目。"⑤ 更有学者针对新闻传播类节目的语言传播主体进行进一步的阐释："新闻节目主持人通过人际交流的系统创造出人际交流的拟态环境，表现出人格化的特征，他一边是传达、解释、评议新闻事实的传播者，一边是真实可信的个人形象达到了信息共享的朋友般的印象管理。"⑥ 中央电视台副台长孙玉胜曾对新闻节目中的人际性语言传播特点进行了说明："新闻节目中的人际交流的口语化方式，拆除了媒介与观众间的界限和戒备，使新闻有了人际交流的角色认同和情感互动的愉悦，在叙述性语言中展现出了新闻的人格化特点。"⑦ 因此，广播电视有声语言传播"人本化"的范式改写了"一体化"范式的核心内涵，它将传统的广播电视有声语言传播的工具性色彩逐渐淡化，在凸显人的因素的同时，消弭了传统广播电视媒介将广播电视有声语言传播主体物化的特征。

---

① 中央编译局.马克思恩格斯文集：第5卷[M].北京：人民出版社，2009：198.
② 中央编译局.马克思恩格斯文集：第5卷[M].北京：人民出版社，2009：167，153.
③ 马克思.1884年经济学哲学手[M].北京：人民出版社，1979：73.
④ 丁未.回归人际性：大众传播的另一个视野[J].现代传播，1997（6）：12-13.
⑤ 邓文能.人际传播与主持人节目[J].广电战线，1986（11）：16.
⑥ 杨乘虎.试论新闻节目主持人的可信度[J].现代传播，1999（1）：74-76.
⑦ 孙玉胜.十年——从改变电视的语态开始[M].北京：三联书店，2003：49.

我国广播电视有声语言传播"人本化"范式中最重要的学科基质是真实。中国电视新闻改革的过程，首先是一个电视回归"真实"的过程。人喜欢看真实的、不加修饰的东西，这是天性；"像爱护眼睛一样爱护你拍到的现场，像呵护孩子一样呵护你发现的细节——这是一种'电视文明'，是对观众真正的尊重。"① 从新闻传播的角度来看，真实存在于两个层面，一个是事实层面，另一个是价值层面。从事实层面来讲，每天正在发生的事件，它们是真实存在的，不能够被虚构或者编造，这也是新闻最基本的属性。从价值层面来讲，真实寓于新闻传播主体，"世界上任何事物，包括艺术家推崇的真实，一旦离开了人的主体性，就失去了意义。"② 而表现真实与感知真实则需要与受众保持最亲近的距离并且回应他们最真切的诉求。"大众传媒要赢得受众，就要加强传播内容和受众现实之间的联系，关注不同阶层人的命运，关注人的内心的不同感受和他们深层心理状态，关注他们所生活的社会大背景的变迁。"③ 在我国广播电视有声语言传播过程中，受众感知真实的起始点便是有声语言传播的主体，通过有声语言传播主体艺术性的二度创作，其表达的内容在兼具真情实感和真实语境时，语言才会具有魅力和吸引力，此时，人的情态和感受与受众的欣赏要求、价值诉求和审美需求相契合，不断培育语言传播"人本化"的价值空间。

第三节 多元文化融合下中国广播电视有声语言传播范式演进的动因与转向

文化的本质是对话，一个时代的文化是有区分的整体，既是统一的又是可以分割的。④ 文化本身就是多元性的，文化因多元而充满魅力。文化的开放性成为其生长和扩散的特征要素，在不同文化的相互碰撞和交锋中，新的思想和新的理念迭代而生。文化的主体性强调不同属性文化之间的主体性地位，异质

---

① 孙玉胜. 十年——从改变电视的语态开始[M]. 北京：三联书店，2003：7+215.
② [美]H·G·布洛克. 现代艺术哲学[M]. 滕守尧，译. 成都：四川人民出版社，1998：100.
③ 陈卫星. 传播的观念[M]. 北京：人民出版社，2004：287.
④ 程正民. 跨文化研究与巴赫金诗学[M]. 北京：中国大百科全书出版社，2016：5.

文化在彼此对话时处于平等的立场。

人类生活在物质世界中，同时也生活在由虚拟符号组成的环境里，人是被物质和符号所形塑的动物，人类的文化生产和信息传播活动密不可分，人类在交流实践中，创造了语言文字的文化，同时又被以符号为表征的语言文字的文化所塑造。而传播是一种将现实得以生产、维系、修正和改造的符号化过程。现实是由传播而产生的，存在是由传播创造的并且通过对符号形式的建构、理解和运用而被人类所理解。而语言这套公开可及的符号体系背后隐藏的思想便是公共的、社会的，是对某个社会环境模型的建构。① 在有声语言的传播活动中，人是语言传播的主体，同时又是语言传播的对象，在此过程当中，存在着用来描述和展现客观现实世界的语言或符号。人们不仅使用语言所代表的符号或文本，同时也创造、表达、解释着其符号和文本背后所隐藏的文化意涵与思想。

文化是艺术和知识的结合体，文化优于一般社会进步所代表的价值观。② 文化作为一种观念，是建立在一种社会价值观之上的。这种价值观是社会秩序得以顺利组织、民族信仰得以确认的重要保障。文化的进步取决于为之服务的物质状况的进步，任何历史时期的社会组织都限制着该时期可能产生的文化。然而，有史以来，文化与社会组织之间一直存在着持续的相互作用关系。因此，一个时期内的广播电视有声语言传播范式与当时普遍盛行的"文化"存在着密切的必然联系。这种文化的联系涉及宏观的社会文化层面也涉及中观的媒介文化取向和特质。"播音与主持艺术专业是中国特有的学科门类。该学科的缘起、发展和繁荣与中国特有的历史文化语境、媒介文化观念等因素密不可分。"③ 所以，作为深层影响因素的多元异质文化，应该成为探讨我国广播电视有声语言传播范式演进的重要向度。

一、广播电视有声语言传播范式演进的外部文化动力

（一）精英文化和草根文化的互竞

文化是人类一系列实践的结晶，是人类的一种行动模式，是一个创造、维

---

① ［美］詹姆斯·W·凯瑞.作为文化的传播［M］.丁未，译.北京：中国人民大学出版社，2019（4）：23-27.

② ［美］雷蒙·威廉斯.文化与社会［M］.高晓玲，译.北京：中国人民大学出版社，2019（4）：139.

③ 战迪，刘琦.播音与主持艺术批评［M］.北京：北京广播影视出版社，2015：1.

系和改造现实的过程。文化从来都不是单一的，文化因多元多样而充满魅力。在类型众多的社会文化中，精英文化和草根文化作为一对共生关系的文化代表在相互拮抗、彼此影响中输出着各自的价值观。

在互联网媒体广泛普及之前，广播电视媒体作为我国主流的强势媒体在承担主流文化的引导和建设任务的同时也掌控和独占着信息资源的收集、发布和反馈权，并且从一开始便由少数的社会知识精英来领导，向社会大众灌输、提供着精英群体的价值观。精英文化的传播模式一般是由上层政治向下层社会群体传播，对社会各个领域产生正统、规范、专业的影响。社会精英群体借由广播电视媒体独家的传播渠道，不断创造出对其名声和地位都有好处的新闻传播模式，并以此获得政治上的满意度。

草根群体处于社会政治经济的底层，具有一定的独立性，并且通过质朴、粗糙、有限的话语实践来反映本群体的价值观和利益诉求。草根文化是草根群体生活文化等多方面的综合体现，是草根群体在社会生活、交流中直接与间接地改变所处的文化环境，从而形成具有独立性且需要时间体现语言的文化体系。① 在传统广播电视媒体一统天下的时代，草根群体的话语影响力往往处于哑语状态，很难跻身于精英文化的空间之中。然而互联网的勃兴带来了以草根群体经验为基础的话语实践，在以往强调集体主义和集体观念的广播电视有声语言传播观念里渗透进了与传统文化观念对立的个人主义思想。对个人价值的强调以一种野蛮生长的态势揭开传统广播电视有声语言传播的薄纱，在这种充满生命力的语言实践当中激发了社会草根群体寻求语言传播在话语权力和扩大民主范围的可能性，并且将这种生命力推延至整个社会的有声语言传播活动之中。生长于网络时代的年轻群体，是这些新媒体领域土生土长的居民，他们通过参与粉丝社群，寻找表达自我的途径，即使在强大的主流话语的挤压下，也勇于尝试新的语言模式，再通过具有共同爱好、身份属性的深层链接，形成了一套属于自己代际的语言模式，这种语言模式在对抗主流话语权、传统媒体垄断权和统一集中化的广播电视有声语言传播等方面产生了一定拮抗作用。草根文化的影响力借由社会化媒体的加持，创造出越来越多的公众关切的故事、形象和感受。可以说，草根文化是流转到大众手中的通俗文化，是精英文化回归民俗文化之后发生的文化形式的适应性调整。

从互联网所带来的草根群体集体突围的状况来看，越来越多的受众和用户喜欢在线互动，并尝试加入网络社群来扩张自己的话语实践。借由网络的赋

---

① 蒋达云.精英文化与草根文化的关系研究［J］.中国市场，2015（12）：170.

权，草根群体在集体或者个人层面上拥有了影响自己生活的体制机制的权利，在削弱传统广播电视话语权力结构的同时，也极大地影响着社会、文化、经济和政治的权力范围。另外，草根文化不再仅仅是简单地从主流媒体衍生出的产物，由于草根文化的创作者的传播渠道发生了改变，能见度较之前更为明显，他们不再一味地顺从和沉寂，反而爆发出前所未有的活力和生机。其中成功的一部分，最终会发展成为商业的附庸或被主流文化收编，从而为其创造性的表达提供合法性的准入资格。

在草根文化和精英文化的相互竞争关系当中，传统的主流媒体都或多或少地从网络草根或社会化媒体的语言实践当中寻找借鉴的元素，然后把它们加以改造，以适应媒体融合时代语言传播的需要。其实，这种改造和借鉴反映了我国民主政治进程中公众角色的变迁，原本传统意义上的广播电视政治话语逐渐向公众日常生活体验靠近，原因在于人民大众所谈论的内容形式，往往来源于人们思考社会和使用语言的方式。因此，精英文化从草根文化当中借鉴要素，而草根文化也在汲取精英文化当中的营养，二者的杂糅与互竞使广播电视有声语言传播范式从告知传达型的公众统一化概念向交际协调型的公民个性化概念转变，这种范式的转变决定着公众如何对待和践行传统的广播电视政治话语的态度。

（二）传统文化和现代文化的互通

我国文化源远流长，其发展过程也是由简到繁，整个中华文化的形成发展与地域生活、政治状态以及民族性格息息相关。中华文化有着极其强烈的丰富性和包容性，同时也蕴含着鲜明的民族性与时代性。悠久、深厚、连绵而蜚声世界的民族文化与先进、开放、倡导自由平等的现代文化构成了中华文化的内容和形式。可以说，中国的传统文化"是一种观念之流，是一种价值取向，是肇始于过去，融透于现在，直达未来的一种意识趋势和存在，并时刻在规范、支配着人们未来的思想、行为。"[1] 而现代文化则是社会现代化内在价值的外化形式，是现代性不断生发透露的外在表征。中国的传统文化讲求公平、重伦理、趋于保守、向往和谐，现代文化则提倡竞争、重法制、鼓励开放、崇尚竞争。传统文化具有积淀性、凝聚性、恒久性与滞重性，现代文化具有多元性、交融性、创造性和优选性。[2]

---

[1] 王举忠，王治.传统文化与中国人[M].辽宁：辽宁大学出版社，1998：12.
[2] 田川流.论传统文化与现代文化的碰撞及融合[J].山东艺术学院学报，2016（4）：4-8.

我国传统文化和现代文化在历史穿行中呈现出继承与发展、交融与互补的关系，二者的互动融通一方面有效实现了传统文化的核心价值，另一方面也丰富了现代文化的精神内涵。我国广播电视有声语言传播正是在传统文化与现代文化观念形式、审美意识的互动融通中完成了范式的更迭和演进。

我国拥有厚重庞大的传统文化体系，即使在革命战争年代，中国的传统文化也在发挥着影响作用。"家国情怀"、"集体主义"、"以人为本"、"民为邦本"、"以天下为己任"等传统文化意涵成为国家民族独立和解放的精神支柱。新中国成立之后，中国共产党对传统文化高度重视，并且采取了科学态度对其进行批判改造。1956年，中共八大决议指出："对于中国过去的和外国的一切有益的文化知识，必须加以继承和吸收，并且必须利用现代的科学文化来整理我国优秀的文化遗产，努力创造社会主义的民族的新文化。"[①]之后虽然我国传统文化在"文革"中遭到严重破坏，但随着党的十一届三中全会的召开，党中央克服了传统文化的负面影响，突出强调古为今用、推陈出新的基本原则。邓小平要求"创造出具有民族风格和时代特色"[②]的新文化。由此社会现代化发展过程中衍生出的现代文化与中国传统文化联姻，实现了民族性与时代性的有机统一。特别是社会主义核心价值观的提出更是将中国传统文化的精神内涵与社会主义现代化文化建设的方向融会贯通，二者共有的文化基因使得广播电视有声语言传播的审美意识和审美思维不断提升，逐渐形成了具有中国特色的广播电视有声语言传播范式体系。

在我国现代化发展过程中，现代文化并没有完全消融传统文化，相反，我国的传统文化和现代文化彼此交织，相互融通并持续发展。党的十八大召开后，我国传统文化进入了创造性转化和创新性发展的新时期，在媒体融合发展的背景中，中国传统文化的传播渠道更加丰富多样、传播形式更加灵活生动、传播内容更加充盈不竭，不断探索出中国传统文化和现代文化的国际传播交流新模式，在提升国家文化软实力的同时，为推动社会和谐和、建设中国特色社会主义伟大事业提供了精神指引和智力支撑。党的二十大报告中指出，必须坚持中国特色社会主义文化发展道路，激发全民族文化创新创造活力，发展社会主义先进文化，弘扬革命文化，传承中华优秀传统文化，满足人民日益增长的精神文化需求，巩固全党全国各族人民团结奋斗的共同思想基础，不断提升国家文化软实力和中华文化影响力。

---

① 中共中央文献研究室.建国以来重要文献选编：第九册[M].北京：中央文献出版社，2011：299.

② 邓小平文选：第二卷.[M].北京：人民出版社，1994：212.

（三）高雅文化与通俗文化的互融

文化作为人类上层建筑的衍生范畴，由具体时代的物质经济基础所决定，"要研究精神生产和物质生产之间的联系，首先就不能先把物质生产本身当作一般范畴来考察，而是从一定的历史形式来考察。"① 文化的雅俗之分是阶级意志和文化特权共同作用的产物。在我国广播电视有声语言传播发展史上，曾出现了"雅"与"俗"的文化层次与品位差别，即高雅文化和通俗文化。"高雅文化"指以文化程度较高的知识分子和文化人为主要受众，旨在表达其价值判断、审美趣味性和历史使命感的文化形态。"通俗文化"可以理解为俗文化，即大众文化，与人们的生产生活关系密切，且是在大众生活基础上形成的一种文化类型。其中，高雅文化的思想性、审美性强，通俗文化的娱乐性、消遣性较为突出，在两种异质文化的互融中，逐渐形成了不同取向的受众文化，但二者之间并无明显的优劣和区隔，正如社会学家皮埃尔·布尔迪厄（Pierre Bourdieu）认为的通俗与高雅，只是用来区隔社会阶层的象征符号。②

新中国成立初期，我国社会刚刚从半封建半殖民地的泥沼中挣脱出来，国家经济基础十分薄弱，农业成为中国社会主要的生产方式。单一的公有制和高度集中的计划经济体制下的文化形态呈现出一元化、单一化的特点。在这样的文化形态框制下，广播电视有声语言传播成为服务阶级政党和为国为民的象征性符号，广播电视有声语言传播中除了新闻消息之外，通讯故事、戏曲评弹、名人演讲、音乐诗歌等成为当时社会文化的集中体现。广播电视有声语言传播主体的个人意志臣服于阶级、国家、政党的意志支配之下，并在精神上与之保持高度的统一，因此这一时期的广播电视有声语言传播实践作品因固定的审美趣味和经典的艺术价值被人们奉为圭臬。

20世纪80年代，我国的计划经济体制被市场经济体制所替代，我国的文化也从政治化、一元化走向大众化和多元化，人文化、人情化占据了广播电视有声语言传播的文化价值高地。改革开放的宽松环境，使得通俗文化得以快速发展。在市场经济和商业逻辑驱动下，广播电视成为简单的、具有煽动性的、制造情绪的、表达思想性弱的媒介，并在娱乐、松弛的固有思维的轨道上运行，以最有收视效果的社会新闻开始瓜分电视的文化品位取向和严肃的政治新闻领地。我国广播电视有声语言传播避开说教、淡化了作为集体和阶级的符号意义，表现出取悦受众的倾向。

---

① 马克思恩格斯全集：第26卷［M］．北京：人民出版社，1973：132.

② Bourdieu P. Distinction: A Social Critique of the Judgment of Taste［M］. Richard N, Translated. London: Routledge & Kegan Paul, 1984: 161.

进入 90 年代以后，高雅文化出现了分化的趋势，广播电视有声语言传播开始重视受众的审美趣味和需求变化，通俗文化意涵中又多了一份反抗传统话语权力压迫、弱化意识形态控制的意味，从而模糊了高雅文化与通俗文化的界限和标准。随着全球化和现代化的不断深入发展，高雅文化和通俗文化进一步共融相通，二者之间的联系也进一步增强。在媒体融合和再媒介化的过程中，高雅文化和通俗文化在碰撞差异和分解消费中实现和谐平衡。

二、广播电视有声语言传播范式演进的内部文化动力

"文化是物质、知识与精神所构成的整个生活方式。"[1]文化史家将人类的文化传播过程分为三个重要的时期：口语文化阶段、印刷文化阶段和电子文化阶段。这三个文化传播时期里，每个阶段对人类的信息交流都产生了重要影响。口语传播文化阶段依赖具体的交流语境，强调交流双方的"具身性"特征，在强互动的交流形式下传统的权威得以强化。印刷文化阶段，由于承载信息的媒介物的发明，重构了时空阈限，因而使传统权威发生了松动和转移。而电子文化阶段则极大地改变了人类文化传播的方式，甚至文化自身也发生了嬗变，现代电子传播媒介将麦克卢汉所预言的"地球村"的概念推向现实。地区和国家、民族和世界之间的界限变得模糊，它以一种颠覆性的"符号暴力"，冲破了以往信息分离的格局，塑造了全新的文化样态。由此可见，现代电子文化传播相较于以往的口语文化传播阶段以及印刷文化传播阶段对人类信息传播速率和效率的影响都更为深刻。当然，每一种媒介在发展过程中都会形成一定的、独特的媒介"文化"属性，这种不同媒介独有的"文化"属性是根据具体的媒介特点、媒介传播理念、媒介传播渠道、媒介运行体制机制以及信息传播生态等因素综合作用的结果。

从 1940 年至今，我国新闻信息传播所依赖的电子媒介主要包括传统的广播电视媒体和新兴的互联网媒体，这两种截然不同的媒体产生了不同文化取向上的差异，正是因为这种异质媒体所产生的相异文化取向，致使我国广播电视有声语言传播范式中的学科基质发生嬗变。除此之外，生活在社会信息中的每个人都浸润在由媒介塑造的文化当中，而且不只受到一种媒介文化的影响。媒介文化之间也会相互进行渗透、相互作用。因此，在分析我国广播电视有声语言传播范式演进的文化影响因素时，新老媒体之间差异性的文化取向是需要考

---

[1] 李斯托威尔. 近代美学史评述 [M]. 上海：上海译文出版社，1980：18-19.

量的重要向度。

（一）传统广播电视媒体"内容+受众"的文化取向

我国广播电视媒体在信息传播过程中，内容产品是其主要的产品形式，内容生产的价值性寓于其中，可以说，传统的广播电视媒体是以内容为文化根基的，并表现出强烈的"受众文化"特质。从传统广播电视媒体信息传播的结构来看，是以传者为中心的自上而下式的点对面的一级传播。这是因为，一方面，传统的广播电视媒体对内容资源和传播渠道有着天然的控制权和掌握权，另一方面传统的广播电视媒体在内容生产上又表现出一定的封闭性的特点。

正是传统广播电视媒体这种单向的传播性质和封闭性的信息生产系统在一定程度上忽略了受众的个性化需求，从而导致报道的视野和观察的视角存在局限性。在长期的媒体实践过程中，传统的广播电视媒体积累了丰富的内容资源，但是又会产生程式化和僵化的传播模式，造成了集权性的信息传播思维。具体表现为新闻的发现、采写、制作和传播的整个新闻生产过程由专业性的人员来完成，来自受众的反馈相对薄弱和有限，从而形成了唯我独尊的传统媒体文化格局，并且其高高在上的"庙堂式"的文化特征有着鲜明的强制性特点，即所谓的俯视的、教育教化的媒介文化。当然，传统广播电视媒体的这种文化属性当中深藏着专业媒体的基因，囿于自身权威主流的地位和身份，广播电视媒体制定了严格的内容生产标准、内容生产流程以及内容管理体制，例如不容出错的体制机制、准确规范的有声语言传播规格、正确主流的社会价值导向等等。

（二）新兴网络媒体"人+用户"的文化取向

"传播关系成为社会关系的延展，成为人们思考社会问题的组织方式，甚至成为社会制度的一部分。"[1] 与传统的广播电视媒体不同，新兴的网络媒体将"人"当作信息传播关系的核心，形成了以人为根基的参与分享式的文化属性，并表现出鲜明的"用户文化"特质。新兴的网络及社会化媒体得益于互联网技术的发展和普及，致使信息的生产传播过程不再依赖传统的广播电视媒体，互联网中的"人"逐渐取代广播电视中的"内容"，继而成为人们数字化生活的基础设施。网络中的用户是信息生产传播中一个个重要的节点，一个用户就是一个传播中心，人际关系网络成为双向信息传播渠道。因此，在以"人"为基

---

[1] 陈卫星.传播的观念[M].北京：人民出版社，2004：10.

础单元的开放式传播结构中，内容不再是唯一的价值体现，人与人之间的社交关系成为继内容之后另一个重要的核心价值要素，因为，"人就在我们的寻常生活中，就在我们人和人的关系中，就在我们人性的质地当中。这些都是文化教养的结果。"①

在这种双重价值的驱动下，用户的关系渠道、情感认同、社交动力以及身份链接成为新兴网络媒体文化的基础逻辑。用户身份价值的多元化、信息内容生产的开放性以及信息传播形式的碎片化造就了新兴网络媒体"江湖式"的文化生态。这种"江湖式"的信息传播文化生态不同于传统广播电视"庙堂式"的文化生态格局，用户中的草根文化、民间文化、亚文化等非主流文化被广泛激活，甚至出现了与主流文化分庭抗礼的态势。在各种异质文化的作用下，宏大的"庙堂式"文化被解构、戏谑和恶搞，去中心化成为网络文化的一种外在表现，由网络产生的社群文化建立起强关系链接，将个体价值无限放大，继而改写着传统广播电视媒体的文化气质。

在以上对传统广播电视媒体和新兴网络媒体自身文化属性和特质的分析中可以看出，在互联网全面接入我国信息传播系统之前，广播电视媒体作为唯一的主流信息传播载体承担着思想宣传、引导舆论、提供娱乐、传递价值等社会功能，形成了以内容和受众为媒介文化价值取向的特质。因此，在以标准化、程式化、规格化为主要特征的广播电视有声语言传播"一体化"范式的指导下，共同体成员严格恪守其范式中学科基质的准则和要求。

在"一体化"范式向"人本化"范式演进的过程中，由于互联网的出现，释放了人们之间的关系能量，形成了有别于传统社会中人与人的新型社群组织形态——网络社群。网络社群表现出自由平等、多对多的强互动性以及无边界化的特征，从而改写了以往广播电视点对面的线性传播路径和弱交互的反馈回路，衍生出一种新型的相互交织的多向的网络群体传播模式。

在新兴互联网媒体"人+用户"的文化取向影响下，"人本化"的广播电视有声语言传播范式愈加明显，特别是在数字化网络赋能下出现的社会化媒体及智能媒体更是加剧了广播电视有声语言传播"人本化"范式的演进脚步。传统广播电视媒体和新兴网络媒体的相互融合在一定程度上将内容价值和社交价值合二为一，在信息传播的流量和流向两个方面实现了传播效果的最大化。"人本化"的广播电视有声语言传播范式吸纳借鉴新媒体中的有声语言传播要素，附着了新媒体的文化气质，用新语态、新思维和新姿态在媒体融合的环境

---

① 梁晓声.中国文化的性格［M］.北京：现代出版社，2018（8）：284.

中进行信息传播，实现了新一轮的范式转换。媒体融合的实践促成了广播电视有声语言传播范式的转换，这种转换表现在以前是媒体独有的内容，现在是内容横跨多媒体渠道流动，各种传播体系的相互依赖日益加深，获取媒体内容的方式日益多样化。① 因此，"社交化"+"智能化"的广播电视有声语言传播范式开始显现并作用于广播电视有声语言传播实践。

三、广播电视有声语言传播范式的文化及叙事视野拓展

（一）从"政治控制"到"文化影响力"的视野拓展

"传媒语言，除了民族共同语的规范和民族文化的谱系要求之外，还表现出大众传播的特殊规格，即集中、典型的文化身份呈现。"② 而对于一个国家主流话语的价值来说，其共同语的表现力、丰富性和灵活性直接关系着大多数人的接受程度。所以，广播电视有声语言作为主流文化的示范和参照应该具有表达新的体验，并能展示社会文化变迁的能力。在我国广播电视有声语言传播实践活动的历史发展中，多元文化深刻地影响着其范式的演进嬗变。

1. 从"政治控制"到"文化影响力"的拓展是传播的传递观向传播的仪式观转向的过程

"政治控制"在《中国大百科全书》中的定义为：政治主体为达到一定目的而运用政治权力、政治制度和政治规范等政治手段对个人或团体政治行为的控制。另有学者指出："政治控制是国家社会关系的概括，是指国家权力中心为维护某种既定的秩序所采取的行为以及所造成的一定格局。它是国家权力和各种力量相互作用、相互制约的结果。政治控制的本质是政治权力运动。"③

"主持人文化影响力"最早是由中国传媒大学曾志华教授提出的："'主持人文化影响力'是以先进文化、主流文化为主要文化内涵，在繁荣发展社会主义先进文化、树立民族自信、振奋民族精神方面，对受众予以精神上的影响力。从本质上说主持人文化影响力既是一种权力，是电视权力的'软化'表现；又是一种效果，是电视文化经由主持人作用于受众的传播效果；还是一种价值，是主持人的文化价值在使用价值上的价值体现。"④

---

① [美]詹金斯.新媒体和旧媒体的冲突地带[M].杜永明，译.北京：商务印书馆，2012：353.
② 张颂.传媒语言文化身份的当下识别[J].现代传播，2005（3）：45.
③ 李景鹏.中国政治发展的理论研究纲要[M].哈尔滨：黑龙江人民出版社，2000：52-53.
④ 曾志华.文化自觉：电视节目主持人文化影响力的重要基石[J].现代传播，2008（4）：18.

詹姆斯·凯瑞（James W. Carey）在《作为文化的传播》一书当中提到了两个重要的概念：一个是传播的传递观，另一个是传播的仪式观。其中传播的传递观作为传播的一种外在表征，强调权力的管理、决策和控制，把社会视为一种严肃的政治秩序，而忽略了对人的美学体验、个人价值和情感的观照。而传播的仪式观，强调的典型情形是劝服、改变态度、转变行为，通过信息传递实现社会化，影响或调节个体对阅读和观看的选择。①

依据凯瑞的观点，我国广播电视有声语言传播从"政治控制"向"文化影响力"的拓展其实就是传播的传递观向传播的仪式观转换的过程。在"一体化"范式的广播电视有声语言传播时期，信息传播主要强调严肃的社会政治秩序、政治的管理和政治控制，可以说"国家不仅合法地垄断了物理暴力，而且垄断了符号暴力。"②广播电视作为主流的信息传播媒介，其有声语言传播活动要为创造共同信仰和塑造经验传统作出贡献，而且受到主导阶层的观念和价值影响（这里所说的主导阶层是一个广义的集体模式）。主导阶层所对应的共同语言和文化占据核心地位，因此，"一体化"的广播电视有声语言传播范式的使用和践行则会被导入主流的语言模式当中。与此同时，主导阶层在很大程度上控制着广播电视有声语言传播的传输和分配，有声语言传播范式标准的选择和形成过程也总是和主导阶层的意志息息相关。"任何一个政权的建立，总要先建立舆论，取得道义上的广泛认同；而巩固一个政权，则总要把统治阶级的意志上升为统治思想，成为社会的普遍共识。"③

在"一体化"的广播电视有声语言传播范式时期，我国广播电视媒介体系因为提供给公众太多的政治话语而缺乏了多样性。然而，文化和政治的区别在于：凡是被社会不成问题地加以接受的规范，就是文化性的，当一个社会还没有共同接受一套规范，各种意见纷呈，求取临时解决办法的活动是政治。文化的基础是同意，是一种教化过程。④文化不仅是体制、转换和革新过程中的终极裁判，而且在根本上是一个超越体制之外的存在。⑤社会大众之所以能够融入一个国家的社会体系，是因为他所接受到的文化核心价值完全内化于心并承认这个国家所遵从的基本价值和信念。但权力并不仅仅局限于统治阶层或者执

---

① ［美］詹姆斯·W·凯瑞.作为文化的传播［M］.丁未，译.北京：中国人民大学出版社，2019（4）：40.
② Bourdieu P. The State Nobility［M］. Cambridge：Polity Press，1996：67.
③ 侯慧勤.国外马克思主义意识形态研究著作评析［M］.北京：中国社会科学出版社，2015：1.
④ 费孝通.乡土社会［M］.北京：译林出版社，2020（6）：79-81.
⑤ ［美］雷蒙·威廉斯.文化与社会［M］.高晓玲，译.北京：中国人民大学出版社，2019（4）：200.

政党所掌握的强制力、征服力，而更多地指影响力、辐射力、说服力。①

改革开放以后，由于生产方式和经济体制的改革，传统主流宣传思想受到冲击。就广播电视有声语言传播而言，采取"一体化"的广播电视有声语言传播范式来疏通这些问题往往收效甚微，所以"人本化"以及"社交化"+"智能化"的广播电视有声语言传播范式应运而生，在其范式演进的过程中确保了有声语言传播渠道的多重来源，而且这多重来源的有声语言传播实践都能够通过共同的广播电视媒介得以传播，从而保证民主实践达成实质性的进步，体现了信息传播仪式观中对人的情感、价值和审美的观照。这种范式演进的底层逻辑便是有声语言传播永远是一种信息的供应方式，这是决定有声语言传播范式总基调的根本遵循：个体价值根植于社会，所以它不能是强制支配性的，而是协商互惠的。

2. 从"政治控制"向"文化影响力"的拓展凸显有声语言传播的软性力量

"政治控制"往往具有硬性强制的色彩，而"文化影响力"则拥有着润物细无声的软性力量。我国广播电视有声语言传播从"一体化"范式向"人本化"范式再向"社交化"+"智能化"范式演进的过程中，广播电视有声语言传播"政治影响"的强制性色彩逐渐淡化，"文化影响力"日益凸显，成为辅助"政治影响"的一种软性力量。我国广播电视有声语言传播的这种软性力量根植于社会和谐文化的价值内涵，印证了"建设和谐文化，是构建社会主义和谐社会的重要任务"的理论指向，②是国家"软实力"的文化体现。

"软实力"是由美国政治学家约瑟夫·奈（Joseph Samuel Nye, Jr.）提出的概念，指的是一种吸引对方，并且影响对方偏好的能力。它表现为一种强大的吸引力，使对方发自内心地羡慕、喜爱并且追随。软实力不完全等同于控制力，因为控制力可以通过武力或硬权力达成，软实力是建立在对方自愿的认同的基础之上。③广播电视有声语言传播的文化影响力是广播电视文化的重要组成部分，它存在于广播电视有声语言传播的过程之中。既体现了广播电视有声语言传播的文化传播能力，也体现了广播电视有声语言传播主体的文化传播效果。从本质上讲，广播电视有声语言传播的文化影响力是一种权力，是广播电视权力的一种"内涵化"表现；它也是一种效果，是广播电视文化经由有声语

---

① 赵欢春.意识形态话语权及其当代建构[J].江苏社会科学，2016（5）：35.
② 中共中央关于构建社会主义和谐社会若干重大问题的决定[N].北京青年报，2006-10-19.
③ Nye J S. Soft power: The means to success in world politics[M]. New York: Public Affairs, 2004: 5-8.

言传播主体作用于受众的传播效果；另外还是一种价值，是广播电视有声语言传播主体的文化价值在传播过程中的价值体现。其影响力具有强烈的开放性、鲜明的时代性、丰富的多元性以及内在的渗透性。开放性表现在广播电视系统的开放性，即超越时空的开放、超越国界、民族的开放。鲜明的时代性表现在随着时代的变化，呈现出鲜活的时代气息和时代包容性。丰富的多元性表现在传播内容的多元、传播价值的多元以及传播受众的多元。内在的渗透性表现在其影响力是"润物细无声般"的、丝丝入扣的弥漫状态。广播电视有声语言传播主体的文化影响力首先是具备对于文化内涵的占有，然后再通过诠释、聚合、输出来完成受众精神层面的接受认同、共鸣共振。这种情感上的认同与共振是广播电视有声语言传播文化影响力作用于信息接收客体的结果，是把外在的道德标准和强制的规则逐渐内化成认知习惯的过程，饱含着文化的自觉性、能动性和责任感。

（二）从"讲述老百姓自己的故事"到"向世界讲好中国故事"的叙事拓展

1. "讲述老百姓自己的故事"的时代呼唤

"讲故事"是信息传播的重要手段，往往具有较为稳定的叙事结构，它能够以最具吸引力的方式呈现信息的主题，最适合人类心智的开启。广播电视媒体具有故事化叙事、细节化表达的天然优势。在我国广播电视有声语言传播范式的演进过程中，广播电视的叙事视野转向成为其范式更迭变换的动能因素。

改革开放之前，我国的国家主权和政治安全面临重大威胁和挑战，国内外形势暗流涌动、不容乐观。为了巩固政权、发展经济、改善民生，我国广播电视有声语言传播呈现出"一体化"的范式特征。随着改革开放大幕的拉开，我国主要任务从"以阶级斗争为纲"转变为"以经济建设为中心"，时代主题也由"战争革命"转变为"和平发展"。在这样的时代势能驱动下，多元化的思想文化逐步显现，人们追求个人尊严和权利的现代价值意识逐渐觉醒。作为改革开放后发展最快的广播电视事业在新闻传播观念的影响下，报道观念和报道方法也发生了重要转变，开始将视角和镜头对准普通人的自然生活和生存状态。

1993年中央电视台开办了一档以平民视角为叙事基础的栏目——《生活空间："讲述老百姓自己的故事"》，开启了纪录新闻的经典叙事风格。这档栏目选择普通老百姓作为表现对象，追求描述老百姓原生性自然随意的生活情态和精神状态，以平和、冷静、客观的叙事方式和平实的语言讲述老百姓自己的故事，开拓了我国电视新闻的艺术空间、审美层次和艺术品格，从而改写了广播电视有声语言传播"一体化"范式时期我国广播电视会议新闻、官本位新闻的主导格局。自此，以中央电视台《焦点访谈》《东方时空》《新闻调查》等栏目为代表的纪实类新闻叙事模式迅速在全国范围内铺散开来，这些把叙事视角放在小人物身上，并且通过小人物的命运反映时代变迁所带来的震荡和变化的节目散发着醇厚浓郁的乡土气息和中国社会特有的地方特色，洋溢着一种底层思维、平民情结和人文关怀，具有强大的现实意义和社会价值。可以说，这一时期充满人文教化的广播电视节目构造了一部部"小人物"的历史，阐释了"人民是历史的创造者"的唯物主义基本原理："把历史的内容还给历史，因为历史不是'神'的启示，而是人的启示，并且只能是人的启示。"[①] 准确定位和贴合了我国社会主义初级阶段的基本国情。"讲述老百姓自己的故事"逐渐成为我国新闻传播的主流范式之一，更多地体现了我国对内宣传的特点。

2. "向世界讲好中国故事"的叙事转向

随着全球一体化的深入发展及中国综合国力的日益提升，在新的历史发展时期，我国以前所未有的姿态亮相于国际舞台。党的十九大报告提出："推进国际能力传播建设，讲好中国故事，展现真实、立体、全面的中国，提高国家文化软实力。"[②] 习近平总书记在十九大报告中的重要论述为构建和巩固我国的大国形象和国际话语权提供了理论支撑，"讲好中国故事，传播中国声音"成为新时期我国新型主流媒体的时代重任。"在国家战略传播窗口前，播音员的声音代表着国家形象，是国家意志的表达。"[③] 在媒体融合的时代背景下，广播电视有声语言传播作为一种最为显性且最易感浅近的表征符号在讲好中国故事、传播好中国声音、彰显民族性格、发扬时代精神、凝聚价值共识方面发挥着不可替代的作用。

约翰·汤普森（John Thompson）在《媒介与现代性》一书中阐述了符号权力的作用，"符号权力是凭借符号形式的生产和传输来干预事件进程、影响

[①] 中共中央马克思恩格斯列宁斯大林著作编译局.马克思恩格斯全集[M].北京：人民出版社，2006：650.

[②] 习近平.决胜全面建成小康社会 夺取新时代中国特色社会主义伟大胜利——在中国共产党第十九次全国代表大会上的报告[N].人民日报，2017-10-18（28）.

[③] 姚喜双主编.共和国之声：中国播音口述史[M].杭州：浙江大学出版社，2022（10）：71.

他人行为,并实际上创造世界的力量。"① "符号权力的某些集中形式异乎寻常地强大,它们决定着社会风景的全貌,相当于"构建现实"的权力。"② 有声语言作为一种传递信息的载体和符号,比其他权力形式更加显性,对社会影响的范围更为广阔。我国广播电视有声语言传播不仅影响我们的所为,而且影响其描绘的"正在发生"的事情的认知和理解。它作为媒介效应的生产元素被引进日常生活互动并作为经验性的符号构建着国家媒体的主流形象,并且在传播中华文化、解读国家政策、展现中国气质等方面有着强大的影响力。当前,世界正处于"前所未有之大变局"的客观形势之中,我国的综合实力与日俱增,"合作共赢"取代"零和博弈"、"坦诚沟通"取代"消极对抗",讲好中国故事从而建构负责任的大国形象是提升我国文化软实力的重要途径,构建现代社会的大国形象成为我国"软实力"的重要组成部分。"国家形象是一个综合体,它是国家的外部公众和内部公众对国家本身、国家行为、国家的各项活动及其成果所给予的总的评价和认定。"③

回顾我国形象的变迁历程,新中国成立初期,我国着力"打造出独立自主、印记鲜明的'红色中国'形象。"党的十一届三中全会后,我国将"这一时期的战略重点相应地调整为主动建构顺应全球化大潮的'开放中国'的新形象。"中国特色社会主义进入新时代,我国重点建构的是"全球中国"的形象。④ 长期以来,我国广播电视有声语言传播在实践中形成了成熟稳定的语言传播风格,新闻报道尤其是时政新闻的报道时常带有浓厚的宣传色彩,官话、套话多见于语言结构之中,缺乏亲和力,"说理"多于"陈情",在单向传播中缺乏社交平台的互动性。同时,我们多运用宏大、发展的国家视角和自上而下的话语传播方式讲述中国故事,而"草根化"、"民间化"、自下而上、"以小见大"的微观多元视角则相对缺乏。这在一定程度上掩藏了中国老百姓美好品质和传统文化的故事,使世界受众缺乏对中国文化的认同感。

国家形象建构的核心是取得认同。美国学者M・莱恩・布鲁纳(M. Lane Bruner)认为:"国家认同不仅仅是一种或者一套随后将促进一系列行动并且证明这些行动合理性的叙述,它也是一个正在进行中的修辞过程。相应地,在此所采用的修辞方法不是为了发现一个国家的认同,而是用以分析那些碰撞的

---

① Thompson J B. The media and modernity: A social theory of the media [M]. Cambridge: Polity Press, 1995: 17.
② Bourdieu P. Language and Symbolic Power [M]. Cambridge: Polity Press, 1991: 166.
③ 管文虎. 国家形象论 [M]. 成都: 电子科技大学出版社, 2000: 23.
④ 史安斌, 张耀钟. 新中国形象的再建构: 70年对外传播理论和实践的创新路径 [J]. 全球传媒学刊现代传播, 2019 (06): 26-27.

时刻，也就是相互竞争的阐述在有关想象中作为国家的一名成员意味着什么的持续的话语协商过程中产生碰撞的时刻"。①随着传播媒介的迭代升级，互联网语境下的叙事讲求个人化、生活化、社交化传播，互联网所代表的文化内涵之一是其所创造的互联网文化加强了世界文化之间的沟通和交流，并表现出许多新的特质且不断呈现和强化更广泛的文化力量，这种文化力量在国家形象的建构中影响着民族身份的自我认同。因此，新型主流媒体借助"跨媒体叙事的逻辑"可以更加有效地改变传统广播电视语言的传播实践和观念，通过由互联网所形成的反方向文化流动模式的效能将中国文化以一种特有的方式向世界范围输出和表达，改写以往广播电视有声语言传播实践中文化流动的方式，从而增强我国在国际舆论场的文化和政治认同。

我国广播电视有声语言传播范式演进的过程反映出我国社会和文化的发展变迁，同时也是我国新闻传播系统内部各个组成要素之间关系的动态变迁。在我国社会文化不断向前发展的过程中，产生了促使我国广播电视有声语言传播范式演进的"适应性调整"和"内部分化"的力量。同时，在社会文化和媒介文化的双重作用下，我国广播电视有声语言传播范式拥有了内部和外部的双重演进动力，并且在社会文化作用下出现了视野和叙事的转向，从而实现新旧范式的转换。

我国广播电视有声语言传播在其漫长的范式演进过程中，受到传播媒介技术的深刻影响和制约。在传播媒介技术的制衡和陶染中，我国广播电视有声语言传播活动与传播内容紧密嵌套，成为传播观念和传播思维的有机组成部分，在与时代内容特征和传播观念的"合力"下完成了我国广播电视有声语言传播范式的一次次更替。因此，考察较为长期的有声语言传播过程，不仅要从占主导性的政治规制维度和深层作用影响的社会文化维度去分析讨论，还要考察每个时期里传播媒介的性质和结构，以此捕捉其在我国广播电视有声语言传播范式演进中所发挥的革命性力量。

---

① ［美］M·莱恩·布鲁纳.记忆的战略：国家认同建构中的修辞维度［M］.蓝胤淇，译.北京：商务印书馆.2016：14.

第四章 媒介技术对中国广播电视有声语言传播范式演进的革命性影响

媒介是传播信息的重要载体，是实现信息从此地通往彼地的工具，是沟通情感、传播知识、达成共识的渠道。媒介是我们信息生活的背景，也是我们联系彼此的条件。"媒介作为大多数现代公众了解过去、现在和未来的重要信息来源，在很大程度上构建了人类对于现实社会的认知和定义，也告知了人类社会生活的标准和规范。"① 并且媒介总是具体可感的，在传播信息和意义时嵌入了历史的痕迹，不同时期内所产生的传播信息的媒介也总是和当时科学技术的发展密切相关。正如哈罗德·亚当斯·英尼斯（Harold Adams Innis）所言，媒介作为一种技术制品，在很大程度上驱动着传播历史，从而极大地影响着整个人类社会。技术作为现代性重要的组成部分，深刻地影响着我国广播电视有声语言传播的形式和效果，在数字媒介环境下，人们的提问方式、观察世界的方式以及寻找答案的方式发生了很大的转变，马丁·海德格尔（Martin Heidegger）曾说：技术触碰到了我们的语言，触碰到了我们存在的根本。以广播电视为代表的电子媒介和以互联网为代表的数字化媒介不仅是一种技术上的扩张和变迁，也代表了一种文化和社会的变迁。可以说，我国广播电视有声语言传播与媒介技术之间拥有着暧昧且密切的关系。

在我国广播电视有声语言传播范式的演进过程当中，媒介技术的进步与发展是一个关键性要素，传播媒介的可供性在不同时期为我国广播电视有声语言传播范式的萌生形成奠定了切实的物质基础，并为其范式的演进提供了现实可能。如战争革命时期中国共产党利用广播进行抗战动员，社会主义建设时期我国对有线广播网的创造性使用，改革开放后我国将无线电视网覆盖全国实现了声音与图像的有机结合，以及媒体融合时期我国将新老媒介汇聚融合，形成信息传输通道的多元化、智能化融合发展等等。这些传播媒介与有声语言传播的联姻耦合，都是将媒介的典型性与语言传播的高效性紧密贴合，从而发挥有声语言巨大影响力的历史实证。在政治因素和社会文化因素的影响之外，媒介技术的发展更是对我国广播电视有声语言传播范式的演进产生了革命性的影响。如是，我们必须把媒介技术因素纳入我国广播电视有声语言传播范式形成和演进的历史脉络之中去考察。

---

① 喻国明，李彪，丁汉青.媒介即信息：一项基于MMN的实证研究[J].国际新闻界，2010（11）：35.

第四章 媒介技术对中国广播电视有声语言传播范式演进的革命性影响

第一节 媒介技术演进发展的历史回溯

每一种媒介的诞生，都是传播技术变革的结果。物质、能量和信息是构成自然界的三大基本要素。在人类的生存发展史上，首先是认识了客观存在的实在物质，然后通过物质感受到了能量的所在，继而在物质和能量的认知基础上了解了信息的价值和作用。人类的一切生产生活活动都离不开信息，信息的使用价值满足了人类的特殊需要，并为人类社会服务。马歇尔·麦克卢汉（Marshall McLuhan）将人类信息传播史划分为三个主要时期：存在于"听觉文化"中的、缺乏个性的、封闭部落化的"口语传播"时期；自省理性的、个人主义的、文明谦和的"书写、印刷传播"时期；以及网状的、超越时空的、广泛联通的"电子信息传播"时期。

在人类信息传播发展史当中，共发生了四次重要的传播革命。它们分别是以人类语言（有声语言、文字语言等）为标志的第一次信息传播革命，它将人类的思维通过语言的形式展现出来，使人类的文化得以传播交流、承袭绵延；以印刷业的发明及信息生产的机械化为标志的第二次传播革命，这次传播革命广泛提高了人类的识字率，并扩大了世界科学和文化交流的传播范围；以电子信息技术为标志的第三次传播革命，它通过电子技术将信息的生产与传递结合在一起，加快了信息传播的速率，缩短了信息传播的时空范围，这一传播革命的发生过程从电话、电报一直延伸至广播、电视，贯穿于整个19世纪；以数字计算机技术为标志的第四次传播革命，这次传播革命将信息存储器、检索器与广播、电视、计算机连在一起，产生出新的"宽频"通信系统或"信息服务设备"，其中尤以互联网为代表，它从根本上改变了人类处理信息的方式，突破了人类大脑及感官系统加工信息的局限性。这四次传播革命阶梯式地提高了人类信息传播的效率，更新了人类信息传播的进步标准，发展了人类民主的政治形式，创造了新型的人类共同体结构。因此，对媒介技术和传播革命的回溯是考察我国广播电视有声语言传播范式演进的必由路径。

一、从"具身传播"到"声音图景"

在真正意义上的大众媒介(报纸)诞生之前,人类社会信息的沟通机制受制于地理空间基础设施对人类身体的限制,人们生活中的物理距离是联系和隔离彼此的客观实在,不同物理场景的来回切换需要耗费精力和时间,从而限制人们之间的理解和交往,距离和有限的接触为人们保持神秘和赢得敬畏提供了天然支持。人类实践活动中的身体是人类参与环境或世界的方式,人的身体作为一种物质媒介在社会化和文化涵化的影响下,具有了生产性和接受性的特征,人的身体是面对面人际交流活动得以实现的物质平台。正如美国传播学者阿瑟·伯格(Arthur Asa Berger)所说:"言语是谈话的媒介,是一种人际媒介。"[①] 有声语言的习得是将事物的意义和声音符号之间建立起一种联系,这种联系指涉意义和现实的对应关系,是社会发展的产物。人类通过社会性活动如演讲、口头交流等"具身性"传播行为以及象征符号的有声语言,完成信息的传递和交换以及对世界和事物的认知。"具身"(embodiment)是一个现象学与心理学的交叉概念,指将无形与抽象的事物具体化与实体化。[②] 从狭义层面来看,"具身"是指身体内部心理体验与生理体验之间的强关系及身体的建构功能[③];从广义层面来看,"具身"是指身体作为一个中介与外部环境建立联系,这也是身体经验的主要来源,体现为身体与具体环境所形成的身体图示。在人际交流的范畴之内,人们了解世界仅限于小的社会圈子,亲身的经验成为认知领域的一个重要组成部分。因此,口语传播成为人类具身传播的一种必然选择。麦克卢汉曾将人类的口语传播视为源于人类心灵的媒介,与信息在空间范围内扩散的印刷媒介的"心智"性特点不同,口语传播在时间维度上将信息以人类心灵旅行的方式进行穿行,即人们之间的口耳相传将古老的、先辈的经验与智慧,包括信仰、传统和宗教一代代地传承下去。

人类的口语文明在人类传统当中有着举足轻重的位置。口语传播的信息传播方式主要是建立在人际交往的架构之上,其规则和标准也比较随意,形成和解体经历了漫长的时间。对于稍纵即逝的口语传播,其时间性远超于其空间性。因为人类的声音在借助空气这种介质进行传播的过程当中,难以逾越物理

---

① [美]阿瑟·伯格著.理解媒介:媒介文化与文化研究的关键文本[M].秦洁,译.北京:清华大学出版社,2013:3.
② [法]莫里斯·梅洛-庞蒂.知觉现象学[M].姜志辉,译.北京:商务印书馆,2001:198.
③ 林慧月,夏凡,陈万求.现象学视域下"人-技术-世界"多重关系解析[J].东北大学学报(社会科学版),2011(5):383.

上的障碍,以实现在广袤空间里的传播,而且在人类的口语传播过程中容易因"噪声"产生"变质"现象,即信息损耗、误读、丢失等等。然而,广播媒介的问世,则改变了"口语传播"时期人类只能以口耳相传为传播渠道的局面。通过无线电波和导线为物质技术载体的广播媒介为人类的传播活动提供了物质性基础。广播媒介以线性传播模式,以言语的形态将信息体现出来,有声语言传播的影响力才得以几何式的扩大。语言以声音符号的"在场"弥补了人类身体的"不在场",一定程度上拓展了人类对于信息传播的想象、表征和链接能力。这种"具身"的口语传播实践活动随着人工物或技术的发展应用而逐渐淡化,技术将人类的实践活动隐匿到身体经验和意识感知当中。传播技术的发展通过人类具身的身体而直接改变人类的感知觉,专注于听觉感知的广播媒介的发明和普及使得人类信息能够突破时空局限参与到更广阔的传播活动之中。由此以广播为代表的大众传播以模拟信号传输为手段实现了跨越时空的交流,使人们的认知范围极大的拓展。人类由此进入了由广播媒介所创造的"声音图景"时代。

二、从"听见现实"到"表征现实"

广播媒介的发明和广泛使用拓展了人类的感知阈域,而随着传播技术的进一步迭代更新,电视媒介粉墨登场,成为继广播媒介以后的又一革命性电子媒介。从广播媒体到电视媒体的媒介形态进化,是一场听觉习惯和视觉结构的革命。电视画面的出现,分流了受众对于听觉信息的注意力资源,声音成为配合画面从而完成信息传递的一个组成部分。单一声音到画面+声音的多重刺激,使得人类在听觉上获取信息的习惯发生了革命性的转变。电视媒介的这种对人类感知觉特别是视觉的极大拓展,不仅仅在于放大了人类接触、获取信息的感官参与度,更在于它调动了更多的人类感知觉,如马歇尔·麦克卢汉(Marshall McLuhan)所说:"'电视'还是触觉的延伸,在最大限度上涵括了一切感官的相互作用。"[1] 另外,电视媒介凭借影像文化的特殊优越地位,使其在新闻场中的经济实力和符号表达力上都占据了上风。"[2]

电视创造的"拟态环境",即电视既表征现实,又改变了表征现实的方

---

[1] Mcluhan M. Understanding Media: The Extensions of Man [M]. Cambridge, MA: MIT Press, 1994: 333.
[2] [法]皮埃尔·布尔迪厄著.关于电视[M].许钧,译.北京:北京大学出版社,2020(9):144-146.

式。电视具有双重戏剧化的特征。第一种戏剧化是用影像的方式将世界呈现在屏幕上，第二重戏剧化则是将现实故事化，夸大其重要性、严重性及戏剧性、悲剧性的特征。因此，电视不是简单地呈现现实，而是积极地创造现实。① 电视凭借影像的力量创造了一种特殊的"拟态环境"，这种"拟态环境"不同于广播媒介只以声音形象作用于受众的感官，电视的巨大作用力导致人们认识世界的模式发生变化。电视媒介创造出的影像文化具有特殊性，它通过具有相对即刻特点的视觉和听觉体验增强了人们感知世界的阈限，并且制造出了一种真实的效果，"其中的一切物体与象征，从灯光镜头、行事语言到谈话主题，都以电视为参考点。"② 布尔迪厄在《再论新闻和电视》当中说过，一事物导致另一事物最终导向电视。电视号称纪录现实却创造了现实，我们越来越逼近一个临界点。在这里，社会首先是被电视描绘的，而且在一定意义上是被电视规定的。③

电视媒介所传递的影像展现事物的外在特征，并让人们相信自己所看到的一切都是真实可感的。这种展示的力量具有动员的作用，可以让某些观念、某些形象或者某些群体得以存在。④ 除此之外，"电视模糊并侵蚀了理性与疯狂以及现实和虚构之间的界限。"⑤ "电视通过改变不同阅读习惯所建立的信息获取模式，正在影响许多群体身份、社会化程度和权威的级别。"⑥ 以往隐藏在声音和影像背后的人和物被电视媒介放大之后暴露在受众面前，因此，受众便可以更加直观地感受到千里之外或者历史隧道中的人和物，这种虚拟性的接触于一定程度上在受众和传者之间建立了一种默契关系，并扩大了传受双方的交往半径，而使双方感知权威的能力不断扩展。另外，电视媒介还改变了政治信息的符号价值，致使政治判断从对提议的知识评判转化为对整个人物形象的直观且情绪化的反映。

---

① [法]皮埃尔·布尔迪厄著.关于电视[M].许钧，译.北京：北京大学出版社，2020(9)：172-173.

② [英]曼纽尔·卡斯特.网络社会的崛起[M].夏铸九，等译.北京：社会科学文献出版社，2001(06)：416.

③ Bourdieu P. On Television and Journalism [M]. London: Pluto, 1998: 22.

④ [法]皮埃尔·布尔迪厄著.关于电视[M].许钧，译.北京：北京大学出版社，2020(9)：24.

⑤ Romanyshny R D. The Despotic Eye and its Shadow: Media Image in the Age of Literacy [M]//Levin D M. Modernity and the Hegemony of Vision. Berkeley: University of California Press, 1993: 353.

⑥ [美]约书亚·梅洛维茨.消失的地域：电子媒介对社会行为的影响[M].肖志军，译.北京：清华大学出版社，2002：80.

三、从"单向传递"到"万物互联"

广播电视媒介让以声音和图像形象为介质的中介化传播逐渐走向巅峰，而互联网技术的发展则让大众传播的效率和速率达到前所未有的高度。互联网作为一种信息传播媒介，有一个萌发形成和渐进壮大的过程。20 世纪中叶，美国为了应对苏联发射的第一颗人造卫星对美国国防安全的威胁，从美国国防部实验室诞生了互联网的雏形——阿帕网（Arpanet），1946 年，世界上第一台计算机埃里卡（ENICA）在美国问世，主要用于弹道导弹计算。经过几年发展，如分时交互系统、公共通讯网络体系、TCP/IP 网络标准协议、电子邮件系统的日臻成熟，大力推动了互联网和互联网技术大众化的普及和发展。到 1990 年，互联网已连接了 20 万台主机和 1000 多个使用 Usenet 标准的新闻组。1991 年，万维网（World Wide Web）的发布极大地改变了互联网的面貌。① 之后，各种基于互联网的应用如超文本传输协议（HTTP）及超文本置标语言（HTML）的软件以及基于以上文本的浏览器的开发，更是使得互联网的基础配置不断升级。在世界范围内，更大带宽的光纤网络的使用，不断增强互联网的网络性能。与此同时，博客、门户网站、社交网站、网络社区等等与互联网有关的新名词也接连不断地出现在人们的生活中。移动网络、移动设施、移动数据服务不断深耕着互联网媒介的链接潜力，这些技术的发明和使用不断扩展着互联网的边界，使其链接性能无远弗届。互联网媒介的发展模糊了人际传播和大众传播的界限。由互联网所带来的移动传播技术的发展成为了一种新的人类传播样态，"移动传播宣告了人人传播、传播人人"时代的到来。②

广播电视媒介延伸了人类的神经感知系统，而互联网的颠覆性力量并不仅仅在于其海量的内容及便捷的搜索引擎，而在于其无远弗届的连接性。如果说广播电视媒体是传者与受众在虚拟的数字空间的一种"偶遇"，那么互联网的勃兴就是传受双方彼此"奔赴"的桥梁。广播电视媒介扩大了信息接受的范围，在物理空间层面实现了传者与受众的近距离接触，虽然这种近距离的接触提供给了受众更多地呈现和表达自己想法的机会，但是广播电视等大众传播媒介的单向性传播特点决定了受众的参与是有限的、被动的、有选择性的。互联网的异军突起对广播电视媒介产生了巨大的冲击，这种冲击性不仅在于其强大而广泛的链接能力，更在于它的出现使得整个广播电视传播生态系统发生了要

---

① 王旭．互联网发展史［J］．个人电脑，2007（3）：185-186．
② 张瑜，卫欣．网络微影像：互联网时代的影像新形态［J］．东南传播，2018（10）：105-107．

素性的变化。广播和电视节目陆续在网络上登陆,成为人们生活和获取信息的背景和途径。

互联网高效且无穷的链接功能,使人们的日常媒介经验和人的意识范围大大超越了本地的局限,甚至是国家的边界。这种链接功能将地域上独立分隔的地区、国家以前所未有的广度和深度进行超级链接,并形成了一种新型的社会环境。除此之外,互联网还为广大的网络使用者提供了一个开放式的信息资源库,各种各样的动态信息以及海量级的数据赋予每一个使用者以访问、接触以及发布信息的权限,在彼此交互的过程中新的传输仪式和结构被建构出来,人们的社会生活也因互联网的广泛链接得以延续和深化。如今,网络已经成为了现代社会最重要的基础设施,甚至成为了社会系统的神经,给当今人类的生活方式、经济形态、社会结构、社会关系、政府治理乃至人们的思维模式和价值观念等都带来了系统性、革命性的影响,而且这种影响还在加速深化,其结果甚至无法准确预估。[①] 因此,可以说互联网的出现使人们真正进入了一个"万物互联"的全新世界。

四、从"移动链接"到"智能自动"

"万物皆媒"的世界正在形成,媒体的边界日渐消融,智能化成为信息传播的关键词。互联网的万物互联性能全方位地融合了信息生产端、信息传输渠道、信息接收端和信息消费方式,而信息传播技术的迭代升级更是将互联网的这种链接性发挥到极致。大数据、云计算、人工智能、5G等技术的发明和使用将人类推进了智能化的媒体时代。多维空间的信息生产能力促进了媒介的人性化交互和传受双方的感官体验潜能的开发,信息呈现将一改之前的以单纯的文字、图片、声音的形态,继而融合为高仿真的现实环境信息的综合性重组。

在智能场景时代,全程媒体、全息媒体的传播景象已经形成。传统媒体的融合发展向着智慧广电的方向迈进,以场景价值为基础的内容生产、用户数据以及服务推送将成为智慧广电的核心资源。智慧广播电视媒体在实现内容产品云端化的基础上,整合优质内容的个性化和垂直化触达路径,触摸勾勒用户画像,然后再以场景化作为用户需求的对接入口,做到个性化的内容产品需求与针对性的内容推送相统一。智能媒体时代将用户价值与内容价值高度匹配,继

[①] 赵立兵,熊礼洋.从"沉默的螺旋"到"意见长尾":社会结构变迁与舆论形态重构[J].新闻界,2017(6):15.

而全方位地调动人的传播能力。移动互联网的广泛渗入克服具体的时空限制，进而激活场景的价值和能力，然后再通过移动互联网的传播节点将信息以人的链接生产和分配。除此之外，智慧广电的发展不仅仅是高度智能自动化的，而且还将是拥有着高情感的情绪感知的媒体系统。

众多的数字媒介平台和内容连接提供越来越灵活和动态的传播方式，"物"的作用和意义将得以呈现和放大。在媒介技术的支撑下，以往技术对人类感官的切割已经变成了一种综合的延伸。[1] 可穿戴设备如智能手表、手环以及智能家电、各类传感器，可以更加迅速、准确地感知信息的变化，继而成为信息资源的重要供应介质。虚拟现实技术、自然语言处理技术、计算机视觉技术等将人类的身体无限延伸，继而将主体的"我"和身体之外的场景相互融合，使得人类的各种感官全方位的被激活，继而走向虚拟化、技术化和媒介化。另外，智能化的"物"对数据的获取和应用能力还会影响到新闻生产，个性化的新闻服务、机器人写作、智能语音交互、传感器新闻等正在改写传统的新闻生产和传播格局，算法新闻将实现新闻采集、存储、写作、分析等一系列流程的自动化。这场变革不仅仅是对传统新闻传播手段、形式和思维的变革，也是对媒体产品结构、生产机制和媒介生态的变革。从更为广阔的范围来看，智能化的前景不可估量，而且发展潜力巨大，智能技术也将成为人类未来科技发展新的增长点。

第二节　媒介技术演化的逻辑和趋势解析

一、新老媒介更替的基础逻辑

媒介根据不同的视角一般被划分为三种类型：技术性的媒介、社会性的媒介和时代性的媒介。[2] 其中，研究技术性媒介的传播学者以哈罗德·伊尼斯（Harold Adams Innis）、约书亚·梅洛维茨（Joshua Meyrowitz）、阿瑟·伯格

---

[1] 何志荣.延伸与回归：传播具身性在媒介技术中的嵌入[J].编辑之友，2019(12)：66-70.
[2] 喻国明，王小龙，郭剑楠.智媒时代媒介的重新定义——依据社会化场域的范式[J].青年记者，2019：38-39.

(Arthur Asa Berger)为代表,他们根据现实技术作用于媒介的性质和形态将媒介定义为一种工具性、技术性的存在。研究社会性媒介的传播学者马歇尔·麦克卢汉(Marshall McLuhan)将媒介放在了人与社会的层面去分析,他从人对媒介的使用性上强调媒介的外延功能和本质特征。研究时代性媒介的传播学者马克·波斯特(Mark Poster)将不同时代所产生的媒介作为研究对象,他认为传统的广播电视是第一媒介时代,互联网等媒体是第二媒介时代,不同时代的媒介在信息传递和交流模式上差异很大。[①] 然而,不论是从哪个视角去划分媒介的类型,媒介更替的基础逻辑是恒定不变的。

(一)媒介与技术的联姻是新老媒介演进的根本动力

媒介形态的演变是跟技术发展紧密相连的。我们对于技术有一个最基本、最简单的认识,就是每一种技术所形成的传播媒介,都或多或少地提高了控制时空的能力,即它具有缩减人与人交流的空间距离、跨越古今交往的时空的能力。在技术决定论中有三个重要的命题:第一,技术作为科学的衍生物,是一种自洽的力量,可以自行生产新观念,而不必依赖其他社会要素。第二,在社会平稳发展的前提下,技术是促使人类生存状况发生变迁的首要中的首要动力。第三,在社会平稳发展的前提下,由新技术导致的变迁,往往对社会产生巨大的影响,并可以改变社会的形貌。[②] 由此可以看出,技术对于媒介形态的改变起着至关重要的作用,正如印刷技术、电子技术、数字技术、智能技术等技术的发明和使用极大地作用于媒介形态。与此同时,媒介形态的改变,不仅改变了信息的呈现方式,也改变了作为信息消费者的选择取向和消费习惯,进而重塑了人类信息交流的形态标准,就像麦克卢汉认为在技术推动下传播生态的变化比媒介生产的内容更具价值,因此提出了"媒介即讯息"的论断。

在媒介环境学派集大成者麦克卢汉看来,人类从以纸张、书写为代表的印刷媒介到以广播、电视为代表的电子媒介再到以互联网、新媒体为代表的数字化媒介,都是源于媒介技术的发展。麦克卢汉那句著名的格言"媒介即讯息",意旨强调每一时期占统治地位的媒介技术对人类理解和处理信息发挥着主导性作用,从而形塑了我们的思维和社会系统,可以说媒介是区分社会形态的重要依据。例如印刷媒介时期的信息传播,因其文字排列的线性特征导致人们在获取信息的过程中呈现出理性且低含糊性,从而形成了逻辑性强的、冷酷的思维

---

① [美]马克·波斯特.第二媒介时代[M].范静哗,译.南京:南京大学出版社,2000:5-16.
② [美]卡茨等编.媒介经典文本解读[M].常江译.北京:北京大学出版社,2011(1):178.

方式，是一种"低参与度"的"热媒介"；而电子媒介时期的信息传播，如电视媒介在传播信息过程中表现出"低清晰度"的特征，而且需要受众的"高参与度"，因此是具有"包容性"的"冷媒介"。麦克卢汉对于"冷"、"热"媒介的区分，对于我们的启示是："由于不同媒介的介质属性不同，对人们感官的介入程度不同，人们基于不同媒介所产生的对事物的认知和体验也有所不同，媒介时时刻刻形塑着人们的认知偏好、信息处理方式和思考方式，以一种技术无意识的形式影响着传播内容，塑造着时代文化，改变着受众的行为模式和认知模式。"[1] 技术媒介理论研究学者麦克卢汉的拓新之处在于，他启示我们不仅仅只是去研究媒介所生产的内容，更要将研究的目光投向人类历史上所出现的信息传播媒介本身，因为媒介除了是承载信息的介质，它还有着自身的传播逻辑，这种逻辑影响着媒介如何被人们利用，且如何影响人类社会的交流行为。

（二）新老媒介演进的基本规律

媒介形态的演进有着自身因果必然性的规律，它不会因为国家、民族和媒介的特殊性而脱离规律性的秩序框定。人类所创造的一切媒介都处于不停演进的过程当中，媒介演进的历史决定了新老媒介相互更替的必然。从以视觉参与信息传播的印刷媒介到以听觉参与信息传播的广播媒介，到以听觉和视觉共同参与信息传播的电视媒介，再到全方位调动人类感官的数字互联网媒介，媒介的演进过程不是变幻不居的，新老媒介更替存在着必然且反复存在的客观规律。

1. 新老媒介演进的规律之一：叠加演进

媒介的演化史告诉我们，新媒介完全取代旧媒介的情况很罕见，新老媒介的形态和功能总是在叠加中不断向前演进的。"旧的媒介鲜有消亡，人类不仅占据着技术为中介的传播活动中的关键位置，而且之前的媒介形态还是后者的原型。"[2] 一方面，媒介只要满足人类的某种需要，它就能存活。如现实所示：印刷媒介没有取代口语交流，由印刷媒介形成的书写文化类型，只会随着电子媒介的日盛而式微，但其本身不会消亡，电视媒介没有消灭广播媒介，互联网

---

[1] 喻国明，杨雅.5G时代：未来传播中"人—机"关系的模式重构［J］.新闻与传播评论，2020（1）：8.

[2] ［丹麦］克劳斯·布鲁恩·延森.媒介融合：网络传播、大众传播和人际传播三重维度［M］.何道宽，译.上海：复旦大学出版社，2012（9）：004.

新媒体也没有取代传统广播电视媒体的地位和功能。美国传播学者罗杰·费德勒（Roger Federer）认为："新媒介并不是自发地独立产生，它们是从旧媒介的形态变化中逐渐产生的。"① 另一方面，一种媒介在向另一种媒介更替演进过程中总会有部分功能和形态相互重合。电视媒体继承和保留了广播媒体中的听觉元素和宣传功能，网络新媒体综合了电视媒体的视觉元素和娱乐功能。总之，人类对于传播技术的追求是永无止境的，任何一种新媒介对于老媒介的更替都是媒介形态和功能进化的结果，每一次更替进化都为人类的感知系统和认知领域打开了一扇崭新的大门。可以说，新老媒介彼此更替演进的脚步将永不停歇。"媒介终端载体的演进并不是相继的进化和简单的取代，而是叠加演进，共同生存。"② 正如我们正在经历的媒体融合其实也只是一个过程，而不是终点，因为从技术层面上来看，多种媒体之间一直处于不断融合分化和叠加演进的过程之中。

2. 新老媒介演进的规律之二：补偿与扬弃

在技术驱动的媒介演进历史中，后一种媒介往往会补偿前一种媒介的功能，同时新媒介也会扬弃旧媒介的部分功能。"每一种旧媒介都是另一种新媒介的内容：言语是文字的内容，文字是印刷的内容，印刷又是电报的内容。"③ 根据麦克卢汉对于媒介功能内容演进的阐释，可以发现旧媒介的特征几乎毫无保留地融入到新的媒介形态里，同时也继承了旧媒介所蕴含的理论特征及意识形态特征。大众传播自产生于人类交往之后，就沿着自己的方向和方式前进。从实质上讲，大众传播系统就是一系列符号的传递系统。这些符号最初是作为文字被印刷在纸张上的，之后作为广播讯号当中的声音，再后来成为电视中的画面、声音和文字，抑或是成为互联网中的代码。广播当中的声音是对报刊媒介的声觉补偿，电视媒介是对广播媒介的视觉补偿，而网络新媒体则是对广播电视媒体弱反馈和单向性信息传递功能的补偿。除此之外，具有宰制性的媒介技术，会在一定历史时期内产生强大的影响力，因而具有强大的生命力和适应力。只有当传播技术达到一个临界点的时候，一种新的媒介才会横空出世，其身上势必具备某些旧媒介无法企及的优点，并将人类的信息传播引向一个全新

---

① [美]罗杰·费德勒.媒介形态变化：认识新媒介[M].明安香，译.北京：华夏出版社，2000：19.
② 杨保军，张成良.论新兴媒介的演进规律[J].编辑之友，2016（8）：7.
③ Mcluhan M. Understanding Media: The Extensions of Man[M]. New York: McGraw-Hill, 1964: 23-24.

的生态系统之中。因此在旧媒介向新媒介更进演化时，为了适应新的传播需要和维系生存，新媒介既要增加新的优点，也要舍弃旧媒介当中存在的缺憾及可被替代的技术部分。

3. 新老媒介演进的规律之三：演进周期缩短

新老媒介更迭演进的速度不是匀速向前的，不同媒介之间演进的周期呈现出逐渐缩短的态势。就媒介发展演进的历史来看，抛开不同时期不同媒介的功能差异，只看某一时期人们使用某种媒介的数量变化，我们可以发现媒介演进过程中新老媒介更迭的周期正在逐渐缩短。有学者对此进行过统计："一个新的传播介质普及到5000万人，收音机用了38年，电视用了13年，互联网用了4年，微博用了14个月，微信用了10个月，'抖音'只用了不到5个月。"[①]可以说，随着新媒介所拥有的"优势"越多，吸入的媒介形态越充分，掌握的媒介功能越全面，其所获得的演进动力就越足，演进的周期就越短。从以广播电视为代表的传统媒介到以网络新媒体为代表的新兴媒介，时代性技术赋予了新媒介的支持选项使得新老媒介之间更迭演进的结构更易被打破，新兴的数字化媒介解决和改写了传统广播电视媒介标准化有余、个性化不足的问题局面，从而展现出不同于传统媒介的特殊功能和魅力，由此便会吸引更多的人使用和推广，新老媒介演进的周期也因此得以加速。

二、媒介演化的人性化趋势

（一）媒介人性化演进趋势的逻辑起点

人性化需求是媒介演进的重要动力，媒介演进的逻辑起点是人类本身。在人类使用和创造媒介的历史中，一方面，从媒介与技术的关系来看，技术为媒介的演进提供了必要的支撑。另一方面，从媒介形态受到技术赋能的演进规律上讲，媒介演进的趋向也越来越朝着人性化的方向迈进。可以说，"媒介进化表现出的是越来越符合人类需求和便于人类使用其进行信息交流的倾向"。[②]被称为数字时代麦克卢汉的保罗·莱文森（Paul Levinson）认为，媒介以达尔文进化论的方式在不断向前演进，基于此，他提出了媒介演进的"人性化趋势"理论。媒介是人类信息传播实践的产物，虽然技术的发展是促进媒介不断

---

① 赵随意. 媒体融合深入阶段要解决的三大问题［J］. 中国广播，2018（11）：38.
② ［美］保罗·莱文森. 人类历程回放：媒介进化论［M］. 邬建中，译. 重庆：西南师范大学出版社，2017：43.

向前进化的客观条件，但是在传播过程中使用媒介的人才是牵引和推动媒介进化的深层性力量。因此，保罗·莱文森进一步指出："人性化媒介的进化趋势是再现现实世界的水平不断提高……不仅是再现前科技环境，而且是技术世界的延伸，这样的延伸大大超越了原来的生物局限。"① 媒介的演化就像植物趋向太阳一样，在一个接一个的发明中，媒介的功能越来越人性化，即朝着"人性化趋势"不断演化发展。②

媒介技术的更替发展的意义不仅仅在于使用媒介的主体将客体之规定性递达所形成的传播链条，而且还在于具体的媒介技术物所蕴含的媒介性。当媒介技术的发展超越了工具性的意义，传播媒介的媒介性就完成了人作为媒介创造者和使用者的可能性、有限性和历史性。概括地说，就是每一种传播媒介的诞生都和它对应的技术以及具体时代人类的需要紧密相关。媒介向着人性化趋势发展的基本逻辑就是人类总是根据时代和自身需求的升级，不断地使媒介朝着自己需求的方向延伸，人性化需求是媒介形态更迭和演进的动力之源。

（二）媒介人性化演进趋势的诱导因素

媒介人性化演进趋势的诱导因素来源于人类对传播媒介所提供信息的心理需求。1959 年美国社会学者伊莱休·卡茨（Elihu Katz）首先提出了使用与满足理论，他认为人类接触媒介行为的动因是社会因素和心理因素共同作用于受众对于媒介期待的心理所致，受众通过与媒介的接触而获得需求上的满足。卡茨将原先媒介作用于受众的被动"有限效果论"进行了矫正，强调受众在使用媒介时在很大程度上掌握了控制权，即在具体的传播实践活动中，受众对传播媒介有着积极地选择权力。根据卡茨的这一理论，媒介的人性化演进很大程度上是依赖人类使用其所产生的满足心理。比如广播电视媒介满足了人类视觉和听觉的需求，并且在满足视听感官的同时获得了享受娱乐、逃避压力、释放情绪的心理需要。网络媒介在满足人类视听需求的同时也满足了人类摆脱时间迟滞和空间阻隔进行交际和互动的需要。

中国学者操瑞青提出了影响媒介进化人类需求的三个层次：基础诉求、物理诉求和心理诉求。③ 根据操瑞青的影响媒介进化人类需求的三个层次的解释，不同性质的媒介在传递信息时作用于人类需求的程度是不一样的，例如面对面的具身性语言交流是人类对媒介基础交流功能的体现，属于人类对媒

---

① ［美］保罗·莱文森.莱文森精粹［M］.何道宽，译.北京：中国人民大学出版社，2007：37.
② ［美］保罗·莱文森.新新媒介［M］.何道宽，译.上海：复旦大学出版社，2014（5）：151.
③ 操瑞青.选择媒介：解读媒介进化中的人类需求与技术影响［J］.新闻界，2017（7）：2-8.

介的基础诉求范畴；广播电视媒介帮助人类跨越时间和空间的局限，实现大量信息从此地到达彼地、从古至今的历史穿行，满足了人类对传播内容的时空、数量的需求，属于人类对媒介的物理诉求范畴；网络新媒体在满足人类对媒介使用物理诉求的基础上，提升了人类即时分享信息、实时互动交流的速率，实现了虚拟与现实时空相通、承载传输海量内容的需求，属于人类对媒介心理诉求的范畴。

第三节 媒介技术对中国广播电视有声语言传播范式的作用影响分析

在媒介形态和传播技术交叠共生的信息传播生态系统中，我国广播电视有声语言传播伴随着二者的互动及构造结构的演化而演进。广播电视有声语言传播的终点是广大受众，它之所以引起人们的讨论和关注，是因为它利用现代传播技术实现了前所未有的高密度、高质量、高效率的有声语言传播效果和语言动员能力。虽然媒介技术的发展速度突飞猛进、日新月异，然而人类始终难以脱离语言去交流与传播。"语言就是理解本身得以进行的普遍媒介。"[1]尽管我国自古就存在着以有声语言为介质的语言传播活动，但大多数是以传统教化的口耳相传方式进行。进入20世纪之后，随着广播、电视等大众电子媒介的出现，有声语言传播活动的影响力变得更加深远，致使存续了几千年的中国社会传统的价值观都发生了改变。作为我国信息传播重要载体之一的有声语言一开始在广播媒介中承担的是国家和政治领袖教育引导大众的工具和宣传体制的工具，因为其占据了受众全部的听觉注意力资源，所以具有强大的政治感召力和行动指挥力。随着媒介技术的演化，电视媒介应运而生。电视媒介中的语言传播活动以画面和有声语言相结合的方式运行。因为有声语言符号有益于说明复杂的、逻辑性强的信息，画面语言则易于传达感性的、易于领会的信息。此时，已经初步建立了以有声语言为基础，画面语言为辅助的语言传播格局。伴随传播媒介的进一步演化，数字技术的发明催生了多极化的网络交流与传播活

---

[1] ［德］加达默尔. 哲学解释学［M］. 夏镇平，宋建平，译. 上海：上海译文出版社，1994：69.

动的产生。从有限的文本到无限的话语实践，从形态各异的传播载体到丰富多元的有声语言传播样态，使得寓于传播媒介中的有声语言符号系统日益变得丰富，当信息传播系统中的技术得到强化时，传播媒介所承载的有声语言符号便开始朝着智能化和社交化的方向演进。如今，人工智能技术在语言传播领域不断取得突破，语音识别、人机对话、虚拟主播等人工智能技术跨越了行业和社会应用的鸿沟，已经渗透到有声语言传播的内容生产、传播和消费的各个环节，给广播电视有声语言传播带来了一场前所未有的智能革命。人工智能技术实现了有声语言传播内容和形式的自动化、互动化、个性化、服务化，继而不断地提升着广播电视媒介的人性化、情感化维度。

媒介技术的发展日益成为影响我国广播电视有声语言传播范式演进的革命性因素。其迭代发展正在改变着我国广播电视有声语言传播的模式，即将公共领域和私人领域之间的界限模糊掉了，将个人领域的话语实践与公共领域的话语实践逐渐融合。我们正在进入一个静默而又喧嚣的过渡和转型时代，并站在了新媒体和旧媒体相互交汇的空间领域之间。在技术赋能下的新兴媒介与传统广播电视媒介相互融合发展的态势下，技术驱使下的有声语言符号系统正日益扩展和充盈，媒介与人的接触界面也演进得愈加富于人性化。新老媒介相互融合下的有声语言传播不再成为标榜权力的唯一筹码，任何社会个体都可以通过接触媒介界面参与到有声语言传播的互动当中。

一、私人与公共空间的嬗变历程

技术将大众的"群居"属性延伸至虚拟空间，重塑着人类信息传播的空间结构。媒介赋权下的人类感知系统的扩展又在一定程度上改变了私人和公共空间之间的界限，"社会空间和公共空间正在经由媒介辅助的做法而重新调整"，①从而改变着公共领域信息传播的内在机制。私人和公共的信息传播空间之间的界限逐渐因媒介技术的介入而愈加变得模糊，人们私下的个人世界可以通过媒介的赋能展现在公共面前，而公共性的信息则可以摇身一变成为个人单独利用的舆论材料。

从我国媒体生态环境来看，进入新世纪以来，我国传媒技术的变革，特别是网络等新媒体的飞速发展成为不同社会阶层和社区群体公开发声的公共领

---

① ［英］库尔德利.媒介、社会与世界：社会理论与数字媒介实践［M］.何道宽，译.上海：复旦大学出版社，2014（5）：188.

域，这种区别于广播电视高度一体化的新闻生产场域在一定程度上促进了公民的权利意识和参与意识和话语权的向前推进，从根本上改变了原有的传播形态。广播电视的受众不再是被动的接收者，而是摇身一变成为信息传播的积极参与者。这种身份的改变体现了社会公共话语空间的前移和生长，它将私人与个体组织成公共个体参与到信息传播当中，这也印证了哈贝马斯所提出的"公共领域"的概念。哈贝马斯指出"公共领域"之中包含有"公共性"，"公共性是一种民主原则，每个人都有平等的机会表达其个人倾向、愿望和信念，从而实现公共性。"①尤尔根·哈贝马斯（Jürgen Habermas）"公共领域"概念提出的意义在于"公共领域"强调的是促进公民交流对话、体现公共理性精神、开放理性与智识沟通。

　　社会化媒介（social media）带来的以人为媒的传播模式，使公共场景和个人行为之间的界限愈加模糊。一方面，社会化媒介越来越多地介入到了空间结构场景的划分，使现实的地域界限变得模糊。另一方面，社会化媒介还融合了以往不同的公共场景，隔离了环境位置和社会位置的传统联系。生活中的场景形成了我们语言表达方式的基础：在一般的、生活化的场景中我们使用语言更加随意，不论是语音的标准还是词语的规范都较正式的场景有一定的差异。因为每一场景为不同的语言实践规定或者排除了身份角色的界限。以往传统的广播电视有声语言传播场景的变化基本上是缓慢的、隐蔽的，但是由于社会化媒介的介入，逐渐改变了社会人群接触场景的类型。

　　社会化媒介对我国广播电视有声语言传播产生了影响。突出表现为：第一，"草根群体"的语言实践的崛起。广播电视媒介传统的信息特征隔绝了草根群体的参与者，创造出一种封闭的特殊信息系统，它将精英群体成员联系起来并把他们与草根群体区分开来。因此，传统的广播电视有声语言传播中草根性的语言传播实践很少介入到官方的语言传播体系之中，不同群体总是包含着"排他性"的身份特征，草根性的"后台信息"很少出现在"前台"的传统媒介之中。社会化媒介通过提供新的显示"后台信息"的方式，使得草根群体身份有了新的入场机会，是因为社会化媒介破坏了传统的物质地点与独立的信息系统之间传统的依附关系。第二，语言传播权威的削弱。权威基于信息控制，指一个人或者群体获得其他人的信任并愿意遵从的能力，权威的产生需要一定程度的表演，也需要媒介的激励。传统的广播电视有声语言传播主体即播音员

---

① ［德］哈贝马斯著.公共领域的结构转型［M］.曹卫东，王晓珏，译.上海：学林出版社，1999：252.

主持人通过对知识、信息、技能与特定的角色呈现出一种权威性的身份特征。语言传播从单向流动向双向交往的转变反映了相对权威和信息控制的变化。"传播媒介越是倾向于融合信息世界，媒介就会越鼓励平等的交往方式。"① 语言传播权威的削弱涉及了权威和神秘感的隐退。演播室场景的后台信息暴露，如演播室的提字器、演播室的灯光、主持人的生活及隐私等等。以往传统的广播电视有声语言传播主体通过仔细隐藏自己的身份信息来降低可接触性，从而维护自己的权威地位。现在通过社会化媒介的展演，将自己作为职业人以外的生活形象展现给公众，同时暴露了自己的后台信息，使得作为公共的职业形象和私人的个人形象之间的界限变得模糊。

（一）从"群众"到"受众"再到"用户"的称谓迁移

话语抑或是词语的变迁，悄然记录着社会信息传播的转型过程，话语的历史也反映着社会结构的变迁，我们所使用的话语与我们看待问题的方式相互渗透，相互促成，协力塑造着我们和社会之间的关系。每一代人都出生并生长于某种占宰制性地位媒介的环境里，因而就自然而然地被这种媒介环境所营造的信息世界所形塑，即使他们并不会成为从事媒介生产的专业人士，但他们的思维逻辑以及看待信息生产、消费的方式，都将被烙上此种媒介环境的印记。"群众"、"受众"和"用户"作为我国新闻信息传播话语体系当中重要的三个关键词，深刻地嵌入我国新闻传播实践当中，并折射出我国广播电视有声语言传播范式的演进脉络。

1. 群众

马克思主义是我国立党立国的根本指导思想，是中国共产党的灵魂和旗帜，在马克思主义中国化的语境中，"群众"一词总是和"人民"一词有着密不可分的联系。"群众"一词的内涵极为丰富，并且反映着鲜明的政治特征。"群众"泛指人民大众，狭义特指工人阶级，广义上又指哲学意义上的"人民群众"。有学者从"群众"和"人民"的概念逻辑进路角度进行过分析，认为人类是沿着从"'经历一条种的类特质'到'人的类特质'到'人类'到'群体'再到'群众'最后到'人民'的逻辑进路"。② 因此，"群众"概念的出现要先于"人民"概念的提出。也有学者从包含与被包含的关系进行分析，认为

---

① ［美］约书亚·梅洛维茨［M］.肖志军，译.北京：清华大学出版社，2002：61.
② 孙宜芳.马克思恩格斯群众与人民概念的逻辑进路［J］.重庆社会科学，2017（7）：38.

"'群众'在含义上包含着'人民','群众'是既指'人民大众'或者'居民中的大多数',又指'未加入党团的人',即'党员'和'群众'之区别"。① 因此,两者之间存在联系,但同时又有细微的差别,这种差别在于在政治上的进步性,即马克思主义群众观中的进步阶层或进步阶级。

中国共产党是通过领导广大人民群众推翻旧制度建立新政权的,并且在建立新政权后又是在人民群众的支持和拥护下走上了建设社会主义国家的道路。在这个过程中中国共产党首先完成了新民主主义革命,实现了民族独立和人民解放。然后在此基础上完成了社会主义革命,确立了社会主义制度。因此,在中国的政治话语体系中,"人民群众"就成为了"创造历史的主体、代表历史发展方向的群体、正当的政治立场标准、合法的政权和政治行为"② 的基础性、坚定性、对社会历史起推动性作用的人。在"一体化"的广播电视有声语言传播范式时期,群众代表了广大的具有革命性、正当性的农民阶层,不论是湖南农民运动还是"文化大革命"的"群众运动",为了突出党与群众的关系,毛泽东都对这个群体进行了充分的肯定和高度的赞扬,并将其视为实现革命目标的主要对象。

2. 受众

在以广播电视媒体为中介关系的信息传播两端,传播者和受众一直保持着一种相互依赖、相互影响的关系。20世纪初,我国由于广播、电视媒介的成熟和收音机、电视机等传播载体的普及,传统的信息环境和信息生态发生了变化,以往由传统的农民和工人群体聚合而成的"群众"一词逐渐被新名词"受众"所替代。"受众"一词中的"受"字体现了信息接收者的被动性,而"众"则体现了其数量上的庞大性特点。"受众",在《现代汉语词典》中的解释为"新闻媒体的传播对象和各种文化、艺术作品的接受者,包括读者、听众和观众等"。受众是电子媒介发展下出现的产物,也是由电子媒介及其内容影响下的产物。在以广播电视为主要媒介的信息传播过程中,受众首先是对传播主体所发出的信息进行接触和接收,然后形成认识和感受,最终产生动机和态度。在以传者为中心的现代电子媒介时代,人们获取信息的方式相较于印刷媒介时代虽然变得更为多样,但是仍然处于被动接受信息的位置。广播电视媒介单向

---

① 季建林.群众内涵的变化和群众工作遇到的新情况新挑战[J].中央社会主义学院学报,2012(2):82.

② 丛日云.当代中国政治语境中的"群众"概念分析[J].政法论坛(中国政法大学学报),2005(3):19.

性及弱反馈的信息传播特点造成了受众接受信息的被动性,虽然受众可以通过电话、写信等方式对传者进行反馈,但是这种反馈往往具有滞后性、间接性、不完备性的缺点。这些反馈上的缺点造成了受众表达意见的被动性、受众在舆论形成过程中的被动性等。

改革开放以来,人们的主体意识逐渐被唤醒,人的主体价值和能动性被予以强调和尊重,人的主体作用不断被强化,人的主体需求被放大和满足。广播电视媒体为了能够最大限度地争取受众的注意力资源,着重于信息内容创建与供给,采用有目的、有意识的方式去满足受众的收听、观看需求。一方面,信息传播主体恢复了主体的传播本质,将自己从单纯的政治工具的桎梏中解放出来,更多地将目光聚焦于受众身上,重塑新的传播形象。另一方面,受众的主体意识也开始逐渐萌生,对传播主体的权威性、神圣感进行理性的审视。作为传播终端的受众在新的传播观念的指引下,不断地提升自我认识、自我表达、自我发现的维度,实现了被动向主动的跃升。另外,广播电视直播技术的兴起和应用为受众和传者的即时沟通、实时反馈架起了桥梁。广播电视直播节目的出现引发了广播电视从传播目的、传播过程到传播功能、传播效果等一系列流程的变化。传播主体和接受主体在相互认识的过程中奏响了传受和谐共进的传播乐章。可以说,在"人本化"的广播电视有声语言传播范式时期内,"受众"的主体价值、主体意义和主体精神得到了最大限度的承认和张扬,并为下一阶段"用户"概念的酝酿萌生提供了实践和观念上的积淀。

3. 用户

随着传播技术的发展,互联网、移动通信和各类智能终端深刻地嵌入到了我国信息传播生态之中,新媒体技术的发展与使用,不仅丰富了我国信息传播的手段和渠道,也打破了广播电视一统天下的传播格局,给传统媒体的传受关系带来了革命性的变化,以往被动接受信息的"受众"摇身一变成为主动创造和消费信息的"用户"。"从'受众'到'用户'不仅仅是词义的转变,更是传播内涵的颠覆,标志着传播学近百年的大众传播受传对象划分被打破。"①

"用户"一词源于经济学谱系当中的消费学,在《新华汉语词典》当中的解释是"使用人,消费者"。在计算机行业领域,"用户"被用来指代网络软件服务的体验应用者。技术的发展带来社会的改变,传播学也受到来自技术发展的影响,"从传播学的角度来讲,受众在传播学中的地位可分为消极的受众阶

---

① 杨光宗,刘钰婧.从"受众"到"用户":历史、现实与未来[J].现代传播,2017(7):34.

段、积极的受众阶段和用户阶段。"①互联网新媒体的出现打破了传统大众传播时代的生态格局，新媒体的"用户"已经参与到新闻内容的生产和传播之中，进而改变了传统的信息传播模式。以微博、微信和手机客户端为主要媒介的互联网衍生媒体平台极大地提高了传统媒体时代"受众"的参与度和互动感。大众媒介究其根本就是以一小群人为中心，向更广泛的人群传播信息的媒介，它具有非常重要的特征，即对于信息在时空范围内的复制、存贮和扩散。如今，传统大众媒体时代的"受众"对于信息的获取已经超越内容本身，而将重点放在使用媒介本身的性能上，如便捷性、友好性、迅捷性、交互性等等不一而足。而新媒体的出现则决定了区隔化的、分化的"受众"，由于信息与来源的多样性，"受众"本身拥有了更多的选择权。除此之外，智能媒介的互动性也为"受众"建立、扩展、维护主体性的社会关系网络提升提供了保障。所以，从信息接收的同时性与一致性角度来看，大众已经不再是所谓的"受众"了。

我们生存的信息传播环境，正在从以"受众"为本的"受众时代"向"用户"至上的"用户时代"转变。在传播过程中，一方面，受众处于受传的地位，但是在信息的选择上，他们越来越表现出强烈的自主性，特别是在网络新媒体异军突起和媒体融合的语境下，往昔"子弹论"、"皮下注射论"中被动接受信息的、毫无反抗能力的"沉默大多数"摇身一变，成为具有自主选择性、自我能动性和信息筛选权力的"用户"，他们以更加积极主动的方式介入到信息传播过程之中。另一方面，我国新闻传播从大众传播时代强调"作品"的"内容为王"时期朝着媒体融合时代强调"产品"的"服务为王"时期转型。传统的新闻人转型为"产品经理"，将目光聚焦于市场拓展和用户维护，专注内容生产的市场价值。在"用户驱动"的内容产品生产中，用户将消费者和使用者两者的角色合二为一，提高用户体验成为驱动生产的主要服务宗旨。主流的广播电视媒体也开始注意到这种变化，通过与新媒体的联姻，不断地挖掘"用户"价值潜力，希冀在传播媒介迭代升级的潮流中重新定位新型主流媒体的时代坐标。

（二）从"频率、频道"到"社区、圈子"的信息流动

我们生活中的信息环境无时无刻不再发生剧烈的变化，信息流动的方式也在发生着改变。可以说，从现代化的电子媒介产生和应用以来，我们每一代人都比上一代人更加"数字化"。这种"数字化"带来的不仅是一种生活模式的

---

① 邸金，张海东.解读网络媒介与用户概念［J］.青年记者，2007（8）：117.

改变,更是一种观念的蜕变。回顾我国信息传播的历史长河,媒介技术的迭代变迁在媒体格局、传媒生态的发展演变中产生了深刻的影响。以时空覆盖广泛为特征的广播电视技术的迅速发展使得我国信息传播的脚步和速度向前迈进了一大步,从此开启了"广播电视"的电子媒介传播时代。随着以互联网、大数据、5G等新兴技术为代表的信息传播革命的崛起,我国的信息传播迈向了以万物互联、智能自动为特征的"数字网络"的全媒体时代。

1. 广播电视之"频率与频道"

广播频率、电视频道是我国广播电视媒介首要的独家资源,频率和频道是我国广播电视内容呈现的无形载体和价值实现的唯一平台。在媒体融合之前,我国广播电视的频道频率是按照"广播电视台→频道频率→节目栏目"的三级管理体系运行的,并以"收视+广告"的频道频率制作为核心运营机制。我国的广播电视节目一般是以一个自然日为循环周期进行播出的,其节目和栏目的样式形态连接了广播电视节目和广播电视受众之间的空间性场域。因此可以说,广播的频率和电视的频道从时间和空间两个维度构筑了广播电视节目的使用价值、传播价值和经济价值。

我国广播电视的频率与频道依据行政地域、传输方式、传播定位和运营方式可以划分为四类。第一,依据我国广播电视发展特色和行政地域分布情况分为中央、省、市、县四级。其中中央电视台、中央人民广播电台以及各省(自治区、直辖市)级卫视为全国性的播出平台,其他则隶属于地方性和区域性的播出平台。第二,依据广播电视的覆盖区域以及传输方式的差异,分为上星频道和地面频道。其中上星频道主要包括中央电视台和各省(自治区、直辖市)电视台等,地面频道主要是各省(自治区、直辖市)在行政区划内的电视频道。第三,依据我国广播电视的传播定位和内容特点分为综合频道频率和专业频道频率。综合频道频率主要是中央电视台、中央人民广播电台一套,其余都属于专业频道频率。第四,依据运营和盈利的模式可分为免费频道频率和付费频道。

我国广播电视作为国家的主流媒体,在政治意识、主流意识、阵地意识和大局意识等方面发挥着主引擎的关键作用,同时具有喉舌宣传、公共服务、产业运营"三位一体"的特殊属性。国家广播电视总局规定我国的广播频率和电视频道必须坚持意识形态属性和事业属性,不能租赁外包和整体上市。传播技术的迭代升级促使我国传媒业不断向前发展,广播电视作为上一轮技术创新的媒介代表,取代了报纸、杂志等印刷媒介跃升为我国的"第一媒体"。然而

21世纪以来，随着互联网和新媒体的异军突起，特别是移动互联网技术和人工智能技术的广泛普及与应用，使传统广播电视的频道频率的播出平台失去了天然的垄断优势。

2. 数字网络之"社区与圈子"

（1）互联网的崛起与发展

互联网的崛起全面改写了我国信息传播格局，网络技术的便捷性和全球性，以及网络新媒体多元、平等、开放、共享的特质属性构建了一个全新的话语权中心。互联网是连接世界的全球性媒介，并以开放性、交互性、平等性的网络化和数字化特征成为继广播电视之后的"第四媒介"。互联网的出现深刻地改变了信息传播格局与生态，它打破了传统广播电视媒介单向性、封闭性的信息传播渠道，为普通大众提供了更为广阔的公共意见表达的空间，具有强烈的"赋权"意义。

1994年是我国全面接入互联网的元年，全球互联网的接入使我国从过去的一个弱联结社会变成了一个强联结社会。依据我国社会和网络发展的联结程度，可以将我国互联网的发展历程大致分为三个阶段：一个阶段大致是1994—2008年，以PC互联网为特征的弱联结阶段；第二个阶段是2008—2016年，以移动互联网为特征的强联结阶段；第三个阶段是2016年左右开启的，以人工智能、云计算和5G等为焦点、以智能化为特征的超联结阶段。[①]在我国互联网发展的三个阶段里，每个阶段都有标志性的事件和划时代的传播技术寓于其间。例如在第一个阶段中的1994年我国通过一条64K国际专线全功能接入国际互联网，并于1996年出台了首个中国互联网法规。在第二个阶段中的2008年我国的网民数量跃居世界第一达到2.53亿，在2009年工业和信息化部为中国移动、中国联通和中国电信发放了3张3G牌照，标志着我国进入3G时代；2013年国家工信部正式发放了4G牌照，宣告我国进入4G时代。在第三个阶段中的2018年我国网民规模达到了8.29亿，手机上网比例达98.3%；2017年《网络安全法》的正式施行标志着我国网络安全从此有法可依；2019年我国5G通信实现商用，到2019年底，我国5G基站已经超过13万个，位居全球前列。

（2）网络衍生下的"社区与圈子"

互联网的快速发展带了社会人群的分化，基于现实社会结构和关系的大众

---

① 方兴东，陈帅. 中国互联网25年［J］. 现代传播，2019（4）：3.

社会逐渐演变为"区隔社会"。网络"圈层"和网络"社区"等新的派生词昭示着一种新型的人际交往模式到来。

首先是网络"社区"的出现。在互联网的语境中创建一个网站就可以成为一个"社区",不同的技术平台适合于不同的群体形态,数字可供性的差异也导致了不同的群体行为。[①]美国学者玛丽·查伊科(Mary Chayko)指出:社区是亲密的、初级的社会纽带得以发展的必要条件。并且她还总结了网络社区的五大特质即空间感、共享性实践、共享性资源和特质、共享性身份和人际关系。[②]当然,在网络社区当中的成员可以是匿名方式出现的,也可以是真实方式袒露的。其中,匿名成员只是想通过社区获取信息,得到身份确认,而真实署名的成员更多的是身份亮明,获得成员之间的认可和获得归属感。不管是匿名方式还是真实署名,用于交流的语言是网络社区作为中介化交往平台得以黏合的工具,从而形成了独特的"言语社区","言语社区"具有区别于传统的广播电视的规范化的语言使用模式,这些语言使用模式可以支撑和再现他们的文化意识形态。[③]文化意识形态当中包含着社区成员共同的情感逻辑、共享性的语言实践和语言行为的使用标准等。他们通过这些共享性的社区性语言来展示、反抗、强化和维持本社区的价值规范。而规范标准则牵涉到权力结构,一旦形成了强有力的语言实践势力之后,社区内的成员就会拥有更多的发言权,从而形成共享性的社会语言传播基模。

其次,在网络"社区"的区隔带动下,网络"圈层"应运而生,"圈层"是互联网和社交媒体共同作用的结果。网络"圈层"最突出的特征是"圈层化",网络用户的"圈层化"是个体行动者在虚拟数字空间的集结和抱团,这些网络上的虚拟社群源于真实世界的人际网,具有多样化和专殊化的特征。网络"圈层"以利益关系、情感依托、价值取向和兴趣立场等维系着圈层的稳定。一方面,网络的"圈层化"会派生出众多的、异质的圈层群体,这些圈层群体会表现得更为复杂和细分。另一方面各个网络"圈层"彼此隔离,信息在同质化圈层中的流动隔阂严重。网络"圈层"不只是通过创造和传播社群文化来实施话语权的权力释放,甚至还通过利用新的话语类型和话语模式对主流的话语模式来实施影响,这种影响表现在文化领域即变化了的集体社群,更为强

---

① [美]南希·K.拜厄姆.交往在云端:数字时代的人际关系[M].董晨宇,唐悦哲,译.北京:中国人民大学出版社,2020.182.

② Chayko M. Portable Communities: The Social Dynamics of Online and Mobile Connectedness[M]. Albany: SUNY Press, 2008: 6-7.

③ Philipsen G. Speaking Culturally: Explorations in Social Communication[M]. Albany, NY: SUNY Press, 1992: 88.

烈的公众参与感，对主流官方专家意见的质疑增多、依赖感的减少以及不断增加的参与民主进程的涉入技巧等。

二、媒介与话语权力的共生共存

传播手段和技术的演进史，实际上就是人类文明史、民主化进程的扩大、知识垄断的消弭、民主政治的巩固的演进史。而媒介形态的演进史，实际上是人类选择信息交流方式的历史，这历史中包含着权力显隐的意涵，"媒介为理解人类行为的组织提供了一个切入点。我们的出发点是实践的开放性，是实践如何嵌入广阔的权力关系。"[①]在人类信息传播的发展历史上，传播符号是从简单向着复杂方向转变，而后再向着"人性化趋势"抵近。相比于处于"听觉文化"的"口语传播"时期的手势、体态语和面部表情，有声语言的传播要复杂得多；相较于理性、谦和的"书写、印刷传播"时期的文字符号系统，有声语言传播又显得简单明了；随着网状的、广泛互联的"电子信息传播"时期的出现，人类的信息传播媒介愈发呈现出"人性化"的趋势，这种媒介的拟人化延伸了人类的感知系统，从而极大地释放了大众传播话语权的能量。

人类的信息传播活动离不开承载信息的介质，"媒介是日常实践的一部分，也是政治建构的一部分，同时也是广义的权力组织的一部分。"[②]"媒介的结构性权力在呈现的事实部分是观众的实践经验时，就能被有所限制；而当观众关注的事实，超出了他们的日常经验时，媒介的结构性权力就会更强大。"[③]技术改变着人类信息生产和分配的方式，在国家社会的民主化进程中扮演着主要角色。伊尼斯将一系列古文明呈现出的特征归结于各个文明内居于主导或宰制地位的传播方式，那么这些在特定时期内"流行"的传播媒介则对社会形态产生不同的影响。依据哈罗德·亚当斯·英尼斯（Harold Adams Innis）的观点，当某一媒介成为社会环境当中的主导性媒介时，就会不断地强化并维护自己的特权地位，而后以自己的技术及知识体系来影响人们的认知。另外，技术还不断地扩展受众感知世界的方式，赋予其全新的、未曾体验过的视角来观察世界。随着传播技术的迭代更新，公众表达自我和传播信息的主要渠道从大众媒体转

---

① [英]库尔德利．媒介、社会与世界：社会理论与数字媒介实践[M].何道宽，译.上海：复旦大学出版社，2014（5）：007.

② [英]库尔德利．媒介、社会与世界：社会理论与数字媒介实践[M].何道宽，译.上海：复旦大学出版社，2014（5）：51.

③ Bourdieu P. Public opinion does not exist[J]. Communication and Class Struggle, 1979, 1: 124-130.

向社会化媒体。社会化媒体的结构性潜能，为大众进行语言传播增威赋能，从而渗入传统广播电视媒体有声语言传播之中，为民主进程的加速演进、话语"自下而上"的抵抗能量释放提供了更多可能。

（一）媒介的可供性与"共识传播"

1. 媒介的可供性

"可供性"这一概念是由美国实验心理学家詹姆斯·吉普森（James Gibson）于1979年提出，强调人类与自然环境之间动态的相互作用。[①]在"可供性"理论的"跨国学术旅行"中，我国学者潘忠党在2017年提出了"媒介可供性"理论，将这一概念引入到我国传播学界，他将新媒体的可供性总结为生产可供性、移动可供性和社交可供性。其中生产可供性包括可编辑、可审阅、可复制、可伸缩和可关联五项可供力；移动可供性包括可携带、可获取、可定位以及可兼容四项可供力；社交可供性包括可致意、可传情、可协调以及可连接四项可供力。[②]按照这一理论概念的解释，作为移动线上公共空间的社会化媒体则拥有比传统广播电视媒体更为广博的技术可供性，社会化媒体的这种技术可供性一方面因网络技术发展而具有天然人工物的属性，另一方面社交媒体用户的使用体验决定了它的生存际遇。

人类传播的形式拥有独特的性能，即传播内容能够被再媒介化，信息内容能够被复制、强化、分离或模拟于不同的物质载体之上，因此不同媒介载体供给人们的技术可供性也大不相同。文化研究学派奠基人之一雷蒙·威廉斯（Raymond Henry Williams）认为传播有着明确的方向性，而现存的媒介在传播信息时基本上指涉了两个基本的传播方向，即"操纵式"的单向传播和"分享式"的双向传播。[③]其中"操纵式"的媒介在传递信息时扮演的是"代理人"的角色，其作用主要是为了说服人们以既定的、公式的方式去思考、认知和行动。"分享式"的媒介在传递信息时扮演的是"中介者"的角色，其功能是建立一种沟通平台，构建一种对话机制，以实现传受两方的和谐对话。传统的广播电视媒介可以划归为"操纵式"的媒介范畴，因为其单向性的传播模式使得

---

① [丹麦]克劳斯·布鲁恩·延森.媒介融合：网络传播、大众传播和人际传播三重维度[M].何道宽，译.上海：复旦大学出版社，2012（9）：79.

② 潘忠党，刘于思.以何为"新"？"新媒体"话语中权力的陷阱与研究者的理论自省——潘忠党教授访谈录[J].新闻与传播评论，2017（1）：2-5.

③ [英]雷蒙·威廉斯著.关键词：文化与社会的词汇[M].刘建基，译.北京：生活·读书·新知三联书店，2005：74.

受众的反馈往往迟滞于信息传播的速度，同时它降低了话语的多样性，削弱了与受众天然协商的能力，提高了参与的障碍，并将媒介所有者的意图强加于受众的需求之上；而网络新媒体则可以划归为"分享式"的媒介范畴，因为其通过强大的现实复现能力，创造出比传统广播电视媒介更即时、更平等、更自主的互动交流情境。

社会化媒体的出现促进了"社交可供"，低门槛的技术使用令新闻生产呈现社交化的特点。社会化媒体的这种"社交可供性"通过赋权普通个体，使普通人能自主生产、转发、分享内容信息，并调动自己的信息资源和活力，孵化出有一定自由度的、个性化的内容生产情境。另外，社会化媒体又集结了新闻事件的亲临者、旁观者和评论者，他们形成了与传统新闻从业者相抗衡的力量，不断削减着传统媒体的叙事权力。这意味着，借由社会化媒体的技术可供性，以往被动接受信息的"受众"转身变为主动消费内容的"用户"，正是因为社会化媒介在技术可供性上实现了对全民媒介实践社交能量的释放，使其拥有了更加强烈的参与感和能动性，从而能够更加直接地参与到信息生产的具体环节之中，并不断质疑和检验着传统媒体的内容生产。

2. 媒介的"共识传播"

我们现在正处于一个"媒介化"的时代，即多种形态的媒介杂糅和信息传播技术的广泛应用成为了当下人们信息生活的基础设施。"公共和私人生活的内容及这两个范畴的边界都在媒介技术的应用过程中不断被重构。"[①] 在信息传播"媒介化"的作用下，国家政府决策和社会共识的取得在强大的民意参与中变得日益科学化和民主化。

在媒体融合的趋势下，不同媒介界面的互操作性改变了媒介内容流通的浓密度，加强了社会互动的媒介饱和度。"在数字媒介时代，媒介富集的、社会合作的新形式容易形成"。[②] "语言在真正的交往行为中并不具有强制力，只是一种寻求共识的中介"。[③] 由媒体融合所带来的语言传播的融合，体现了传统广播电视语言运用与新兴媒介语言运用的一种互动关系，这种互动引发了多方面的效应，如思维方式、政治参与、社会治理等，而最为重要的一个功能面向就是在社会成员之间达成共识、弥合裂痕。

---

① 潘忠党.导言：媒介时代的公共传播和传播的公共性［J］.新闻与传播评论，2017（10）：30.
② ［英］库尔德利.媒介、社会与世界：社会理论与数字媒介实践［M］.何道宽，译.上海：复旦大学出版社，2014：116.
③ 刘海龙.大众传播理论：范式与流派［M］.北京：中国人民大学出版社，2008：29.

寻求社会层面最广泛的思想价值"共识"以及弥合社会情绪的裂痕是我国广播电视有声语言传播内在的、深层次的目的动机。我国广播电视有声语言传播除了承担信息传递的主要任务之外，其深层次的内在动机和目的是为了形成最大程度的共识，使社会成员之间以及社会成员和国家之间达成观念价值的趋同和认知层面的吻合。我国广播电视有声语言传播的这种"共识"作用实际上是一种"话语民主"的外在体现，其基础内涵是"人们围绕公共事物展开自由平等的辩论、对话、商讨并最终形成政治共识的过程。"[1] 这种"共识"的形成可以将社会个体纳入国家意识形态的框架中，进而将社会成员的思想统一起来以孕育新的社会认同。特别是在媒介融合的语境中，我国广播电视有声语言传播更加强调传受双方的互动以及传受双方地位的转换，力图在真正意义上实现"共识传播"。巴赫金的对话理论强调："每个人的个性话语是别人话语的混合体。对话性是享有共同价值的两个客体之间相互影响的非常形式。在我们的对话当中我们扮演着倾听者和说话者的双重角色，并且积极地理解和反馈彼此的对话信息。最终在平等、双向的基础上，达成听者和说者的互相理解。"[2] 由此看来，我国广播电视语言的"共识传播"体现了传播的本质属性，其与人民民主有着深刻的内在关联，并且随着媒介技术的发展和传播生态的嬗变，不断地创造着新的"共同意义空间"，新的"共同意义空间"的理想状态是实现传受双方最大程度的了解、和解，目的是达成社会合意、减少社会纷争、推动社会进步。

（二）从"中心化"到"去中心化"再到"再中心化"的话语权力转向

"一个健康的媒介传播系统应该具备三个重要的条件，传播渠道的多样化、传播信源的多元化和大众使用和接近媒体的权力。"[3] 在我国信息传播的媒体结构中，按照媒体分类可以将我国传播媒介分为传统媒体和新媒体。其中，传统媒体按照媒体特征可细分为依赖纸张、油墨等媒介的纸质媒体，模拟音频信号、收音机终端的广播媒体，以及基于模拟图像信号的电视媒体。新媒体按照媒体特征可细分为基于数字化网络的互联网媒体和基于无线宽带的移动数字化手机媒体。在我国传播媒介演进发展的历程中，从广播电视媒介的"中心化"传播到互联网媒介的"去中心化"传播再到媒体融合时期的"再中心化"传播，我国媒体的生态格局发生了巨大的变化。可以说"中心化"、"去中心化"

---

[1] 李曙新. 话语民主：哈贝马斯对当代民主政治的新诠释 [J]. 当代世界与社会主义，2010(4)：61-64.
[2] 董小英. 再登巴比伦塔——巴赫金与对话理论 [M]. 北京：三联书店，1994：24、43.
[3] [美] 卡茨等编. 媒介经典文本解读 [M]. 常江，译. 北京：北京大学出版社，2011(1)：236.

和"再中心化"三个关键词相互交织、深度互动，呈现出了一个分散与集中、共性与个性、多元与趋同相反相成的传播媒介关系网络。

1. 广播电视媒体话语权力的"中心化"

话语权是控制、影响和引导公众舆论走向的一种隐性权力，广播电视媒介作为我国最早出现的电子媒介，占据着意识形态话语权"中心化"的地位。传播媒介是意识形态得以被认同和接纳的载体，因此"媒介不仅是意识形态的工具，而且媒介本身就是意识形态。"[①]我国是社会主义国家，马克思主义是党和国家的根本指导思想，以广播电视媒介为载体的话语主导权是意识形态话语权实现的核心。

除此之外，广播电视媒介作为我国主流的信息传播媒介在塑造维系国家民族精神、增强加固国家民族认同感、凝聚提升国家民族向心力、传播弘扬国家民族价值观等方面发挥着不可替代的作用。可以说，广播电视媒介在我国社会意识形态领域产生的作用，深刻地影响着人们的思维方式和价值观念，其与意识形态具有很强的内在同构性。在我国，以广播电视为建构意识形态话语权的媒介结构中，形成了鲜明的金字塔式的"科层制"传播权力体系。广播电视媒介通过"一对多"的单向线性传播模式，运用主导性的议程设置和信息的严格把关机制掌控了主流舆论场，实现了意识形态话语权的"中心化"。

媒介理论家哈罗德·亚当斯·英尼斯（Harold Adams Innis）曾将政治经济方面的垄断原理移植到了媒介领域，他认为一个时期内被应用最广泛的媒介会对社会和政治产生控制效能，并且被媒介所有者特别是上流阶层所利用，从而成为政治或者经济控制的工具和手段。但是，新生的、具有强势影响力的媒介则可以打破旧的垄断。随着媒介技术的发展，互联网媒介横空出世，其以离散性、多节点、扁平化、网状化的特征为我国信息传播注入了"去中心化"的基因，信息传播从之前的"你说我听"向"双向沟通"的传播方式转变。

2. 网络媒体的"去中心化"稀释传统媒体的话语权力

互联网媒介的问世重构了传播生态，其以一种颠覆性的力量构建了新的媒介环境。互联网将受众从以广播电视为代表的大众媒体的"控制"中解放出来，全面释放了数字革命带来的传播活力。同时，互联网凭借计算机的内

[①] 邵培仁,李梁.媒介即意识形态：论法兰克福学派的媒介控制思想[J].浙江大学学报,2001（1）：99-100.

在特性解构了传统广播电视媒介的主导性地位，突破了其历史地位和空间边界，冲击了其科层制组织结构，并且在一定程度上解绑了广播电视媒介在意识形态宣传方面的束缚。这意味着"信息由传统的分层次、有序传递逐步向点对点的自由、无序传递转变，任何个体或单位都可以成为网络上的一个节点，网络受众既是信息的接受者、消费者，也是信息的制造者与传播者，信息无需通过权威机构的加工即可在任何个体间传递"。① 传播环节上的每一个节点都有高度的自治特征，因此，节点对中心的依赖程度便开始降低。另外，互联网媒介对政治权威也产生了重大的影响，源于传统媒体时期党政体系单一话语权力的中心格局被消解。新闻报道的叙事方式和素材来源通过社会化媒体四面八方地涌向人们的信息世界，一改往昔传统媒体宏大的叙事方式和结构，而且其范围之广、角度之新、素材之丰富都是之前传统媒介时代所无法比拟的。相较于传统的广播电视媒体一个官方的政治源头清单，这些社会化媒介所承载的信息通过转发评论等多次传播和简单的重复都在不断地增加其信息传播的影响力和覆盖面。

从"中心化"到"去中心化"的过程，也是我国的舆论结构发生变化的过程，这个过程引起了话语权的转移。互联网是在技术发展过程当中所发现的能够促进草根传播的革命性潜力，使寻常百姓都可以挑战根深蒂固的权力机构。互联网所赋予的这种权力正在从遵循自上而下运行原则的机制向民主的分配权力的新范式迁移。② 以互联网为代表的数字化媒体，尤其是社交媒体的普及应用，更是加剧了这种态势，将以往处于传播中心和高地的传统广播电视权威逐渐蚕食、削弱。互联网媒介的赋权之义不仅仅在于其为人类开辟了认知世界的一个全新维度，更重要的价值是其能够鼓励和激励人们进行抗争，并消弭以往由广播、电视媒体所形成的集中性力量和等级制度，从而破除中心与边缘的界限。

互联网媒介的信息生产和传播方式改变了传统广播电视媒介中心化生产和单向传输的模式，进而促成了新老媒介之间相互融合的发展态势。互联网的介入，使人们之间的链接不断得到深化和加强，"人所熟知的现代主体被信息方式置换成一个多重的、散播的和去中心化的主体，并被不断质询为一种不稳定的身份。"③ 我们进入了一个"万物皆媒"的时代，在这样的传播现实下，广播

---

① 张琰. 网络传播"再中心化"探究 [J]. 东南传播，2019（12）：89.
② [美] 詹金斯. 融合文化：新媒体和旧媒体的冲突地带 [M]. 杜永明，译. 北京：商务印书馆，2012：311-312.
③ [美] 马克·波斯特. 第二媒介时代 [M]. 南京：南京大学出版社，2000：12.

电视等大众媒介的影响力受到严峻挑战，为了应对互联网及由互联网衍生发展而来的社会化媒体所带来的冲击，传统的广播电视媒介不得不作出调整以适应这种媒介生态的变化。在传播媒介演进势能的推动下，传统广播电视媒体与网络新媒体之间相互融合，从而带动了大众传播、人际传播、群体传播和组织传播的融合。传统广播电视媒体借由这种融合态势重新整合资源、借船出海，力图实现新型主流媒体话语权的"再中心化"。

3. 新型主流媒体话语权力的"再中心化"

在媒体融合的现实语境中，新型主流媒体正由话语权力的"去中心化"向"再中心化"转移，并呈现出一种"多中心"的态势。网络新媒体让传统广播电视媒体失去了对媒介资源的垄断性占有，同时赋予了社会个体和组织使用媒介资源的权利，具体表现为新闻传播的权利被分解，广播电视集中式的"大众化传播"被互联网去中心化的"分享式传播"所削弱，继而产生了多个不具备"强制性"的话语"中心"。由网络新媒体所带来的传播革命迫使广播电视媒体重新审视传统媒介业已形成的传播惯性和价值体系。对于正处于转型期的新型主流媒体而言，顺应社交化传播趋势、重新定位自身在传播链条中的位置，进而不断调整话语体系、表达方式和传播理念，是实现话语权力"再中心化"的必然路径。

当前我国进入到了媒体深度融合发展阶段，广播电视等主流媒体凭借长期积累下的品牌化、公信力和权威性以"跑马圈地"之策重新构建自己的传播矩阵，在把丢失的受众挽留下来的同时利用新媒体的优势大力发展新用户。一方面，主流媒体为了弥补多元化的社会媒介所带来的影响力降低的冲击，把互联网作为获得信息、话题、热点等内容的重要来源，借助互联网的性能拓展自身的传播版图。另一方面，新媒介的出现和广泛普及通过其独特的传播方式改变和重构人们之间的社会关系，包括个体思维、行为方式甚至是价值观念。网络新媒体的个体化新闻传播实践活动进入到大众传媒的视野，逐渐形成了以社会热点和社会关注为参照，综合文本、图像、视频、音频等多种信息处理方式的大众传播网络化局面。新型主流媒体通过内容生产和功能拓展两个方面进行变革来实现话语权力的"再中心化"。

（1）内容生产方面

新型主流媒体有着深厚的信息采编资源和专业把关能力，可以有效地借助互联网平台的运作机制实现"弯道超车"。一方面，新型主流媒体拥有着广泛的消息来源的权威性，能够在源头上保证信息传播的真实性和客观性，同时，面对多元传播主体产生的舆论反转问题，新型主流媒体从新闻的分发到新闻生产主体都有着强有力的舆论监督和内容把关机制；另一方面，新型主流媒体是国有媒体背景，有强大的政党背书和丰富的人才资源储备，通过海量的、确凿的大数据资源可以实现媒体公共服务与用户关系的"强链接"。借助中央、省、市、区县四级融媒体中心的公共服务资源数据为内容生产提供支持，从而实现多层级、细分化、垂直性的内容信息服务。

（2）功能拓展方面

新型主流媒体通过信息的搜集、检索、社交等基础性服务功能深度链接人、信息和渠道，并不断扩大链接半径，从而提升新型主流媒体的平台价值以积累更多的用户黏性和流量。虽然多元媒介跨界提供服务是不争的事实，但是新型主流媒体在信息整合、辟谣等方面仍具有较强的权威性和影响力。新型主流媒体相较于互联网和社会化媒体平台在公共传播体系当中始终占据着核心位置，凭借公共服务的专业性和公共事务的服务性不断拓展基础性功能。这些拓展性的功能包括内容供给能力、产品创意能力、智能传播能力、用户驱动能力、数据决策能力和价值培育能力等。

"去中心化—再中心化"是一个动态发展、辩证统一的过程，并伴随着我国意识形态话语权建构的始终。在媒介演进发展的现实下，我国意识形态话语权的再次建构需要秉承一元主导、多元主体协同互构的原则，即在新型主流媒体话语权力"再中心化"的过程中生成多极化的传播主体，重构主流意识形态话语权。同时要充分发挥多极化传播主体的联动作用，与新型主流媒体形成强大的传播合力，最大限度地实现主流意识形态话语的有效传播和广泛认同。

三、媒介技术影响下的演进脉络

媒介技术的发展始终作用于我国广播电视有声语言传播实践活动，在媒介技术逻辑的驱使下，我国广播电视有声语言传播范式的演进深刻地烙上了媒介技术的印记。根据以上对人类媒介技术演进发展的历史回溯以及媒介技术演进的逻辑和趋势的解析，在大体上勾勒出了媒介技术演进发展的图示。而我国广播电视有声语言传播范式的演进与媒介技术的发展也呈现出亦步亦趋的态势。

有声语言作为一种呈现信息的方式在不同性质的传播媒介上存在着观念和实践的差异，正如媒体文化研究者尼尔·波兹曼（Neil Postman）所说："一种重要的新媒介会改变话语的结构。"①广播电视媒介作为最早出现在我国的电子媒介,一直占据着信息传播的主要位置,其语言传播也在广播电视媒介的不断发展中形成了具有中国特色的范式体系。然而,随着世纪交替,特别是互联网媒体的出现,强势地改变了传统广播电视有声语言传播的话语结构。广播电视有声语言传播一改以往四平八稳的叙述方法,变得更为生动、亲切、符合网络传播习惯的叙述方式。21世纪初,这两种不同性质的媒介互相融合,并且在融合的过程当中充满了制衡,二者的制衡和博弈加速了新闻传播更迭的周期。新的语言模式和思想观念在制衡和博弈中不断地改写着旧的广播电视有声语言传播范式,具体表现为旧范式中的学科基质为新范式提供共同的文化标准,新范式中的学科基质则为共同文化的整合开辟更为开阔的传播渠道。

(一)媒介技术影响下我国广播电视有声语言传播"一体化"范式的萌生

我国广播电视有声语言传播"一体化"范式是在广播的无线、有线电技术和电视的卫星通信技术、数字光纤传输技术的发明应用和普及下萌生发展的。广播作为我国较早出现的电子媒介与技术创新密不可分,广播电视传播技术的发展对我国广播电视有声语言传播范式的演进有着重要影响。我国广播电视有声语言传播"一体化"范式始终内嵌着技术这条基本线索。

首先,以音箱、地线、变压器等为基础设备元件的无线城市广播网为广播电视有声语言传播"一体化"范式奠定了坚实基础。无线广播凭借着高品质的信号传输、低成本的喇叭播报以及易操作的技术使用等优势拓展了广播中有声语言传播的影响范围,通过城市中无线广播将"国家共同体"的声音传到了国家的天南海北,覆盖了全国的民族地区,有效地巩固了新生政权的话语地位。

其次,以有线为主的农村广播网为广播电视有声语言传播"一体化"范式扩大了影响范围。我国幅员辽阔、地域偏远的广大农村地区是巩固新生政权的重要区域,然而无线广播无法覆盖交通不发达的农村地区。有线广播作为无线广播的有益补充,利用有线电缆传输信号,克服了无线信号传输受覆盖区域、信号发射源以及障碍物等因素衰减的缺点,并且极少地受到敌台信号的干扰和影响,极大地彰显了广播有声语言传播"一体化"范式的宣传功效。

最后,以无线电技术为主的电视广播为我国广播电视有声语言传播"一体化"范式拓展了传播范围。无线电技术是以无线电波作为主要介质,利用频率

---

① [美]尼尔·波兹曼著.娱乐至死[M].章艳,译.桂林:广西师范大学出版社,2004:33.

的作用实现声音或图像信号的传输和接收,我国最初的电视广播就是利用电磁波进行远距离传送图像和声音的。我国最早的电视是通过无线电波或导线向广大地区播送音响和图像的,因此被称为电视广播。电视广播以图像+声音的方式拓展了我国信息传播的介质范围,并为之后我国电视产业的发展奠定了人员、技术和物质基础。

(二)媒介技术影响下我国广播电视有声语言传播"人本化"范式的初绽

我国广播电视有声语言传播"人本化"范式是在光纤传输技术、卫星通信技术以及互联网技术的发明和使用下初绽的。这三种信息传输技术的普及使用将社会话语的潜力极大地激发出来,使得广播电视有声语言传播范式体系日趋多样化。融入了多元学科基质的广播电视有声语言传播范式体系,朝着更加贴近自然、更加强调人文、更加健康个性的方向延伸。"人本化"的广播电视有声语言传播范式发挥了独特的社会价值和人文价值,使得广播电视中的有声语言传播被拉回到人性和生命相互协调的轨道之中,一切机制都将服务于人的目的和需求,继而成为广义的生命秩序的一部分。

1. 光纤传输技术和卫星通信技术加速了广播电视有声语言传播"人本化"范式的转换

光纤传输技术和卫星通信技术的应用打破了传统广播电视信号传输的局限性,这些技术的应用在信号的覆盖面积、信号传输的容量、信号的传输速率和信号的传输质量等方面对我国广播电视的不断向前发展起到了不可估量的作用。广播媒介通过从技术中汲取发展力量,一方面,借助新技术的发展提升及时收听的传播性能,实现了与电话之间的广播互动节目创新。另一方面,随着城市化进程的加速,车载广播革新了信息传播终端,移动收听广播节目重塑了广播空间的声音景观。电视媒介利用卫星传输技术对电视信号进行远程操控,同时通信卫星还可以将数字节目信息进行压缩,然后经由卫星地面发射站利用微波发送至同步卫星上,同步卫星再将微波转发回地面,地面再通过小型卫星接收天线和卫星制式接收器播送节目,从而实现数据容量大、清晰度高、信号质量好、传输速度快的传输效果。无线电通信技术和卫星通信技术的融合加速了我国广播电视事业的发展,同时也使得受众对于广播电视的内容需求产生了个性化、专业化、分众化的裂变,受众的自主意识不断地通过广播电视媒介所传递的信息被激发出来,受众通过电话、信件等方式与广播电视节目制作者形成互动,在无形中参与到广播电视节目的生产环节。

2. 互联网技术全面激活广播电视有声语言传播的"人本化"潜能

互联网技术是在计算机技术基础之上发展而来的,它通过计算机网络的广域网连接不同的设备,从而实现了信息的高速率、交互式传播,深刻地改写了人类信息传播的格局。1994年我国全面接入世界互联网,从此我国社会从一个弱联结的社会转变为一个强联结的社会,并从根本上改变了我国信息传播的基础结构、运行方式和生产机制。互联网的强联结性缩短了人们分享经验、收获反馈的间隙,并且增强了人们在彼此互动当中的情感共鸣,同时,由互联网所带来的实时互联打破了传统意义上的物理连接,从而在人们社交层面上实现了高度通融的相关性。语言传播实践不再是社会精英及广电媒体专业人员的独有权利,而逐渐被各种社会化媒体进行解构,并不断释放民间话语传播的社交能量。

不同性质的媒介为有声语言传播的实践提供了具有差别的个体经验和社会交往的表达形式。互联网不仅影响了整个社会意识和行为的产生,而且也作用于广播电视媒介,继而对其有声语言传播实践产生深刻影响。基于数字化技术的互联网媒介孕育了受众独具特色的传播体验,因此也就重构了传统广播电视媒体传播信息的形式、内容与功能。像互联网这样的第三维度媒介就全面地激活了我国广播电视有声语言传播的"人本化"潜能,在形式和内容两个层面为广播电视有声语言传播提供了前所未有的社会性资源,同时也为传统的广播电视有声语言传播提供了多元化的语境功能资源。

互联网技术的广泛应用对我国广播电视有声语言传播范式转换的影响主要体现在网络语言对广播电视有声语言传播的冲击上。网络语言有着很强的交互性和感染性,网络社群中意见领袖所创造和使用的语言可以快速地通过网络社群传播开来,从而对传统的广播电视语言造成冲击。网络语言被称为"交互式书面记录",它是将书面和口头语的元素与网络媒体独一无二的,特别是小众群体的语言的突出特征相结合的一种语言。[1] 由网络所搭建的线上虚拟平台为网络语言的传播提供了赖以传播和扩散的基础设施,加速了不同人群在网络圈层的流动速度。在网络中,人们会根据兴趣爱好、价值取向等因素形成一个个网络社群,社群中的成员在网络空间进行交流、交换信息和分享兴趣,继而产

---

[1] [美]南希·K.拜厄姆.交往在云端:数字时代的人际关系[M].董晨宇,唐悦哲,译.北京:中国人民大学出版社,2020(1):68.

生认同。网络语言的崛起与广泛使用，对传统的广播电视有声语言传播产生了冲击和影响，这种新型的语言传播模式会潜移默化地渗透到传统的广播电视有声语言传播当中，继而激活了广播电视有声语言传播"人本化"的潜能。

（三）媒介技术影响下我国广播电视有声语言传播"社交化"+"智能化"范式的竞发

我国广播电视有声语言传播"社交化"+"智能化"范式是在媒体融合的背景下竞发的。社会化媒介的崛起以及智能化传播技术的蓬勃发展为我国广播电视有声语言传播"社交化"+"智能化"范式注入了技术的基因。由互联网衍生下的社会化媒介作为新型的传播载体为人们的社会交往提供了更为高效、便捷的渠道，同时也为社会个体打造了全方位、个性化的社交空间。以物联网、大数据、5G、云计算等为代表的新技术以及以传感器、可穿戴设备、AR/VR 等为代表的智能设备极大地延展了人类感知信息的阈域，更是解放和解构了传统以人为媒的有声语言传播范式。

1. 社会化媒介延展我国广播电视有声语言传播的"社交"性能

社会化媒介与信息服务平台的连通全面释放了人们的社交价值，为人们在以社会化媒介为载体的信息分享和传递中提供了最为高效的中介化交往空间。日常生活中的交流在许多新媒体、社区频繁地发生着，并逐渐显性化，成为传播的主要形式。这一切改变了公众的观念和言语行动，改变了他们的个体经验和共同经验。①

首先，人们在信息交流过程中，个体经验和共同经验的交互融合使得广播电视有声语言传播主体与受众（用户）之间保持着一种特殊的"类社交"关系。在这种模拟现实人际交流情景又区别于人际交流中杂芜信息干扰的基础上，广播电视有声语言传播主体通过不断放大日常生活中的社交性功能和元素，从而对受众的接受心理实施一种开创性开发，以此不断增强广播电视有声语言传播的"社交"能量。

其次，"社交化"的广播电视有声语言传播范式具有对信息传播和信息接受的自我平衡能力。广播电视有声语言传播主体除了对日常生活的社交语态进行重新调整和补充之外，还确保了语言传播主体与受众的社交期待得到充分的展示和确认。

---

① 胡翼青. 重塑传播研究范式：何以可能与何以可为 [J]. 现代传播, 2016 (1)：54.

最后，以社会化媒体为代表的新媒体与传统的广播电视媒体之间的融合也促使广播电视有声语言传播的"社交化"趋势愈加显著。新老媒体之间的融合使语言传播的内容和实践横跨了多种媒体平台，并且让这种横跨流动成为一种常态。这种信息横跨多种媒体平台的流动主要体现在"两微一端"上，传统媒体通过社交化转型来激活用户层面的传播渠道，为内容的传播注入社交动力，继而促进时政内容传播力的释放。不同代际和圈层的人们通过互动来实现信息的交换，并将这些信息转换成赖以沟通和情感交流的日常社交资源。

2. 智能化传播技术提升我国广播电视有声语言传播的"智能"效能

我国的信息传播在全面接入互联网之后就走上了一条不断朝着数字化、科技化发展之路，其中智能化技术的出现和应用又为我国信息传播打开了一扇新的大门。由数据计算和虚拟技术所搭建的智能化语言传播生产和消费体系，在尊重群体和个体差异的基础上，实现了智能化、自动化、多样化和个性化。

智能化时代，"物"成为公共信息传播的重要载体，以更为客观的数据方式呈现现实环境，成为感知人的一种新媒介。在智能化技术的赋能下，公共信息传播会形成多元化的交互脉络，建立起人与物、物与物的新的传播关系。

（1）人与物的互动开启信息传播"技术性"的新境界

智能化的技术成为内容生产的底层支持，驱动内容生产的革命性变化。物联网和 5G 等技术的迅速发展，带动了传感器新闻生产的勃兴，各种基于人类感官感知的机器在时间的延续性、空间的广袤性以及信息采集的丰富性等方面超越了人类的身体局限，不断拓展着人类信息的感知能力。在内容生产方面，基于传感器获得的数据会自动生成新闻并和用户需求相匹配，另外，这些智能化的设备还能够先于人类探测未来动向，提供预测性新闻报道的依据，并为用户提供个性化的信息定制服务。在内容传播方面，语音数据的自动化采集和生成使媒体对于语音数据的应用和分发得到大幅提升，语音数据资源得到海量扩张。语音数据的收纳与整合将全面带动语言传播的个性化服务，实现广播电视有声语言传播"智能化"范式的更替。

（2）物与物的联通构建信息传播"物质性"的新渠道

在智能化时代，"传播正在从人与人之间的交往转向机器与机器之间的互联。"[①] 无论是社会层面的智慧广电，还是个人生活层面的智能家居都为人们开启了全新的物与物的智能化语言传播系统，物与物的联通提高了数据分析的判

---

① 彭兰.5G 时代"物"对传播的再塑造[J].探索与争鸣，2019（9）：57.

断能力和信息协同的调控能力，物联网技术驱动下的智能物体直接充当起了信息生产和分发的中介者的角色，智能物体只需经过一定的信息平台就可以到达目标用户的终端，物与物的对话将成为公共信息传播的新渠道。

总之，在媒介技术的革命性因素影响下，我国广播电视有声语言传播范式演进的趋势越来越朝着"社交化"和"智能化"的方向前移。"社交化"打通了人与人之间的关系联结，并且意图消除话语权力中语言权力、义务和社会群体中的不平等和不对称，凸显语言传播的人际性特点。"智能化"则是在智能技术的赋能下，有声语言传播朝着自动化、智能化、个性化的方向发展。

时代性技术改变了传播媒介的形态，在媒介发展史中，每当出现技术的革命性更新，人类的传播活动便随即进入一个全新的传播生态之中。依据对于媒介技术演进的逻辑和规律解析，我们可以看到媒介演进是一种修正和补偿机制发挥作用的结果，并且新老媒介在更迭演进过程中形成了一种共生共存的关系，而媒介演进的动力则源于人类对于传播媒介功能和性能的诉求，这种诉求包括媒介形态的友好易得，也包括信息呈现的丰富和高效。媒介融合的终极目标是人媒与物媒的融合，"人体即讯息"的传播时代已然到来。在智媒时代，媒介一方面是人体各种感官的延伸，一方面人的感知觉又因传播媒介而受到局限。因此，传播媒介的性质和人体的具身性是不可分割的一体两面。因此人不再是唯一的传播主体，人与物的共生关系构成了智媒时代最重要的新型传播组织结构，这种新型的传播组织结构体现了人与物的共同主体性，彰显了人与技术协同共生的依赖关系。

媒介技术重构了人们的交往模式和社会结构，使人类的语言传播活动不再局限于人与人的范畴，还涉及人与物、物与物的交互。传播技术的革命性创新导致信息传播生态急剧转型，随之而来的便是传播关系和传播形态的改变，这些连锁反应深刻地改变并延展着我国广播电视有声语言传播的范式内涵，构建起了一个传受多维共享的语言传播范式体系。因此可以说，我国广播电视有声语言传播范式演进的动力是从不同时期媒介技术影响下的具体媒介实践中生发而来的，经过多种异质媒介的混合后呈现出亦是增补，亦是削弱的状态，特别是因传播技术的快速发展使得这种区分边界变得日益模糊。虽然广播电视媒体在我国信息传播中有着不可取代的地位和优势，但是我们也应该看到数字化网络媒体给我国信息传播带来的巨大变革和影响。由互联网技术发展所带来的社会化媒介和智能化媒介并没有颠覆和取代传统广播电视媒体，而是以一种更为便捷、成本更低的方式吸引受众（用户）到数字媒体平台上获取新闻信息，受众（用户）的分流转移不是对传统媒体的放弃，而是借助新的媒体平台释放出更适合时代发展的蓬勃生机，融合媒体、超级媒体将是未来媒介演进的必然趋势。

  在未来，科技的应用将会更加广泛，技术体系的核心功能将影响人们日常生活的方方面面，新技术的颠覆性力量将重新界定我国广播电视有声语言传播范式的内涵和基质，但同时我们也应该清醒地认识到技术只是人类文化中的一个元素，因此我们要把生命体本身作为终极的关怀，将这些技术用于改善人的生活体验，更多地关注人的精神世界，技术才真正福泽人类，以防止最具艺术灵韵和美学品位的有声语言传播被机械复制与破坏。

… 第五章

中国广播电视有声语言传播范式演进的适变与守恒

从 1940 年人民广播诞生到 2020 年媒体深度融合，从战火纷飞的战争年代到中国特色社会主义进入新时代，我国广播电视事业走过了风雨兼程的 80 年。虽然 80 年只是历史的一瞬，但在这 80 年的时间里，我国的信息传播生态无论是在速度、深度还是广度、力度等方面都发生了翻天覆地的变化，但变化本身是永远不变的主旋律。国内外的政治经济、社会文化及传播技术的变化为我国广播电视有声语言传播提供了新环境、新机遇，同时也提出了新挑战和新命题。这一系列的挑战和命题要求我国广播电视有声语言传播要与时代同频共振，通过适变来推动其范式中的学科基质不断地进行新探索、新突破，以应对瞬息万变的传播环境。当然，我国广播电视有声语言传播范式总不能变幻不居，其学科基质中的恒定性要素是应对瞬息万变的传播环境的不二法门，也正是有了这些基础性的学科基质，才使得我国广播电视有声语言传播范式能够实现演进而不至于陷于混乱。

第一节 中国广播电视有声语言传播范式演进学科基质和核心要素的恒常贯通

通约性是库恩范式理论的核心内容之一，也是解释我国广播电视有声语言传播范式演进逻辑的重要理论依据。在库恩的动态科学发展模式中，由于知识的积累和扩张使新旧范式之间的不可通约性在语言学转向之后发生了变化，即旧范式中的核心要素不再被完全全部抛弃，而是在反常和危机阶段被部分地保留下来，这些被保留下来的核心要素与新范式有着诸多的联系，因此具备了可通约性和可转译性。在新旧范式转换过程中，旧范式的概念、词汇可以通过翻译和解释被理解和意会，因此，新旧范式之间存在着作用相同、意义相通的部分。

依照以上对库恩范式理论中学科基质的通约性阐释，我国广播电视有声语言传播范式演进过程中学科基质的改变并不是旧范式中的核心要素被完全抛弃，而是采纳了新范式中的新元素，这些新元素会促使科学革命的发生。科学革命是串联起新旧范式之中部分学科基质和核心要素的关键环节，在以科学革命为桥的新旧范式两端，"恒常"的学科基质和核心要素连续贯通，不至于使新旧范式发生断裂，并承续接纳着新范式中"适变"的新生学科基质。我国广播电视有声语言传播范式中学科基质和核心要素的互译通约主要体现在以下三个方面：

一、广播电视有声语言传播范式学科基质的相继性

我国广播电视有声语言传播的范式演进过程中的学科基质是循序渐进、相互衔接的连续体，是语言传播范式核心要素长期性与阶段性的有机结合。前一阶段的学科基质是后一阶段范式的基础，后一阶段的范式是前一阶段学科基质的跃升，体现了我国广播电视有声语言传播的连续性、传导性和科学性。事实上，我国广播电视有声语言传播范式的演进是根据我国广播电视事业发展阶段和对内对外宣传形势任务不断加以调整、优化和完善的，既是对时代变迁和技术发展的主动回应，也是对广播电视有声语言传播规律的科学把握，更是符合我国国家发展和人民对信息市场的供求需要。如今，在中国的广播电视有声语言传播中，仍可见20世纪初期的影子，其中最核心的部分来自中国共产党在延安时期确立的有声语言传播体系和规范。因为在延安时期确立了这种语言传播模式，这一传统继而成为1949年新中国成立后所遵循和依照的语言传播准则。延安时期虽然不长，但对于我国广播电视有声语言传播观念的形成，却是一个十分重要的时期。区域性和军事化的有声语言创作环境，为实践新的有声语言传播观念提供了理想的环境，在这段时间内为形成具有中国特色的广播电视有声语言传播范式奠定了基础。

我国每个阶段的广播电视有声语言传播范式所出现的"范式危机"，并不是后一种"范式"取代前一种"范式"的绝对割裂，而是"新范式"的出现使"旧范式"所支配和驱策的广播电视有声语言传播的理论和实践的局面为之改变，"新范式"和"旧范式"之间保有割不断的历史性联系，但"新范式"却有自己独立的内涵特征和品格特点。诸如，新中国成立后我国广播电视有声语言传播范式的演进，是在延安时期解放区广播有声语言传播范式形成的基础上发展的，是对解放区广播有声语言传播范式的继承，有着范式系统中各要素之间的通约性特征。另外，我们应该将"广播电视有声语言传播范式"看作是我国社会变革中一个有特定内涵的相继"进程"连续体，看作是一个不讲求终极演变目的而具有学科基质选择多样性的特定概念范畴，并由此逐步形成在中国特色社会主义广播电视媒介体系内有相近旨趣、信念、价值标准、理论背景和研究方法的"科学共同体"。

二、广播电视有声语言传播范式学科基质的拓展性

纵观我国广播电视有声语言传播范式的演进轨迹,从初期"一体化"范式的萌生确立,到"一体化"向"人本化"范式的过渡转型,再到"社交化"+"智能化"范式的迭代升级,我国广播电视有声语言传播经历了三次范式更替,其学科基质也在更替中不断地增补完善,具有持续拓展的内在意涵。在"一体化"的广播电视有声语言传播范式萌生和形成时期,"规范化"成为占核心基础性的学科基质。在"人本化"的广播电视有声语言传播范式时期,"人文性"继而成为"规范化"学科基质基础上又一新的叠加学科基质。在"社交化"+"智能化"的广播电视有声语言传播范式时期,"人文性"的学科基质继续深化,不断释放着"以人为本"的传播理念动能,同时"智能性"的学科基质又以一种全新的姿态嵌入到我国广播电视有声语言传播范式体系当中,成为"智能化"范式的基础组成部分。

从我国广播电视有声语言传播范式演进的历程可以发现,虽然时代在变化、传播生态在变化、传播媒介在进化,在此起彼伏、优胜劣汰的媒介环境中,我国广播电视有声语言传播范式中的新旧学科基质并没有被简单地颠覆和替代,而是在不断地进行着自我调整和自我进化,以此寻找新的发展空间和生存机遇,潜藏酝酿着新的契机和新的变革。可以说,在动态开放的信息传播生态中,中国特色社会主义广播电视有声语言传播范式体系在一次次拓展中日益走向成熟和完善。其中蕴含着广播电视有声语言传播的理论创新,也蕴含着实践创新,从根本上说,是对以人为本信息供求关系的坚守和践行,是根据人民对社会文化、技术发展和民主政治诉求的不断变化所作出的主动性调整和优化,从而实现了从单纯的政治宣传到多元发声再到智能应用的认知实践上的"迭代升级"。

三、广播电视有声语言传播范式学科基质的相承性

事物由于自身的矛盾运动及外部因素的作用,总是在不断地变化发展,这是事物发展和创新的动力来源。继承是为发展服务的,继承本身不是目的,发展才是最终要义,只有发展创新,才能保持事物的连续性。我国广播电视有声语言传播范式在发展过程中所产生的学科基质虽然呈现出递进和增补的态势,但是其价值内涵、基础理念和内在理路都是一脉相承的。因此,对我国广播电

视有声语言传播范式中学科基质的继承,一方面要把握各个学科基质之间的关系、相互作用的程度以及相互联系的方式;一方面还要把握不同时期的学科基质在整个范式系统中所占的比重。在继承时要把那些经过实践反复检验的、富于生机活力的学科基质和要素,以及影响和调控这些学科基质的影响因素明确展现出来。同时,也要善于捕捉和发现那些在新的时代背景中所隐藏的、合乎规律的、具有生命力的革命性线索,并科学地预测由其引发的范式转换趋向。另外,还要明确其不同发展阶段的范式特征,如学科基质的生成到系统雏形、形成演进到发展创新的全过程,这样才能发现其范式演进的规律性。

基于以上对我国广播电视有声语言传播范式科学基质继承与发展的关系分析,可以发现贯穿每个时期语言传播范式的价值线索,不管是"一体化"的广播电视有声语言传播范式时期,还是"人本化"、"社交化"+"智能化"的广播电视有声语言传播范式时期,我国广播电视有声语言传播的实践和理念都是建立在服务国家发展和人民群众对语言信息需求的价值指标之上的。总体概括来说,"党和人民的喉舌"是我国广播电视有声语言传播最根本的政治属性,"延安精神"是我国广播电视有声语言传播最珍贵的精神指引,社会价值与个人价值的统一是我国广播电视有声语言传播所遵循的价值主线。

第二节　中国广播电视有声语言传播范式的适变

广播电视作为我国重要的大众和现代化传播媒介,承担着信息传递、社会服务、引导舆论、提供娱乐的基础功能。同时,广播电视作为意识形态宣传的重要阵地,扮演着党和人民喉舌的角色,长期以来以其影响力大、传播速度快、覆盖面广的特点成为联结人民群众的桥梁和纽带。习近平总书记在2016年2月19日主持召开党的新闻舆论工作座谈会上发表了重要讲话,指出要尊重新闻传播规律,创新方法和手段,切实提高的党的新闻舆论传播力、引导力、影响力、公信力。[①]而伴随我国广播电视事业共生的广播电视有声语言传播活动是广播电视新闻传播的重要环节,其作为广播电视媒介最为显性也是最具共性的信息传播方式,深刻地影响着社会语言的使用,是党的新闻舆论宣传

---

① 沈正赋.新媒体时代新闻舆论传播力、引导力、影响力和公信力的重构[J].现代传播(中国传媒大学学报),2016(05):1-7.

影响力触达人民群众的一个有机组成部分。曾任全国人大常委会副委员长的许嘉璐就曾指出:"媒体语言(包括文字),尤其是广播电视语言,太重要了——它对社会语言和民族文化的走向有着任何其他载体不能比拟的影响力。"①

然而,我国广播电视有声语言传播的影响力并不是一成不变的,而是随着时代的变迁和传播媒介的升级呈现出动态发展的趋向。近年来在世界范围内勃新的新媒体技术,例如智能手机的普及、社交媒体的广泛应用、视频网站的异军突起等等,都对传统广播电视媒体的影响力造成了强烈的冲击。而一向追求经济效益的互联网技术企业也在一定程度上对传统主流媒体的话语结构进行蚕食和解构。

我国广播电视有声语言传播作为信息传播链条中的重要一环,一边连接着信息生产的起点,一边连接着信息传播的终点,直接影响着传播效果的优劣。从最初的以国家、民族为己任的责任担当,强调对党和国家大政方针、法律法规的认识和理解,到以优化信息传播、提升受众审美素养,强调对现实社会人民群众生产、生活的现实关切与体认,在这个过程中发生了很多时代性的改变。

我国广播电视有声语言传播在时代变迁中经历了"一体化"范式、"人本化"范式、"社交化"+"智能化"范式三个阶段,每个阶段的主导性范式因学科基质的不同而产生不同的传播效果。"传播效果是大众媒介活动对受传者和社会的一切影响和结果的总体。其是带有着说服动机的传播行为的具体体现,可以引起受传者认知、态度和行为的变化。"②在传播效果的研究中,运用社会调查和数据统计的方法可以有效地展示大众传播媒介在受众端所产生的作用影响。

因此,可以说体现传播效果的广播电视有声语言传播影响力变化的波峰浪谷是其范式"适变"的客观映射。从客观实际出发,我国广播电视有声语言传播不同阶段的主导性范式对受众态度、思想、信仰和行为等诸多方面的影响是不同的,受众对广播电视有声语言传播的接受效果往往通过个人态度、情感共鸣、媒介接触、信息获取等相关性变量表现出来。因此,研究受众对广播电视有声语言传播的态度效果和行为效果可以更好地呈现其影响力的发展变化,从而在更加微观的角度展现我国广播电视有声语言传播范式的适变。

---

① 姚喜双,郭生龙主编.媒体与语言——来自专家与明星的声音[M].北京:科学经济出版社,2002(12):序1.

② 戴元光,金冠军.传播学通论[M].上海:上海交通大学出版社,2007:285.

一、广播电视有声语言传播影响力的内涵

影响力在社会人际层面是指对他人的行为施加影响以达到自己所期望结果的能力，或者说是一种作用效果的力度，是一种无形的"软实力"。在信息传播层面一般指新闻媒体通过新闻生产从而影响社会舆论、激起社会共鸣的能力，或者说是新闻媒介为了达到一定的传播效果而借助特定的传播手段对社会公众发生作用的力度。它既是一种注意力经济，也是一种信息传播效果。

我国广播电视有声语言传播的影响力是在广播电视节目生产和传播过程中传播主体利用有声语言传导信息内涵并作用于受众的效果反应，是广播电视传播主体在受众态度、精神和认知层面所释放的一种潜移默化的作用力。它是广播电视文化的重要组成部分，是广播电视文化价值的最大体现，是有别于其他社会影响力之外的精神影响力，并且存在于广播电视发展的全过程。它既是广播电视有声语言传播作用于受众层面的传播效果的检验，也是对广播电视媒介在我国信息传播主体性地位的检视。我国广播电视有声语言传播的影响力具有鲜明的时代感、强烈的开放性、相对的稳定性、急速扩张的弥散性以及不易察觉的渗透性和社会舆论的聚合性，同时在发生机制、机理以及效果形成方面有着自己独特的内在规律。

我国广播电视有声语言传播影响力的生发必须具备两个方面的基础条件，其一是广播电视有声语言传播主体对语言功力的掌控。具体来说，"语言功力包括观察力、理解力、思辨力、感受力、表现力、调控力、鉴赏力"。[1]它强调广播电视有声语言传播主体对语言信息的占有、过滤、诠释以及输出的能力。其二是广播电视有声语言传播影响力的生发需要经过一个由量变到质变的过程。这个过程包括了受众对传播媒介的忠诚度、信任度、满意度，以及受众对传播媒介的公信力和价值导向的认可等等，这个过程不是一蹴而就的，而是伴随时间的积累和传播媒介的成熟逐渐建立起来的。这两个方面的条件缺一不可，只有在这两个条件的相互叠加下，受众（用户）的注意力资源才会持续地投放在传播媒介所传递的语言信息之中，才有可能持续不断地产生影响力的辐射效应。

---

[1] 张颂.语言传播文论（续集）[M].北京：北京广播学院出版社 2002：6.

二、广播电视有声语言传播影响力的发生机制

（一）媒介接触率：广播电视有声语言传播影响力的前提

接触是受众（用户）获取信息的一种天然需要，媒介的接触率关系着受众（用户）被具体媒介形态下衍生出的各要素所影响的程度，也关系着受众"注意力资源"投放的多寡。"媒介的独特之处在于，虽然它指导着我们看待和了解事物的方式，但它的这种介入却往往不为人所注意"。① 媒介所创造的"媒介现实"通常是"通过对象征性事件或信息进行选择和加工、重新结构化后向人们提示的环境"。② 就是在这种媒介所创造的、不被轻易察觉的"拟态环境"中，受众（用户）产生了媒介接触的行为。

在传播学中，受众（用户）接触和选择媒介的动机一般有五种心理需要：第一，满足精神娱乐的消遣需要。第二，满足信息需求和认识外部世界的需要。第三，获取知识、拓宽视野的需要。第四，满足人们之间交流、交往的需要。第五，迎合养成接触媒介习惯的需要。在这几种接触媒介心理需要的驱使下，受众（用户）接触具体媒介的频次决定了媒介接触的程度，而媒介接触的到达率则决定了受众（用户）接触频次的质量。可以说，媒介接触率的频次及到达率是受众（用户）主动选择某种媒介的结果，是受众（用户）与具体媒介认知和谐心理的契合，也是受众（用户）对具体媒介心理期待的一种表现。当然，媒介的接触率并不能简单地等同于媒介影响力的到达率，只有长时间的持续接触才为具体媒介的影响力指数带来可观的收益。

（二）吸引力和感染力：广播电视有声语言传播影响力的本质

广播电视有声语言传播主体是受众（用户）接触信息的第一张名片，也是广播电视有声语言传播影响力作用于受众（用户）感情态度的首要介质。因此广播电视有声语言传播主体的吸引力和感染力是决定广播电视有声语言传播影响力的本质要素。其中，吸引力主要包括两个方面，一方面是广播电视有声语言传播主体的外在形式，如外貌体态、音色音质、表达方式、气质性格等，是广播电视有声语言传播主体声屏形象在视觉上的审美接近。这种审美接近是受众（用户）对广播电视有声语言传播主体声屏形象的浅层次体验和感受。另一方面是情感意识层面的内心共鸣。在审美心理活动中，由感知、注意引起的联

---

① ［美］尼尔·波兹曼.娱乐至死［M］.章艳，译.桂林：广西师范大学出版社，2004：13.
② 郭庆光.传播学教程［M］.北京：中国人民大学出版社，2005：127.

想与想象所生成的情感意识，是达到内心共鸣的最佳途径。当情感意识开始产生共鸣之后，影响力的活动因子才会发挥作用，促使受众（用户）的"注意力资源"持续多次投放。

感染力是广播电视有声语言传播主体在传递信息时情绪、情感的"传染"能力，它是受众（用户）的审美心理由知晓到理解再到进一步认同的基础，是广播电视有声语言传播主体思想内涵、文化底蕴和审美情趣的综合体现。贴近受众的传播姿态、真诚平等的传播态度、鲜明独特的个性特征、生动新颖的语言表达是广播电视有声语言传播主体感染力触达受众（用户）的四个本质核心要素。

三、广播电视有声语言传播影响力的波峰浪谷

在以上对我国广播电视有声语言传播影响力相关概念内涵及生发机制阐释的基础上，为了更加客观、直观地呈现我国广播电视有声语言传播影响力的变化曲线，在本节中采用量化的研究方法，以受众问卷调查的形式，选择全国23个省份、5个自治区、4个直辖市的不同年龄、不同性别、不同教育程度的21 093位受众作为调查样本，并结合使用SPSS软件对受众的收听收看习惯、认知行为态度以及广播电视有声语言传播主体对受众的影响程度等方面进行数据分析，以期客观地呈现出从建国到现在我国广播电视有声语言传播影响力的变化曲线，为今后我国广播电视有声语言传播在语态调试、姿态转变和理念更新等方面提供整体性、宏观性的视野参考。

（一）描述统计

1. 个人特征统计

表 5.1　调查对象个人特征统计

名称	选项	频数	百分比（%）	累积百分比（%）
	\multicolumn{4}{c}{频数分析结果}			
性别	男性	9229	43.75	43.75
	女性	11 864	56.25	100.00

续表

频数分析结果				
名称	选项	频数	百分比（%）	累积百分比（%）
年龄	30岁及以下	2285	10.83	10.83
	31~40岁	4170	19.77	30.60
	41~60岁	8091	38.36	68.96
	61~80岁	4889	23.18	92.14
	80岁以上	1658	7.86	100.00
受教育程度	高中及高中以下	5490	26.03	26.03
	大专	6812	32.30	58.32
	本科	7032	33.34	91.66
	硕士及硕士以上	1759	8.34	100.00
合计		21 093	100.0	100.0

从表 5.1 可知：从性别来看，样本中有超过五成的样本为"女性"。另外男性样本的比例是 43.75%。"41~60 岁"的比例为 38.36%。样本中受教育程度项本科占比 33.34%，大专样本的比例是 32.30%。

2. 受众（用户）收听收看新闻传播类广播电视节目习惯

表 5.2 调查对象收听收看新闻传播类广播电视节目习惯

频数分析结果				
名称	选项	频数	百分比（%）	累积百分比（%）
收听收看新闻传播类广播电视节目的频率	不经常接触	1466	6.95	6.95
	一个月一次	3474	16.47	23.42
	一周一次	6098	28.91	52.33
	每天一次	6512	30.87	83.20
	每天多次	3543	16.80	100.00

续表

频数分析结果				
名称	选项	频数	百分比（%）	累积百分比（%）
现在新闻传播类广播电视节目主持人的语速	过快	4068	19.29	19.29
	适中	15 242	72.26	91.55
	过慢	1783	8.45	100.00
现在新闻传播类广播电视节目主持人在语言传播的哪方面需要改进	表达准确	1954	9.26	9.26
	逻辑性强	4084	19.36	28.63
	语言干练简洁	6192	29.36	57.98
	轻松自然	5153	24.43	82.41
	评论角度保持中立	3023	14.33	96.74
	其他	687	3.26	100.00
新闻传播类广播电视节目所表达的思想或观点是否会对您自身的思维产生影响	完全影响	5374	25.48	25.48
	有一定影响	12 792	60.65	86.12
	不影响	2927	13.88	100.00
新闻传播类广播电视节目主持人的语言表达会会对您收听收看节目的影响程度	完全影响	5459	25.88	25.88
	有一定影响	12 410	58.83	84.72
	不影响	3224	15.28	100.00
合计		21 093	100.0	100.0

从表5.2显示的结果来看，收听收看新闻传播类广播电视节目的频率分布来看，样本大部分为"每天一次"，共有6512.0个，占比为30.87%。现在新闻传播类广播电视节目主持人的语速分布来看，样本大部分为"适中"，共有15 242.0个，占比为72.26%。在语言传播需改进方面，样本中有29.36%为"语言干练简洁"。在节目观点对受众影响方面，样本中有60.65%为"有一定影响"。新闻传播类广播电视节目主持人的语言表达会对受众（用户）收听收看节目的影响程度分布来看，样本大部分为"有一定影响"，共有12 410.0个，占比为58.83%。

3. 量表的描述统计

表 5.3　调查对象量表的描述统计

名称	样本量	最小值	最大值	平均值	标准差	中位数
广播电视播音员主持人的语言对您的影响程度	21 093	1.250	5.000	3.735	0.773	4.000
广播电视播音员主持人的语言对您的情感的影响	21 093	1.333	5.000	3.804	0.741	4.000
对广播电视播音员主持人的整体满意度	21 093	1.000	5.000	3.898	0.648	4.000
对新闻或者广播节目的收听意愿	21 093	1.000	5.000	3.846	0.772	4.000

由表 5.3 可知，通过比较平均值，对广播电视播音员主持人的整体满意相对得分较高，广播电视播音员主持人的语言对受众（用户）的影响程度得分相对较低。

以下为量表各维度的描述统计：

4. 广播电视播音员主持人的语言的影响程度

表 5.4　广播电视播音员主持人语言对受众（用户）的影响程度

名称	样本量	最小值	最大值	平均值	标准差
播讲者的语言让您感觉内容更加真实	21 093	1.000	5.000	3.519	1.118
播讲者的语言能够引发您的共鸣	21 093	1.000	5.000	3.790	0.916
播讲者的个性化语言能够让您对新闻内容产生浓厚的兴趣	21 093	1.000	5.000	3.759	0.991
播讲者的生动有力的措辞让您对播讲的新闻产生深刻印象	21 093	1.000	5.000	3.874	0.937

5. 广播电视播音员主持人的语言对受众（用户）的情感的影响

表 5.5　广播电视播音员主持人的语言对受众（用户）的情感影响

名称	样本量	最小值	最大值	平均值	标准差
当新闻播报的是正面的新闻时，能够唤醒您内心的美好情感，让您更具同理心	21 093	1.000	5.000	3.756	0.960
当新闻播报的是负面的新闻时，能够激起您内心的仇恨，让您嫉恶如仇	21 093	1.000	5.000	3.650	0.950
当新闻播报的是国家富强的新闻时，能够让您对国家和社会充满信心	21 093	1.000	5.000	4.005	0.959

6. 受众（用户）对广播电视播音员主持人的整体满意度

表 5.6　受众（用户）对广播电视播音员主持人的整体满意度

名称	样本量	最小值	最大值	平均值	标准差
您对当前广播电视播音员主持人的播讲风格：	21 093	1.000	5.000	3.889	0.805
您对当前广播电视播音员主持人的播讲内容：	21 093	1.000	5.000	3.825	0.918
您对当前广播电视播音员主持人的声音形象：	21 093	1.000	5.000	3.932	0.850
您对当前广播电视播音员主持人的播讲效果：	21 093	1.000	5.000	3.949	0.942

7. 受众（用户）对电视或者广播节目的收看、收听意愿

表 5.7　受众（用户）对电视或者广播节目的收看、收听意愿

名称	样本量	最小值	最大值	平均值	标准差
您目前收听或收看的新闻或者广播节目会继续收听下去	21 093	1.000	5.000	3.839	0.915
您会收听或收看的您所关注的主持人播讲的其他作品/节目	21 093	1.000	5.000	3.843	0.993
您会向其他人推荐您所喜爱的主持人或者节目	21 093	1.000	5.000	3.855	0.968

（二）信效度

1. 信度分析

信度分析用于研究定量数据（尤其是态度量表题）的回答可靠准确性，通过信度检测旨在评估调查结果的稳定性水平。在检测的基础上，可以评价该测量方法作用于同一对象与结果水平的相同程度，换言之，可以了解本研究选择的工具和方法是否具有较高的可信度。现有的信度检验基本上选择Cronbach's Alpha，该方法的应用率较高，所以，本研究选择这一信度系数进行信度检验。

本文采用spss25.0研究数据的稳定性，信度检验结果如下：

表 5.8　Cronbach 信度分析

Cronbach 信度分析		
项数	样本量	Cronbach α 系数
13	21 093	0.906

从表 5.8 可知：信度系数值为 0.906 大于 0.8，因而说明研究数据信度质量很好，适合做实证分析。

2. 效度分析

效度检验旨在对测量结果的准确性进行综合评价和衡量，进而判断量表属性是否满足效度要求。效度检验一般需要包括三个方面：表面、准则以及结构效度。但由于表面及准则效度的检验需要权威的判定，所以，本研究检验对象为结构效度，具体工具为 KMO 值。

根据以往学者使用的判定标准，Kaiser-Meyer-Olkin 值在 0.7 以上则表示测量方法较好，分值趋近 1，对应的量表中变量间的偏相关性相应增强，因此该量表的变量有较好的结构效度结果。当 KMO 值小于 0.5 时，该检测手段效果不佳。

表 5.9　KMO 和 Bartlett 的检验

KMO 和 Bartlett 的检验		
KMO 值		0.943
Bartlett 球形度检验	近似卡方	116 574.873
	df	91
	p 值	0.000

使用 KMO 和 Bartlett 检验进行效度验证，从表 9 中可以看出：KMO 值为 0.943，KMO 值大于 0.8，研究数据非常适合提取信息，从侧面反映出效度很好。

（三）相关分析

相关分析是研究两个或两个以上处于同等地位的随机变量间的相关关系的统计分析方法，主要用于考察分析两个或多个变量之间的相关情况。

表 5.10　相关性分析

		对新闻或者广播节目的收听意愿	对广播电视播音员主持人的整体满意度	广播电视播音员主持人的语言对您的影响程度	广播电视播音员主持人的语言对您的情感的影响
对新闻或者广播节目的收听意愿	相关系数	1			
	p 值	—			
	样本量	—			
对广播电视播音员主持人的整体满意度	相关系数	0.672**	1		
	p 值	0.000	—		
	样本量	21 093	—		
广播电视播音员主持人的语言对受众（用户）的影响程度	相关系数	0.655**	0.674**	1	
	p 值	0.000	0.000	—	
	样本量	21 093	21 093	—	

续表

		对新闻或者广播节目的收听意愿	对广播电视播音员主持人的整体满意度	广播电视播音员主持人的语言对您的影响程度	广播电视播音员主持人的语言对您的情感的影响
广播电视播音员主持人的语言对受众（用户）的情感的影响	相关系数	0.608**	0.702**	0.714**	1
	p值	0.000	0.000	0.000	-
	样本量	21 093	21 093	21 093	-

* p<0.05，** p<0.01

从表 5.10 可知，利用相关分析去研究"广播电视播音员主持人的语言对受众（用户）的影响程度"和"广播电视播音员主持人的语言对受众（用户）的情感的影响"，"受众（用户）对广播电视播音员主持人的整体满意度"，"受众（用户）对新闻或者广播节目的收听意愿"之间的相关关系，使用 Pearson 相关系数去表示相关关系的强弱情况。具体分析可知：p 值均小于 0.05，说明各变量之间呈现出强显著性，"广播电视播音员主持人的语言对受众（用户）的影响程度"和"广播电视播音员主持人的语言对受众（用户）的情感的影响"，"受众（用户）对广播电视播音员主持人的整体满意度"，"受众（用户）对新闻或者广播节目的收听意愿"两两之间有着显著的相关关系。

（四）回归分析

表 5.11　回归分析

	回归1	回归2
常数	0.451**（19.812）	0.214*（2.440）
自变量		
广播电视播音员主持人的语言对受众（用户）的影响程度	0.318**（44.291）	0.276**（37.502）
广播电视播音员主持人的语言对受众（用户）的情感的影响	0.124**（15.951）	0.145**（18.683）
受众（用户）对广播电视播音员主持人的整体满意度	0.446**（52.940）	0.482**（56.068）

续表

	回归 1	回归 2
控制变量		
性别		0.084**（11.220）
年龄		0.053**（14.800）
受教育程度		−0.052**（−13.197）
样本量	21 093	21 093
R^2	0.531	0.542
调整 R^2	0.531	0.542

通过将"广播电视播音员主持人的语言对受众（用户）的影响程度"、"广播电视播音员主持人的语言对受众（用户）的情感的影响"、"受众（用户）对广播电视播音员主持人的整体满意度"作为自变量，收听意愿作为因变量，进行基准回归分析，然后纳入年龄、性别、受教育程度等个人特征作为控制变量进行回归分析，最终具体分析可知：

广播电视播音员主持人的语言对受众（用户）的影响程度的回归系数值为 0.276（t=37.502，p=0.000<0.01），意味着广播电视播音员主持人的语言对受众（用户）的影响程度会对新闻或者广播节目的收听意愿产生显著的正向影响关系。

广播电视播音员主持人的语言对受众（用户）的情感的影响的回归系数值为 0.145（t=18.683，p=0.000<0.01），意味着广播电视播音员主持人的语言对受众（用户）的情感的影响会对新闻或者广播节目的收听意愿产生显著的正向影响关系。

受众（用户）对广播电视播音员主持人的整体满意度的回归系数值为 0.482（t=56.068，p=0.000<0.01），意味着对广播电视播音员主持人的整体满意度会对新闻或者广播节目的受众（用户）收听意愿产生显著的正向影响关系。

（五）中介分析

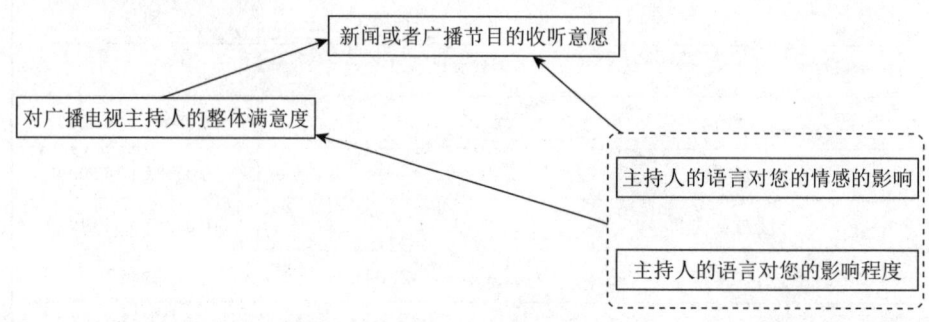

图 5.1　中介分析

中介效应是指变量间的影响关系（X-Y）不是直接的因果链关系，而是通过一个或一个以上的变量（M）的间接影响产生的，因此我们称 M 为中介变量，本研究通过将收听意愿作为因变量，整体满意度作为中介变量，"广播电视播音员主持人的语言对受众（用户）的影响程度"、"广播电视播音员主持人的语言对受众（用户）的情感的影响"作为自变量进行中介分析，结果如下：

表 5.12　自变量中介分析

	对新闻或者广播节目的收听意愿	对广播电视播音员主持人的整体满意度	对新闻或者广播节目的收听意愿
常数	1.029** （48.359）	1.296** （79.276）	0.451** （19.812）
广播电视播音员主持人的语言对受众（用户）的影响程度	0.450** （62.837）	0.296** （53.875）	0.318** （44.291）
广播电视播音员主持人的语言对受众（用户）的情感的影响	0.299** （40.059）	0.393** （68.572）	0.124** （15.951）
对广播电视播音员主持人的整体满意度			0.446** （52.940）
样本量	21 093	21 093	21 093
R^2	0.469	0.554	0.531
调整 R^2	0.469	0.554	0.531

续表

	对新闻或者广播节目的收听意愿	对广播电视播音员主持人的整体满意度	对新闻或者广播节目的收听意愿
F值	F(2, 21090)=9314.858, p=0.000	F(2, 21090)=13115.198, p=0.000	F(3, 21089)=7969.041, p=0.000

* $p<0.05$，** $p<0.01$，括号里面为t值

表5.13 自变量中介分析

项	c 总效应	a	b	a*b 中介效应值	a*b (Boot SE)	a*b (z值)	a*b (p值)	a*b (95% BootCI)	c' 直接效应	检验结论
广播电视播音员主持人的语言对受众（用户）的影响程度 => 对广播电视播音员主持人的整体满意度 => 对新闻或者广播节目的收听意愿	0.450**	0.296**	0.446**	0.132	0.004	37.072	0.000	0.123~0.140	0.318**	部分中介
广播电视播音员主持人的语言对受众（用户）的情感的影响 => 对广播电视播音员主持人的整体满意度 => 对新闻或者广播节目的收听意愿	0.299**	0.393**	0.446**	0.175	0.005	38.530	0.000	0.159~0.178	0.124**	部分中介

* $p<0.05$，** $p<0.01$

bootstrap 类型：百分位 bootstrap 法

采用Bootstrap（抽样5000次）自助抽样法进行中介效应检验，结果显示，整体满意度在广播电视播音员主持人的语言对受众（用户）的影响程度与收听意愿之间存在部分中介作用，其中介作用值为0.132，总效应值为0.450，中介效应占总效应的29.257%。整体满意度在广播电视播音员主持人的语言对受众（用户）的情感影响程度与收听意愿之间存在部分中介作用，其中介作用值为0.175，总效应值为0.299，中介效应占总效应的58.628%。

表 5.14　中介作用效应

中介作用效应量结果汇总						
项	检验结论	c 总效应	a*b 中介效应	c' 直接效应	效应占比计算公式	效应占比
广播电视播音员主持人的语言对受众（用户）的影响程度 => 对广播电视播音员主持人的整体满意度 => 对新闻或者广播节目的收听意愿	部分中介	0.450	0.132	0.318	a*b/c	29.365%
广播电视播音员主持人的语言对受众（用户）的情感的影响 => 对广播电视播音员主持人的整体满意度 => 对新闻或者广播节目的收听意愿	部分中介	0.299	0.175	0.124	a*b/c	58.628%

（六）差异分析

本次研究重点关注的是我国广播电视有声语言传播影响力的变迁轨迹，因此选择"年龄"对各影响力指标做单因素方差分析。

表 5.15　方差分析

分类汇总分析结果 – 基础指标（平均值）						
标题	年龄					汇总
	30 岁及以下	31~40 岁	41~60 岁	61~80 岁	80 岁以上	
广播电视播音员主持人的语言对受众（用户）的影响程度	3.333	3.608	4.047	3.798	2.908	3.735
广播电视播音员主持人的语言对受众（用户）的情感的影响	3.473	3.745	4.183	3.751	2.717	3.804
对广播电视播音员主持人的整体满意度	3.649	3.955	4.167	3.994	2.511	3.898
对新闻或者广播节目的收听意愿	3.561	3.707	4.132	3.896	3.041	3.846

通过比较平均值可知，对于广播电视播音员主持人的语言对受众（用户）的影响程度、广播电视播音员主持人的语言对受众（用户）的情感的影响、受

众（用户）对广播电视播音员主持人的整体满意度、受众（用户）对新闻或者广播节目的收听意愿来说，在各年龄组中，41~60 岁群体的得分最高，其次是 61~80 岁、31~40 岁两个群体，80 岁以上群体的得分最低，30 岁及以下群体的平均得分次低，这从一定程度上说明了我国广播电视有声语言传播的影响力是随着时代变化而不断改变的。年龄对各影响程度做单因素方差分析，结果如下：

表 5.16 方差分析

	年龄：（平均值 ± 标准差）					F	p
	30 岁及以下（n=2285）	31~40 岁（n=4170）	41~60 岁（n=8091）	61~80 岁（n=4889）	80 岁以上（n=1658）		
广播电视播音员主持人的语言对受众（用户）的影响程度	3.33 ± 0.68	3.61 ± 0.74	4.05 ± 0.67	3.80 ± 0.74	2.91 ± 0.59	1226.753	0.000**
广播电视播音员主持人的语言对受众（用户）的情感的影响	3.47 ± 0.62	3.74 ± 0.53	4.18 ± 0.62	3.75 ± 0.69	2.72 ± 0.64	2189.378	0.000**
受众（用户）对广播电视播音员主持人的整体满意度	3.65 ± 0.34	3.95 ± 0.44	4.17 ± 0.48	3.99 ± 0.59	2.51 ± 0.34	4293.495	0.000**
受众（用户）对新闻或者广播节目的收听意愿	3.56 ± 0.57	3.71 ± 0.77	4.13 ± 0.63	3.90 ± 0.76	3.04 ± 0.88	1005.272	0.000**

* $p<0.05$，** $p<0.01$

从表 5.16 可知，利用单因素方差分析去研究年龄对于广播电视播音员主持人的语言对受众（用户）的影响程度，广播电视播音员主持人的语言对受众（用户）的情感的影响，受众（用户）对广播电视播音员主持人的整体满意度，受众（用户）对新闻或者广播节目的收听意愿共 4 项的差异性，从上表可以看出：不同年龄样本对于广播电视播音员主持人的语言对受众（用户）的影响程度、广播电视播音员主持人的语言对受众（用户）的情感的影响、受众（用户）对广播电视播音员主持人的整体满意度、受众（用户）对新闻或者广播节目的收听意愿全部呈现出显著性（$p<0.05$），意味着不同年龄样本对于广播电视播音员主持人的语言对受众（用户）的影响程度、广播电视播音员主持人的语言对受众（用户）的情感的影响、受众（用户）对广播电视播音员主持人的整体满意度、受众（用户）对新闻或者广播节目的收听意愿均有着差异性。

具体来看：

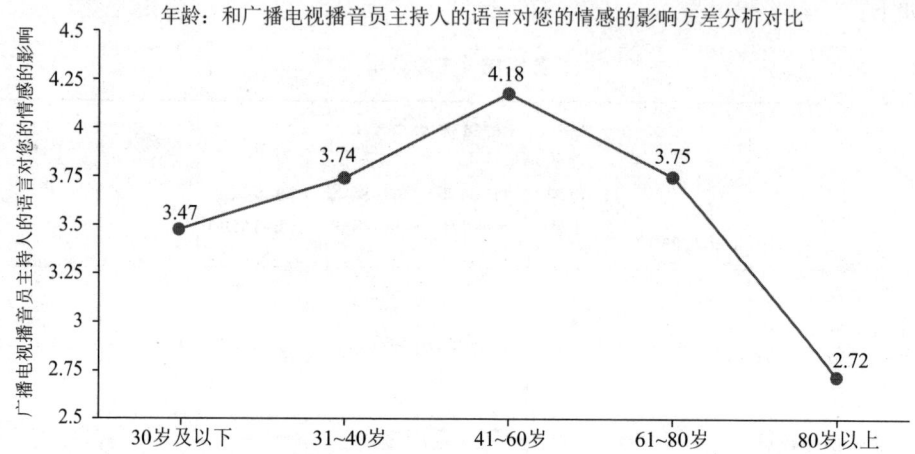

图 5.2　广播电视有声语言传播对受众（用户）影响程度方差分析对比图

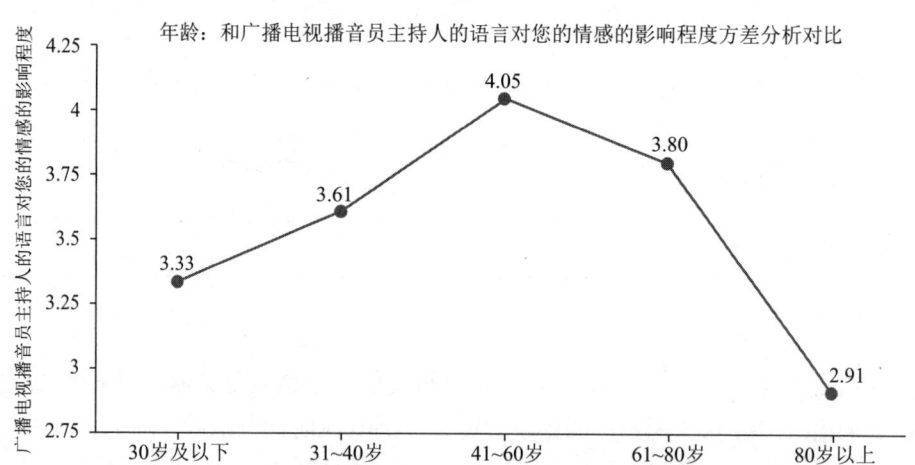

图 5.3　广播电视有声语言传播对受众（用户）情感影响程度方差分析对比图

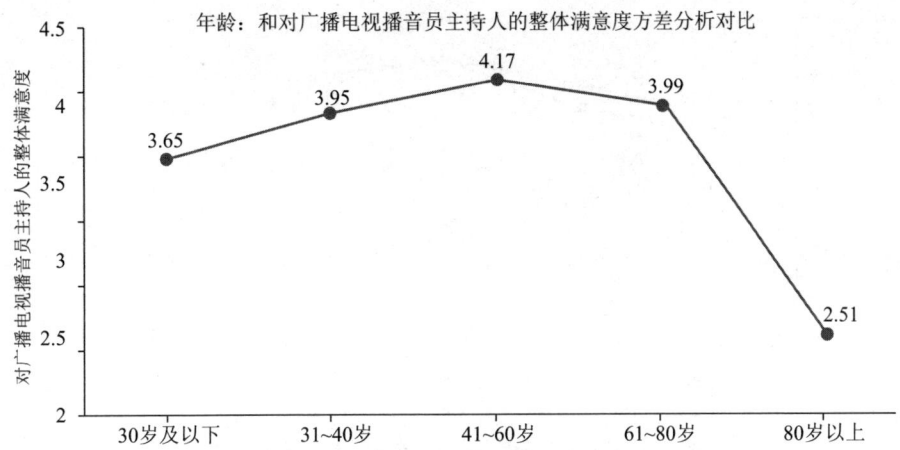

图 5.4 受众（用户）对广播电视有声语言传播主体整体满意度方差分析对比图

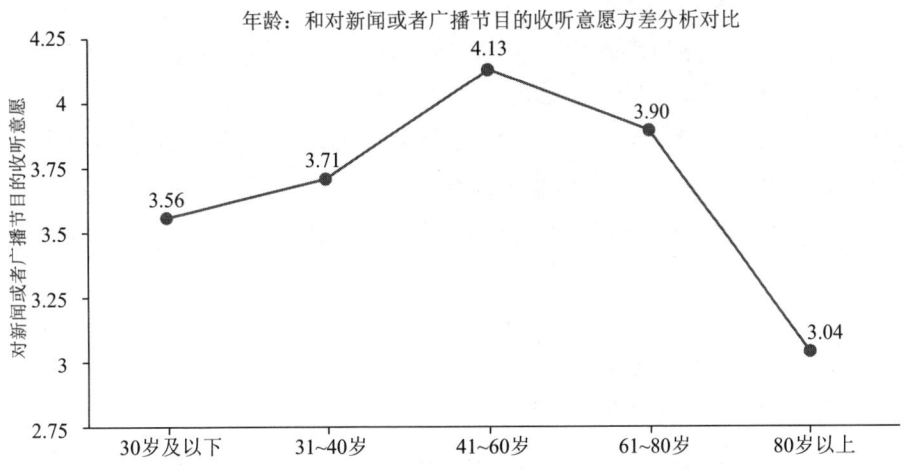

图 5.5 受众（用户）对广播电视节目收听意愿方差分析对比图

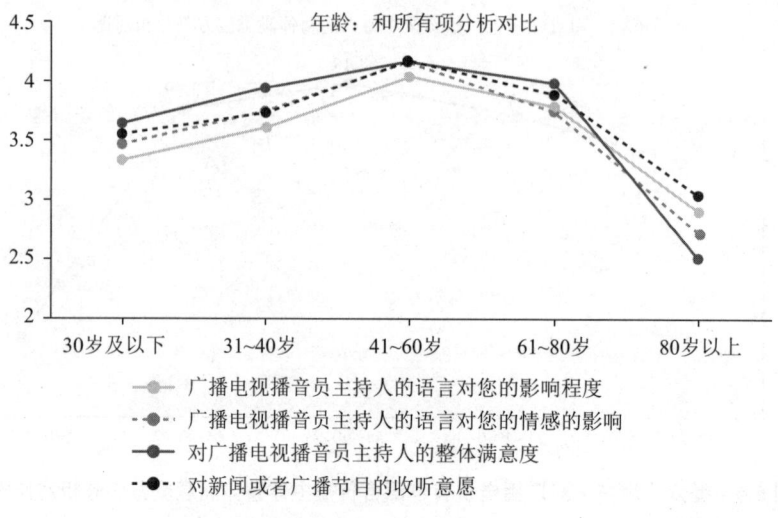

图 5.6　所有项分析对比图

从图 5.2 至图 5.6 可以看到，对于广播电视播音员主持人的语言对受众（用户）的影响程度，41~60 岁群体得分最高，其次是 61~80 岁群体，80 岁以上群体最低；对于广播电视播音员主持人的语言对受众（用户）的情感的影响，41~60 岁群体得分最高，31~40 岁群体与 61~80 岁群体相差不大，80 岁以上群体最低；受众（用户）对于广播电视播音员主持人的整体满意度，41~60 岁得分同样是最高，其次是 31~40 岁群体和 61~80 岁群体，其次是 30 岁以下群体，最低是 80 岁以上群体；对于收听意愿，41~60 岁群体最高，其次是 61~80 岁群体，然后是 31~40 岁群体、30 岁以下群体，80 岁以上群体最低。这反映出 20 世纪 70、80 年代的受众（用户）受广播电视有声语言传播影响程度最大。20 世纪 50、60 年代，广播作为我国最早出现的现代电子媒介在这个时期成为我国传递信息的主要媒介，其影响力开始逐渐增强。直到 1958 年电视媒介的出现，与广播媒介一起成为我国主流的现代电子信息传播媒介。随着广播和电视媒介的普及，我国广播电视有声语言传播的整体影响力呈上升趋势。一直到 20 世纪 80 年代中后期，其影响力达到顶峰。20 世纪 90 年代初期互联网媒体出现，数字化的网络媒体开始介入到人们的信息生活中，之后伴随网络媒体的普及以及社会化媒体的崛起，我国广播电视有声语言传播影响力逐渐呈下滑趋势，直到 21 世纪初，我国媒体融合的进程开始加速，广播电视传播的影响力又有小幅回升。（具体见图 5.7）

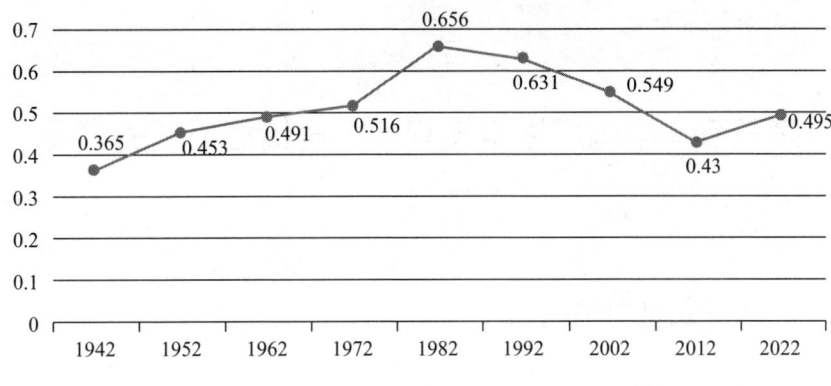

图 5.7　我国广播电视有声语言传播影响力变化曲线图

根据我国广播电视有声语言传播影响力的变化曲线，可以看出随着时代发展和信息传播生态的改变，我国广播电视有声语言传播的影响力呈现出波峰浪谷的变化形态。当前，在媒体融合的时代背景下，我国广播电视有声语言传播影响力"危"中有"机"。如何在"危险"之中实现"机遇"的弯道超车，是我国广播电视有声语言传播影响力回升的关键。首先，要以中央广播电视媒体和县级广播电视媒体为两级，不断提高中央、省、市、县四级广播电视媒体的辐射力和带动力，使广播电视有声语言传播的影响力从散点化、区域化向协同性、集约性方向发展。其次，主流的广播电视媒体还要不断强化受众（用户）的场景感和交互感，将宏大的政治话语转变为贴近受众（用户）的社交话语，实现不同圈层话语的融通和破壁，以此提升广播电视有声语言的传播效能，增强受众（用户）的收听、观看、使用黏性。最后，将智能化的有声语言传播元素融入广播电视有声语言传播实践之中，增强科技感和时代感，以此提升传统广播电视有声语言传播的传播速率，实现科技与人文的对接融合。

第三节　中国广播电视有声语言传播范式的守恒

一、坚持立足中国国情

国情是我国广播电视有声语言传播活动最基本的现实传播基调，一个国家在一定时期内面临什么危机和挑战，走什么样的发展道路，运用什么范式的语言传播策略，必须与这个国家不同发展时期的具体国情和性质相适应。坚持立足每个阶段我国发展的具体国情是我国广播电视有声语言传播范式演进的基本依托，始终立足国情，并且准确把握我国所处的历史方位和历史阶段，是研究我国广播电视有声语言传播范式演进的基本遵循。

我国广播电视有声语言传播范式的演进是紧紧贴合中国社会发展进程的，我国社会发展过程中所显现出来的主要矛盾成为我国广播电视有声语言传播范式演进的背景底色。1840 年到 1949 年新中国成立，我国社会的主要矛盾是帝国主义和中华民族之间、封建主义与人民大众之间的矛盾。从 1949 年到 2020 年，我国社会主要矛盾发生了数次重要的变化。中国共产党第八次全国代表大会、中国共产党第十一届中央委员会第六次全体会议、中国共产党第十九次全国代表大会对于这数次社会主要矛盾变化的论断得到了中共中央和广大学界的认可，是对我国社会主要矛盾全面、准确、科学的研判。所以，这三次会议所提出的我国社会主要矛盾存在的时间轴约为：1949—1978 年、1978 年至约 2003 年和约 2003 年至约 2017 年后。① 对应这三个时间轴，我国社会主要矛盾分别是：人民对于建立先进的工业国同落后的农业国的现实之间的矛盾、人民对于经济文化发展的需要同当前经济文化不能满足人民需要的状况之间日益增长的矛盾；人民日益增长的物质文化需要与落后的社会生产之间的矛盾；人民日益增长的美好生活需要与不平衡、不充分发展之间的矛盾。

纵览党在各个时期对我国社会主要矛盾判断的演进历程，可以发现，随时代发展的供给侧与需求侧之间的矛盾是判断我国社会主要矛盾的基本依据。党的十九大明确指出："我国仍处于并长期处于社会主义初级阶段的基本国情没

---

① 丁海玲. 我国社会主要矛盾变迁与政府职能转型［J］. 未来与发展，2021（4）：2.

有变，我国是世界上最大发展中国家的国际地位没有变。"我国社会主要矛盾的变化与社会主义初级阶段的不变成为长期以来我国改革发展过程中社会矛盾运动规律的真实写照。因此，"时代感"应该是我国广播电视有声语言传播范式内涵的应有之义。战争革命时期，为了实现民族独立、人民解放，我国广播电视有声语言传播范式的内涵是鼓舞人心、义正词严、爱憎分明、充满战斗气息的。新中国建设时期，为了保证新政权的稳固、实现国家富强，我国广播电视有声语言传播范式的内涵是充满政治动员、维护阶级利益、具有无产阶级性质的。改革开放和现代化建设时期，我国广播电视有声语言传播范式的内涵是以人为本、尊重个体、展示个性、强调精美规范的。互联网全面接入时期，我国广播电视有声语言传播范式的内涵是充满活力、多元共生、自由开放、包容差异的。媒体融合时期，我国广播电视有声语言传播范式的内涵是人机互动、协同配合、智能智慧、拥抱未来的。括而言之，坚持科学的国情观，以实事求是的态度和开拓创新的品格，在坚守核心价值观的基础上，不断创新我国广播电视有声语言传播范式，继续推进我国广播电视有声语言传播事业向前发展。

二、坚持党的全面领导

中国共产党是中国特色社会主义广播电视事业的领导核心，是中国广播电视有声语言传播的领导者、组织者和推动者。中国是在国家秩序瓦解、主权破碎的环境下诞生了中国共产党，而后党领导革命胜利，建立了中华人民共和国和社会主义制度。因此，现代中国是一个党的命运、国家的命运和社会主义的命运紧密相连的命运共同体。①从价值理性层面看，中国共产党始终坚持马克思主义的基本立场、方法，其指导思想是广播电视事业发展的根本指导思想，这些思想的形成是基于我国历史发展和现实国情需要所决定的。党指导思想的与时俱进发展不断促进着我国广播电视有声语言传播理念的提升和改变。从中国革命、建设和改革的长期发展历程来看，中国共产党在推动广播电视事业发展，实现民族话语权的全球扩展等方面发挥了不可替代的重要作用，坚强的政治领导是我国广播电视有声语言传播不断砥砺前行和创新发展的原动力。

早在战争革命时期，毛泽东就指出宣传工作要加强党的领导，树立党性原则。无论是党报党刊还是各类电台媒体，都应该具有鲜明的政治立场。这种立

---

① 陈先红，宋发枝."讲好中国故事"：国家立场、话语策略与传播战略［J］.现代传播（中国传媒大学学报），2020（01）：43.

场是站在无产阶级的立场上，而且要无条件地接受党的领导，与党保持高度一致，成为党和人民的喉舌及党组织的一部分。从延安新华广播时期瓦窑堡的简陋窑洞，到现代化建设时期的"四级办广播电视"，再到媒体融合时期的"三台合一"；从仅靠一台旧汽车发动机供给电力的播音机房，到使用现代化科技手段的卫星传输信号的微波线路，再到利用人工智能与虚拟技术进行人机交互的融合升级，广播电视设施设备的基础条件和现代化的传播技术等一系列的衍变发展，如果没有共产党的组织、协调和引领，注定难以完成。

中国共产党在不断深化对广播电视有声语言传播规律和体系认识的基础上，制定出了符合国家发展和信息传播的政策规制，从而保证了我国广播电视有声语言传播朝着正确的轨道向前行驶。我们之所以能够顺应时代潮流完成广播电视有声语言传播范式的一次次转换，正是得益于中国共产党契合实际、富有远见、敢于挑战、突破创新的顶层设计和战略规划，从而发挥出广播电视作为主流媒体的强大社会凝聚力和政治动员力。因此，无论是加强我国广播电视有声语言传播的理论创新，还是党对指导我国广播电视有声语言传播实践的实际意义层面，不断坚持、改善、加强党对我国广播电视事业的全面领导始终是着重突出的关键点。

三、坚持以人民为中心

中国共产党最大的政治优势就是以人民为中心，从群众中来到群众中去是中国共产党根本的政治保证和工作方法，以人民为中心是我国广播电视有声语言传播的价值依归。马克思主义显著的人民导向，来源于马克思唯物史观对以人民为主体的科学阐释，人民性是马克思主义政党最鲜明的属性。以服务人民为宗旨的政治导向始终贯穿于党对我国广播电视事业发展的全过程，人民广播诞生至今，中国共产党指导下的广播电视事业的演进历史，是一部理念贴近人民、人民创造实践、人民创新理论的发展史和互动史。

在我国的广播电视有声语言传播的实践史上，在革命战争时期，毛泽东就十分重视人民群众的创造性力量，特别强调"为人民服务"的宗旨。在改革开放现代化建设时期，邓小平理论将"是否有利于提高人民生活水平"作为评判社会主义事业建设的重要标准，我国广播电视有声语言传播注重从发展人民利益、体现人民诉求、吐露人民心声的角度服务和推进社会主义现代化建设。江泽民提出的"三个代表"重要思想，旗帜鲜明地提出中国共产党"代表最广大人民的根本利益"，体现了党为人民谋福祉的使命意识和担当作为。胡锦涛提出的"科学发展观",提倡发展要以人为本,强调权要为民所用、情要为民所系、利要为民所谋。党的十八大以来,以习近平同志为核心的党中央针对新时代中国特色社会主义事业的发展实际,为我国广播电视事业擘画了宏伟蓝图,并将广播电视发展的优秀成果普惠于广大人民群众之中,他指出民心是最大的政治。我们党是全心全意为人民服务的党,坚持立党为公、执政为民,把人民对美好生活的向往作为始终不渝的奋斗目标。

由此可见,人民群众在我国社会发展当中占据着重要地位,"人民"始终是我国广播电视事业发展的核心关键词,党制定的各项方针政策充分反映了共产党人为民谋福利的执政理念。这种以人民为中心、依靠群众、发展群众、服务群众的执政理念从延安时期人民广播诞生之初就已经显现出来,当时延安陕北台的播音员除了传达党的宣传方针、策略以及投身革命斗争实际以外,还积极参加劳动生产,保持同人民群众的紧密联系,因此在语言传播实践当中自然充满了与人民同呼吸、共爱憎的深厚情感。齐越在回忆陕北时期的生活工作时说:"当我的心和人民的心息息相通,和时代的脉搏一起跳动时,我的播音才有生命力。"[1]之后不论是新中国建设时期、改革开放现代化建设时期,还是中国特色社会主义进入新时代,以人民为中心的理念就一直贯穿于广播电视有声语言传播实践当中。所以,我国广播电视事业的发展只有在时代发展中始终坚持为民宗旨和人民导向,才能不断地获得鲜活的素材和不竭的创新动力。

四、尊重语言传播规律

语言是人类最重要的交际、思维、认知和文化传承的工具,是一个民族文化表现的载体,也是一个民族的标志与象征。语言动态地存在于社会之中,并且在传播过程中不断地发生着变异、分化和扩散,有着自己独特的变化发展规律。在语言发展的历史长河中,表现出明显的稳定性,同时也表现出相对活跃的变异性。"在语言中从来都没有真正静止的片刻,就好像人类思想之火永远不停一样"。[2]因此,我国广播电视有声语言传播范式"守恒"的基础理念必须尊重语言传播的客观规律,具体而言,语言传播有以下几点规律特征:

第一,语言有着渐变性的特征。语言传播过程中,现有的语言不会突然死亡,新语言也不会突然产生,而是经过新质的要素的逐渐积累,也要经过旧质

---

[1] 齐越.献给祖国的声音[M].北京:中国广播电视出版社,1991:86-87.

[2] Lehmann W P. A reader in nineteenth-century historical linguistics[M]. Bloomington: Routledge, 1967: 63.

要素的逐渐衰亡来实现。① 作为规范化和典范性的广播电视语言会受到新兴的网络语言和社会语言的影响，即吸收和采纳网络、社会语言的成分来丰富自己的语言结构和体系，并与之产生融合，但这种融合不是没有原则的，而是要受到广播电视语言系统中语音系统和语法系统的制约。

第二，语言有着竞争性的特征。一般意义来说，社会当中占主导性地位的语言竞争性较强，而处于较低地位的语言竞争性较弱。我国是历史悠久的多民族国家，因此，形成了多种语言、方言杂糅共存的局面。汉语是我国非物质文化遗产中一个重要的组成部分，为中华民族的伟大复兴和中国在世界舞台上的形象展现提供了介质帮助和智力支持。而广播电视有声语言传播所使用的普通话作为传递中国声音、传播中国文化、传承中华文明的载体，在信息传播领域为民族价值观的建构发挥了重要作用，占有绝对的权威性和竞争优势。

第三，语言有着规格性的特征。语言的规格性指的是语言在传播过程中所具有的气质和品质，是语言传播主体在使用语言进行信息传播时的一种主动性的选择。我国广播电视有声语言传播讲求信息传播的准确性、表达的艺术性、交流的互动性，要标准规范、纯净高雅、准确清晰、辞约义丰，是一种对语言传播规格的精美性、艺术化时代文化性的选择。通常来说，广播电视的有声语言创作包括三个维度：话语权力的显性、隐性维度；语言功力的功底、功力维度；表达典范维度。② 其中，语言功力维度为有声语言传播规格的精美、审美提供了保障，典范维度则为语言传播规格树立了责任要求和标准尺度。

第四，广播电视有声语言传播还有着特殊的表达规律。广播电视的有声语言创作一般要遵循思维反应律、词语感受律、对比推进律、情声和谐律、呼吸自由律、自我调检律的创作规律。③ 我国广播电视有声语言传播既有政治宣传的功能，也有信息传播的功能，但是对语言传播规律的认知、认定和尊重是前提。对语言传播规律的认知、认定和尊重体现在两个方面，一方面是不能以政治宣传替代信息传播，另一方面是不能以信息传播取代和否定新闻宣传。所以，我国广播电视有声语言传播范式在演进过程中，在新的社会环境和媒介环境之下，要以人文性和科学性来指导有声语言传播实践，尊重有声语言传播的基本规律。

---

① ［英］简·爱切生.语言的变化：进步还是退化？［M］.徐家祯，译.北京：语文出版社，1997：253.

② 毕一鸣.语言与传播：广播电视播音与主持新论［M］.北京：中国广播电视出版社，2005：3.

③ 张颂主编.中国播音学［M］.北京：中国传媒大学出版社，2007（9）：296-303.

第四节 中国广播电视有声语言传播范式之"辩"

纵观我国广播电视有声语言传播不同时期的主导性范式不难发现，不同历史时期我国广播电视有声语言传播范式由于不同的有声语言传播实践需求而具有不同的学科基质和表现形式，但又存在着相对稳定的演进规律和逻辑。我国广播电视有声语言传播范式正是在内外部运动规律的相互作用下以及内容形式的有形之"变"与规律逻辑的无形之"不变"的萌蘖浸润中演进发展的。因此，"变"与"不变"的碰撞共融是交织在我国广播电视有声语言传播范式之中的深层矛盾和两歧，是存在于其演进过程中辩证统一的行动参照。在"变"与"不变"中把握我国广播电视有声语言传播范式演进的脉搏，就要把阶段性的历史时期与总体性的历史时期结合起来考察，挖掘两者之间关系的互动、关联、影响和张力，以此实现我国广播电视有声语言传播范式中学科基质在内容形式和逻辑规律上的自明。

我国广播电视有声语言传播范式演进的形成和发展不是孤立进行的，而是由范式系统中的内部运动规律和外部影响因素共同实现演进的，其矛盾运动中学科基质的形成既是系统雏形的连续，也是对系统雏形的继承。除此之外，我国广播电视有声语言传播范式系统是一个动态发展的过程，并且有着自身发展的阶段性特征，也正是因为有了对学科基质的承接、继承并借鉴其相关的、相同的要素和形式，其范式才得以持续演进。总之，我国广播电视有声语言传播范式演进的过程并不是简单的线性替代，而是非线性的迭代及不断的修补和叠加，呈现出松塔式的排列和结构。其递进性和连续性的变迁规律，决定了其继承性；其共同性和相关性的内在联系，决定了其借鉴性。新旧范式的学科基质和核心要素是互译通约的，是其内外矛盾运动的必然性。所以对我国广播电视有声语言传播范式进行刻画和描绘时应该是全面的，而不是片面的；应该是系统的，而不是孤立的；应该是本质的，而不是表层的；应该是发展的，而不是静止的；应该是连续的，而不是中断的。

一、广播电视有声语言传播范式之"变"

我国广播电视有声语言传播范式作为我国新闻传播体系的一个重要组成部分，是随着有声语言传播主客体的变化而逐渐深化发展的，是一个"变化着的范式系统"。客观环境的变化、传播观念的嬗变、范式系统本身的结构这三方面之变，造就了我国广播电视有声语言传播范式的时代性、流动性和发展性。

（一）时代发展引起的客观环境之"变"

我国在历史发展过程中经历了不同的现实境况、客观事实和社会变迁，党领导下的中国人民在不同历史时期背负着不同的历史任务。从"救亡图存"、"民族解放"到"建设改革"、"持续发展"，再到"民族复兴"、"特色发展"，在一系列客观现实的变化之中，我国广播电视有声语言传播应时而动、顺势而为、因势利导，在不同历史阶段发挥着不同的历史作用，凝结了不同的广播电视有声语言传播学科基质。除此之外，传播媒介的更新换代直接改变着我国广播电视有声语言的传播生态，在多元异质的传播媒介影响下，我国传统的广播电视媒介在回馈力、影响力、传播力、表现力等方面都在发生着变化。

（二）广播电视有声语言传播观念之"变"

我国广播电视有声语言传播观念的形成既受到宏观的国家宣传导向和社会客观发展的限制，也受到传播主体自身认识的制约，并且随着社会历史的发展而不断变化。我国广播电视有声语言传播观念的嬗变过程是在实践、认识、再实践、再认识的认识过程中，在肯定、否定、否定之否定的哲学跃升中完成的。其嬗变过程体现了新闻传播思想、观点、态度、认知、信仰、情感和意志的客观变化规律，是对马克思主义认识论中"认识的本质与规律"、"真理与价值"、"认识与实践统一辩证关系"的生动诠释。

具体来说，我国广播电视有声语言传播观念之"变"，主要体现在新旧有声语言传播观念的更替上。旧的有声语言传播观是由国家政府强力管制和掌控，而新的有声语言传播观是由政府和国家主导，社会组织广泛参与的现代型传播观念，这种新型的有声语言传播观既保证了政治领域的安全稳定，又适用于经济领域的活力释放。新的有声语言传播观的优越性在形式和内容上更加尊重受众，更加轻松、平凡、专业，离旧的有声语言传播中的刻板、强制、刚性越来越远，越来越朝着人性化的方向发展，并逐渐脱离了受众对于旧的有声语言传播观的审美疲劳,在新的传播生态中完成了一次次进化和发展。

(三)广播电视有声语言传播范式系统本身结构之"变"

我国广播电视有声语言传播范式在每个时期的演进过程都不是封闭、自足的教条,新旧范式的交替作为一个完整的存在体系,新范式中的学科基质是在旧范式学科基质意蕴中生发出来的一种"延展",是对旧范式的发展创新和借鉴超越。其学科基质的形成和发展是以客观现实为依据,以具体条件为转移的,"一体化"、"人本化"、"社交化"+"智能化"三个时期的主导性范式不是固定不变、圆满自足的静态体系,而是一个不断增补、创新、发展的动态体系。三个时期的范式相互联系、相互作用的变化关系体现了其系统结构之"变"。

二、广播电视有声语言传播范式之"不变"

我国广播电视有声语言传播范式作为一个系统性的动态体系是对其发展中固定的科学基质再次强调和呈现的过程。我国广播电视有声语言传播范式之"变"的背后存在着一些固定的、稳定的"不变"要素。

(一)从广播电视有声语言传播范式的"学科基质"来观其"不变"

学科基质是我国广播电视有声语言传播范式得以形成的前提和条件,我国广播电视有声语言传播范式的学科基质是在中国新闻信息传播、语言发展规律和深厚的传统文化之中逐渐萌生和发展的。"规范化"和"标准化"的学科基质作为中华民族根本的精神基因,潜移默化地维护着国家团结统一的政治局面,不断地凝聚着社会价值共识。纵观我国广播电视有声语言传播范式的演进历程和学科基质形成的历史机遇,不论传播媒介如何更迭,传播生态如何变化,"规范化"和"标准化"的学科基质始终是平衡和影响我国广播电视有声语言传播范式的基础元素,它们作为我国广播电视有声语言传播范式中最具生命力、最直接的动力,依旧是不容动摇的,是"不变"的。

(二)从广播电视有声语言传播范式的"发展特色"来观其"不变"

"中国特色社会主义"是我国广播电视有声语言传播范式得以在中国形成和发展的根本保障,浓缩着中国历史发展的精神资源和特色价值观。我国广播电视有声语言传播范式演进的"中国特色"主要体现在党的新闻舆论宣传思想、学科基质的生成逻辑和语言发展的客观规律之中。

一是"政治家办报"是我国新闻事业发展的根本遵循。我国广播电视有声语言传播是以马克思主义及马克思主义中国化作为指导思想的，从理论视角来看，我国广播电视有声语言传播范式是在马克思主义中国化、时代化的历史进程中生成的，是马克思主义中国化、时代化的真实写照。从实践视角来看，我国广播电视有声语言传播范式是以"中国社会现实"为基础的新闻传播要素的有机整合。

二是我国广播电视有声语言传播范式中的学科基质是以"社会主义"价值和本质的实现作为其生成逻辑的。我国广播电视有声语言传播范式观照了社会主义制度在新闻传播领域思想导向的质的规定性，适应了我国新闻传播活动发展规律的需要，体现了社会主义意识形态的本质要求，是对科学社会主义价值的继承发展，并通过国家法律、制度形式和意识形态"自上而下"的制约确立演化的。

三是我国广播电视有声语言传播范式的演进是符合语言发展的客观规律的。我国广播电视有声语言传播范式的学科基质扎根于我国传统语言文字的优秀基因，产生于现实交流的客观诉求，形成于语言传播的社会实践之中，其演进历程是由古到今、从不完善到完善、分步骤分阶段逐步深入的。所以，我国广播电视有声语言传播范式在现实演进的过程所内嵌的"中国特色"价值体系是"不变"的。

（三）从广播电视有声语言传播范式演进的"最终落点"来观其"不变"

我国广播电视有声语言传播归根结底是人和人之间的传播，检验和衡量传播效果的判断标准取决于在传播过程中人的感受，实现人的全面自由发展是出发点和落脚点，尊重人的生命力、创造力和感受力始终是我们进行语言传播的要义。一方面，从大众传播层面出发，我国广播电视有声语言传播将国家利益和个人价值诉求有效嫁接，从而实现公共利益的"价值归宿"与国家利益的"价值内核"达到和谐统一。另一方面，从法律制度层面出发，我国广播电视有声语言传播范式中的学科基质受到国家层面规章制度的规约，在保障社会共识得以实现的基础上，又很好地观照了个人价值的实现。如此一来，只有将"人本身"作为我国广播电视有声语言传播范式演进的"最终落点"，才能实现国家社会的价值规定和人本身的价值诉求的真正和谐。

三、广播电视有声语言传播范式之"变"中守"恒"

我国广播电视有声语言传播范式可以理解为是一个"发展过程",最初以政治性、革命性,到后来的人文性、审美性再到社交性、智能化,其价值认识也在使用需求的发展中呈现出"工具化"、"单一化"、"现实化"、"社交化"、"智能化"等"理性化"或"非理性化"而衍生的多样性。因此,对于我国广播电视有声语言传播范式"变"与"不变"的辩证理性认识,要符合和顺应人们对于广播电视有声语言传播价值需求和价值认识的变化规律,以此来满足人们日益增长的对健康、可持续的有声语言传播信息生态向往的需要。

(一)要于"客观环境之变"中守"基础学科基质之恒"

我国广播电视有声语言传播范式演进中的学科基质一脉相承又与时俱进,在不同历史时期随着人们价值需求和价值认识的变化而不断增补,贯穿其中的价值理念潜移默化地影响着我国信息传播的思维方式和实践效果。但是不论时代如何发展、客观的语言传播环境如何改变,我国广播电视有声语言传播范式中基础性的"规范性"学科基质始终是恒定的要素。我国广播电视有声语言传播范式中"规范性"的基础学科基质发轫于革命战争年代,发展于建国初期,成熟于社会主义建设时期,并受到国家宪法的认可和确立,它不仅仅是对广播电视有声语言传播主体技术层面的硬性要求,更是用来表达民族情感、强化国家统一意志、提高语言传播运行效率、建构国家民族认同感、传播中华文化精神内涵的价值指标。所以,坚守我国广播电视有声语言传播范式中恒定的"规范性"学科基质是其范式演进发展前后通约的行动参照和转译桥梁,也是建立民族共同体意识和价值意义空间的基本前提。

(二)要于"传播观念之变"中守"发展特色之恒"

我国广播电视有声语言传播观念一直在随着社会的进步和传播生态的改变而发生嬗变,在人们传播观念日益多元的态势下,人们的价值认同也受到冲击和挑战,客观反映了人们思想观念的异质多元。为了在倡导多元价值体系的前提下维护主流价值的话语权和特色,确保人们坚持主流价值观并外化于实践,我国广播电视有声语言传播在教育引导、舆论宣传、文化熏陶、行为实践等方面要以其范式萌生和形成的"发展特色"来权衡和调节多元异质的价值标准。一方面,要尊重和传承我国广播电视有声语言传播发展历史积淀下来的价值根基和精神成果，坚持捍卫民族语言的纯洁和独立，对于异质价值取向的有声语言传播现象及观念，以语言发展规律为根本遵循，坚持取长补短、择善从之的原则，使之成为主流广播电视有声语言传播的有机组成部分。另一方面，传统的广播电视有声语言传播的话语表现方式和内容呈现形式在继承其范式演进过程中经历的中国革命规律、社会主义建设规律、社会主义改革创新规律和新时代中国特色社会主义发展规律的基础上，还要体现时代精神和社会语言发展规律，坚持"自身发展特色"，不断增强中国声音的传播力，中国形象的影响力，中国故事的感染力和中国文化的辐射力。

（三）要于"范式系统结构之变"守"最终落点之恒"

我国广播电视有声语言传播范式是一个动态发展、开放增容的系统，不同时期因学科基质的不同而产生系统结构的变化。每个时期占主导地位的学科基质直接影响着这一时期范式系统的整体风貌，但无论我国广播电视有声语言传播范式如何演进，科学基质如何增补，体现人的需求、反映人的心声，"实现好、维护好、发展好最广大人民根本利益"始终是其"最终的落脚点"。马克思主义政党的鲜明本质属性是人民性，为人民服务的宗旨、以人民为中心的导向始终贯穿于我国广播电视有声语言传播指导思想的全过程，是我国广播电视有声语言传播基本的政治底色。我国广播电视有声语言传播的价值在于经过实践而产生的主体和客体之间的价值关系。一方面，广播电视有声语言传播主体是关系产生的前提条件，其有声语言传播实践活动是价值关系的基础。另一方面，广播电视有声语言传播客体会对主体产生重要的反馈作用，是有声语言传播实践活动的最终落点。

一言以蔽之，我国广播电视有声语言传播的语言样态可以变，弘扬主旋律的要求不能变；广播电视有声语言传播的时代感可以变，党和人民"喉舌"属性不能变；广播电视有声语言传播的传播理念可以变，功能价值不能变；广播电视有声语言传播范式的学科基质可以变，恒定要素的坚守不能变。

我国广播电视有声语言传播范式的演进规律内蕴于中国共产党对广播电视事业指导思想的发展历程之中，并反映了我国革命、建设、改革、发展的整个过程所带来的规律性变化。它总体体现了我国广播电视作为思想政治宣传工具理性层面上的"适变"和中国特色社会主义核心价值理性上的"守恒"的辩证统一。从"适变"与"守恒"的视角，看到了我国广播电视有声语言传播范式"一般"与"特殊"关系的辩证统一，在"变"与"不变"的交织之中，看到了我国广播电视有声语言传播范式"相对性"与"绝对性"的对立统一。因此，从总体性的视角来研究我国广播电视有声语言传播范式的发展和演进，分析把握、科学总结其不断创新、与时俱进的演进规律，才能够为新时代一以贯之地加强党对广播电视事业的思想理论建设、更好地持续引领并推进党的舆论引导和宣传工作提供基本规律遵循。另外，我国广播电视有声语言传播范式的演进必须科学把握世情、国情、党情的变化，立足我国传媒实践，结合我国自身发展特色，从社会现实出发，将马克思主义基本理论同中国具体的广播电视有声语言传播实践相结合，紧扣党和国家所面临的新闻宣传形势和任务，才能继承发展、不断创新，继而成为一个开放包容，而又指导有效的范式理论体系，进而体现我国传媒事业发展和宣传思想理念开拓创新、与时俱进的内在品质。

第六章 研究结论与不足

本研究选择"我国广播电视有声语言传播范式演进研究（1940—2020）"作为研究主题，主要基于以下背景：其一，当前我国的传媒业正处于媒体融合的关键转型期，以网络媒体为代表的新媒体对以广播电视为代表的传统媒体产生了极大的冲击，迫使传统的主流媒体不得不主动应对这场传播革命，朝着新型主流媒体的方向转型。其二，我国传统的广播电视媒体面临着"转型"和"困境"的双重压力。一方面，传统广播电视媒体的"转型"主要体现在传播技术和传播观念的变革上，传统广播电视媒体的功能也逐渐扩展并呈现"内容＋服务"的基本特征。另一方面，传统广播电视媒体所面临的"困境"主要来自传统媒体长期以来所形成的传播惯性与新媒体所带来的传播业态急遽变化之间的冲突。其三，我国传统的广播电视媒体还存在着现实的"特殊性"，即"党管媒体"、"喉舌论"的基本属性和功能定位，因此必须充分考虑具有中国特色社会主义广播电视媒体的现实语境。

根据上述对我国广播电视有声语言传播所面临的现实语境和困境的考量，通过研究得出以下结论：

第一，我国广播电视在以有声语言作为重要传播方式的漫长发展历程中，形成了独具中国特色和中国气派的语言传播范式。在以人民广播诞生为起点的八十年的语言传播发展历程中，我国广播电视有声语言传播一共经历过三次范式转换，它们分别是1940—1978年的"一体化"的广播电视有声语言传播范式、1978—2012年的"人本化"的广播电视有声语言传播范式和2012年至今的"社交化"＋"智能化"的广播电视有声语言传播范式。这三个时期的主导性范式前后承续、首尾相连，共同构成了具有中国特色的广播电视有声语言传播整体性范式。

第二，我国广播电视有声语言传播范式的演进是一个渐进升级、持续演化、不断超越、叠加融合、未将完成的革命过程。我国广播电视有声语言传播范式一直处于一个不断演进的历史系统关系中，其历史性决定了新的学科基质出现的必然，其共在性决定了学科基质的不断增补和叠加演进。从"一体化"的广播电视有声语言传播范式到"人本化"的广播电视有声语言传播范式再到"社交化"＋"智能化"的广播电视有声语言传播范式，不同范式中的学科基质在不断增补中实现了范式形态和内涵的"延伸"，新的学科基质的衍生不断为新范式的生成创造新的可能性。新学科基质的不断增补，决定了我国广播电视有声语言传播范式的演进和发展永无止境。

第三，影响和决定我国广播电视有声语言传播范式形成和演进的因素主要有三种：一是居于主导地位的政治规制因素；二是处于深层影响的社会文化因素；三是具有革命性改变的媒介技术因素。其中，政治规制是我国广播电视有声语言传播范式演进的主导性因素；社会文化因素是我国广播电视有声语言传播范式演进的深层性因素；媒介技术是我国广播电视有声语言传播范式演进的革命性因素。这三种不同性质的影响因素彼此之间有着密切的关系。政治规制因素对社会文化因素和媒介技术因素起着制约和钳制的作用，社会文化因素和媒介技术因素反作用于政治规制因素，同时，社会文化因素与媒介技术因素相互作用。

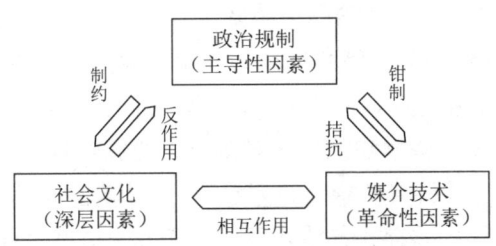

图 6.1　各项影响因素关系图

第四，我国广播电视有声语言传播范式在演进过程中有着自身"适变"和"守恒"的客观规律。首先，我国广播电视有声语言传播范式在宏观层面的"适变"主要体现在范式中的学科基质是随着时代和社会的发展变迁而不断增补递进的，这种宏观上的"适变"以范式演进的方式表现出来。我国广播电视有声语言传播范式在微观层面的"适变"主要体现在影响力的变化上，从人民广播诞生之初到改革开放再到中国特色社会主义进入新时代，我国广播电视有声语言传播的影响力呈现出上升起伏—达到峰值—缓慢回落的变化曲线。其次，我国广播电视有声语言传播范式的"守恒"的基础理念和价值依归是建立在立足中国国情、以人民为中心、坚持党的领导和尊重有声语言传播规律基础之上的。同时其范式中基础性的学科基质和关键要素始终保有"守恒"的规律。从"适变"与"守恒"的视角，可以看到我国广播电视有声语言传播范式"一般"与"特殊"关系的辩证统一，以及"相对性"与"绝对性"的对立统一。

然而，由于个人学术视野和研究能力有限，本研究对我国广播电视有声语言传播范式研究视野还存在不完备性：研究视野的不完备性主要存在于研究者认知能力的限制和对历史整体认知的相对性。范式是一个抽象且宏大的概念，而且范式理论在科学哲学领域有着悠久的理论优位的传统。我国广播电视有声语言传播范式的演进历程记录了我们在思想上和话语上对共同生活的社会文化、技术变迁所作出的一种普遍反应,当我们共同生活的社会生活形态发生总体改变后,其科学基质要通过整体评估后才可以确认,并且只有置于具体的历史语境中去考察才能够真正理解。正如美国哲学科学家约瑟夫·劳斯在《知识与权力：走向科学的政治哲学》一书中所说:"科学研究是一种审慎的活动,它发生于技巧、实践和工具的实践性背景下。"① 因此,在后续的研究中还需要挖掘更多的与我国广播电视有声语言传播相关的史料及人物访谈,在尽可能多的占有文献资料的基础上达到认知与实践的统一,方法论与科学观的统一。当然,需要指出的是人文社会学科研究范式本身具有多元性,特别是在艺术科学的风格概念上,"我们不能凭借我们认为确定的审美规范概念来掌握各种风格的具体内容、特点和特色"。② 对此,库恩也有同样的认识,他在《论科学和艺术的关系》中论述了科学和艺术在对待过去的成就时有着截然不同的看法,由此反映了具有人文社科典型特征的艺术学科,其范式的多元性、评价的多元性及其不同范式风格的并存,各范式及建筑于其上的理论体系之间是平等的,都有其合理性和不完备性。

---

① [美]约瑟夫·劳斯.知识与权力：走向科学的政治哲学[M].盛晓明,邱慧,孟强,译.北京:北京大学出版社,2004：96.
② [德]恩斯特·卡西尔.人文科学的逻辑[M].沉晖,等译.北京:中国人民大学出版社,2004：127.

参考文献

一、外文文献

[1] Inkeles A. Becoming Modern [M]. Cambridge: Harvard University Press, 1974.

[2] Ammon U. Language-spread policy [J]. Language Problems and Language Planning, 1997.

[3] Brady A M. Marketing Dictatorship [M]. New York: Rowman & Littlefield Publishers, 2008.

[4] Anderson B. Imagined communities: Reflections on the origin and spread of nationalism [M]. London: Verso Books, 1991.

[5] Baron N S. Always On: Language in an Online and Mobile World [M]. New York: Oxford University Press, 2008.

[6] Bourdieu P. Language and Symbolic Power [M]. Cambridge: Polity Press, 1991.

[7] Bourdieu P. The State Nobility [M]. Cambridge: Polity Press, 1996.

[8] Bourdieu P. On Television and Journalism [M]. London: Pluto, 1998.

[9] Chayko M. Portable Communities: The Social Dynamics of Online and Mobile Connectedness [M]. Albany: SUNY Press, 2008.

[10] Cooper R L. Language Spread: Studies in Diffusion and Social Change [M]. Bloomington: Indiana University Press, 1982.

[11] McCelland D C. The achievement motive in economic growth [M] // Hoselitz B F, Moore W E. Industrialization and Society. New York: UNESCO-Mouton, 1996.

[12] Riesman B D, Glazer W N, Denney R. The Lonely Crowd: A Study of the Changing American Character [M]. New York: Doubleday and Company, Inc., 1953.

[13] Stockmann D. Media Commercialization and Authoritarian Rule in China [M]. New York: Cambridge University Press, 2013.

[14] Armitage D. What's the Big Idea? Intellectual History and the longue durée [J]. History of European Ideas, 2012.

[15] Foucault M. History of Sexuality (Vol.1) [M]. Harmondsworth: Penguin Books, 1981.

[16] Foucault M. The order of discourse [M] //Shapiro M. Language and Politics. Oxford: Basil Blackwell, 1984.

[17] Fowler R, Hodge B, Kress G, et al. Language and Control [M]. London: Routledge, 1979.

[18] Giddens A. The Constitution of Society [M]. Berkeley: University of California Press, 1984.

[19] Maine H S. Ancient Law [M]. Boston: Beacon Press, 1963.

[20] Hall S. Encoding and decoding in the television discourse [M]. Birmingham: University of Birmingham, 1973.

[21] Scheffler I. Science and Subjectivity [M]. Indianapolis: Hackett Publishing, 1982.

[22] Ellul J. Propaganda: the Formation of Men's Attitude [M]. Kellen K, Lener J, Translated. New York, NY: Alfred A.Knopf, 1965.

[23] Nye J S. Soft power: The means to success in world politics [M]. New York: Public Affairs, 2004.

[24] Lang K, Lang G E. The unique perspective of television and its effect: A pilot study [M]. New York: Ardent Media, 1953.

[25] Lehmann W P. A reader in nineteenth-century historical linguistics [M]. Bloomington: Routledge, 1967.

[26] Mcluhan M. Understanding Media: The Extensions of Man [M]. New York: McGraw-Hill, 1964.

[27] Mcluhan M. Understanding Media: The Extensions of Man [M]. Cambridge, MA: MIT Press, 1994.

[28] Lazarsfeld P, Merton R. Mass Communication, Popular Taste and Organized Social Action [M] //Bryson L. The Communication of Ideas. New York: The Institute for Religious and Social Studies, 1948.

[29] Philipsen G. Speaking Culturally: Explorations in Social

Communication [M]. Albany, NY: SUNY Press, 1992.

[30] Bourdieu P. Public opinion does not exist [J]. Communication and Class Struggle, 1979.

[31] Bourdieu P. Social Space and Symbolic Space [M] //Wallace R J. Pratical Reason. Stanford, CA: Stanford University Press, 1998.

[32] Bourdieu P. Distinction: A Social Critique of the Judgment of Taste [M]. Richard N, Translated. London: Routledge & Kegan Paul, 1984.

[33] Romanyshny R D. The Despotic Eye and its Shadow: Media Image in the Age of Literacy [M] //Levin D M. Modernity and the Hegemony of Vision. Berkeley: University of California Press, 1993.

[34] Scannell P. For-anyone-as-someone structures [J]. Media, Culture & Society, 2000.

[35] Parsons T. The system of modern societies [M]. Englewood Cliffs, NJ: Prentice-Hall, 1971.

[36] Thompson J B. The media and modernity: A social theory of the media [M]. Cambridge: Polity Press, 1995.

二、中文译著

[1][丹麦]克劳斯·布鲁恩·延森.媒介融合：网络传播、大众传播和人际传播三重维度[M].何道宽,译.上海：复旦大学出版社,2012.

[2][德]弗里德里希·恩格斯/[德]卡尔·马克思.马克思恩格斯全集第3卷[M].中共中央马克思恩格斯列宁斯大林著作编译局,北京：人民出版社,1960.

[3][德]埃里·希鲁登道夫.总体战[M].戴辉先,译.北京：解放军出版社,2005.

[4][德]恩斯特·卡西尔.人文科学的逻辑[M].沉晖,等译.北京：中国人民大学出版社,2004.

[5][德]费迪南·滕尼斯.共同体与社会[M].林荣远,译.北京：商务印书馆,1999.

[6][德]哈贝马斯著.公共领域的结构转型[M].曹卫东,王晓钰,译.上海：学林出版社,1999.

[7][德]加达默尔.哲学解释学[M].夏镇平,宋建平,译.上海：上海译文出版社,1994.

［8］［法］阿尔都塞.哲学与政治阿尔都塞读本［M］.陈越，编译.长春：吉林人民出版社，2003.

［9］［法］埃米尔·迪尔凯姆.社会分工论［M］.渠东，译.北京：三联书店，2000.

［10］［法］莫里斯·梅洛-庞蒂.知觉现象学［M］.姜志辉，译.北京：商务印书馆，2001：198.

［11］［法］福柯.福柯说权力与话语［M］.陈怡含，编译.武汉：华中科技大学出版社，2017.

［12］［法］皮埃尔·布尔迪厄著.关于电视［M］.许钧，译.北京：北京大学出版社，2020.

［13］［芬］冯·赖特.解释与理解［M］.张留华，译.杭州：浙江大学出版社，2016.

［14］［加］马里奥·邦格.在社会科学中发现哲学［M］.吴朋飞，译.北京：科学出版社，2019.

［15］［加］马歇尔·麦克卢汉.理解媒介——论人的延伸［M］.何道宽，译.北京：商务印书馆，2000.

［16］［加］伊恩·哈金.表征与干预［M］.王巍，孟强，译.北京：科学出版社，2011.

［17］［美］H·G·布洛克.现代艺术哲学［M］.滕守尧，译.成都：四川人民出版社，1998.

［18］［美］M·莱恩·布鲁纳.记忆的战略：国家认同建构中的修辞维度［M］.蓝胤淇，译.北京：商务印书馆，2016.

［19］［美］阿瑟·伯格著.理解媒介：媒介文化与文化研究的关键文本［M］.秦洁，译.北京：清华大学出版社，2013.

［20］［美］艾伦·查尔默斯.科学究竟是什么［M］.邱仁宗，译.石家庄：河北科学技术出版社，2002.

［21］［美］保罗·莱文森.莱文森精粹［M］.何道宽，译.北京：中国人民大学出版社，2007.

［22］［美］保罗·莱文森.人类历程回放：媒介进化论［M］.邬建中，译.重庆：西南师范大学出版社，2017.

［23］［美］保罗·莱文森.新新媒介［M］.何道宽，译.上海：复旦大学出版社，2014.

［24］［美］保罗·利文森.软边缘：信息革命的历史与未来［M］.熊澄宇，

等译．北京：清华大学出版社，2002．

[25][美]道格拉斯·凯尔纳著．媒体文化——介于现代与后现代之间的文化研究、认同性与政治[M]．丁宁，译．北京：商务印书馆，2004．

[26][美]卡茨等编．媒介经典文本解读[M]．常江，译．北京：北京大学出版社，2011．

[27][美]兰德尔·柯林斯．互动仪式链[M]．林聚任，王鹏，宋丽，译．北京：商务印书馆，2012．

[28][美]雷蒙·威廉斯．文化与社会[M]．高晓玲，译．北京：中国人民大学出版社，2019．

[29][美]罗伯特·斯考特，谢尔·伊斯雷尔．即将到来的场景时代[M]．赵乾坤，周宝曜，译．北京：北京联合出版公司，2014．

[30][美]罗德尼·本森，[法]艾瑞克·内维尔主编．布尔迪厄与新闻场域[M]．张冰，译．杭州：浙江大学出版社，2017．

[31][美]罗杰·费德勒．媒介形态变化：认识新媒介[M]．明安香，译．北京：华夏出版社，2000．

[32][美]马克·波斯特．第二媒介时代[M]．范静哗，译．南京：南京大学出版社，2000．

[33][美]南希·K.拜厄姆．交往在云端：数字时代的人际关系[M]．董晨宇，唐悦哲，译．北京：中国人民大学出版社，2020．

[34][美]尼尔·波兹曼．娱乐至死[M]．章艳，译．桂林：广西师范大学出版社，2004．

[35][美]尼尔·斯梅尔瑟．经济社会学[M]．方明，折晓叶，译．北京：华夏出版社，1989．

[36][美]尼古拉·尼葛洛庞蒂．数字化生存[M]．胡泳，范海燕，译．北京：电子工业出版社，2017．

[37][美]尼克．人工智能简史[M]．北京：人民邮电出版社，2017．

[38][美]史蒂芬·平克．语言本能[M]．洪兰，译．汕头：汕头大学出版社，2004．

[39][美]塔尔科特·帕森斯．社会行动的结构[M]．张明德，夏遇南，彭刚，译．北京：译林出版社，2012．

[40][美]托赖特·米尔斯．社会学的想象力[M]．陈强，张永强，译．北京：读书·新知·生活三联书店，2001．

[41][美]托马斯·库恩．必要的张力——科学的传统和变革论文选[M]．

范岱年，纪树立，译. 北京：北京大学出版社，2005.

[42][美]托马斯·库恩. 科学革命的结构[M]. 金吾伦，胡新和，译. 北京：北京大学出版社，2012.

[43][美]威尔伯·施拉姆，威廉·波特. 传播学概论[M]. 李启，周立方，译. 北京：新华出版社，1984.

[44][美]詹金斯. 新媒体和旧媒体的冲突地带[M]. 杜永明，译. 北京：商务印书馆，2012.

[45][美]詹姆斯·W. 凯瑞. 作为文化的传播[M]. 丁未，译. 北京：中国人民大学出版社，2019.

[46][日]植草益. 微观规制经济学[M]. 朱绍文，胡欣欣，等译. 北京：中国发展出版社，1992.

[47][瑞士]费尔南迪·德·索绪尔. 普通语言学教程[M]. 高明凯，译. 北京：商务印书馆，1980.

[48][英]丹尼斯·麦奎尔. 受众分析[M]. 刘燕南，李颖，杨振荣，译. 北京：中国人民大学出版社，2006.

[49][英]费尔克拉夫. 话语与社会变迁[M]. 殷晓蓉，译. 北京：华夏出版社，2003.

[50][英]简·爱切生. 语言的变化：进步还是退化？[M]. 徐家祯，译，北京：语文出版社，1997.

[51][英]库尔德利. 媒介、社会与世界：社会理论与数字媒介实践[M]. 何道宽，译. 上海：复旦大学出版社，2014.

[52][英]雷蒙·威廉斯著. 关键词：文化与社会的词汇[M]. 刘建基，译. 北京：生活·读书·新知三联书店，2005.

[53][英]曼纽尔·卡斯特. 网络社会的崛起[M]. 夏铸九，等译. 北京：社会科学文献出版社，2001.

[54][英]斯图亚特·霍尔. 表征：文化表象与意指实践[M]. 徐亮，陆兴华，译. 北京：商务印书馆，2003.

[55][英]W.H. 牛顿·史密斯. 科学哲学指南构[M]. 成素梅，殷杰，译. 上海：上海科技教育出版社，2006.

[56][英]伊姆雷·拉卡托斯，艾兰·马斯格雷夫. 批判与知识增长[M]. 周寄中，译. 北京：华夏出版社，1987.

三、中文专著

[1] 毕一鸣.语言与传播：广播电视播音与主持新论[M].北京：中国广播电视出版社，2005.

[2] 卜晨光.身份、话语与价值认同：新中国十七年时期播音员群体研究[M].北京：中国传媒大学出版社，2021.

[3] 陈力丹.舆论学——舆论导向研究[M].北京：中国广播电视出版社，1999.

[4] 陈卫星.传播的观念[M].北京：人民出版社，2004.

[5] 陈晓鸥.广播电视语境研究[M].北京：中国传媒大学出版社，2013.

[6] 党与党报.中国共产党新闻工作文件汇编（下）[M].北京：新华出版社，1980.

[7] 邓小平文选：第2卷.[M].北京：人民出版社，1993.

[8] 邓小平文选：第3卷.[M].北京：人民出版社，1993.

[9] 丁和根.中国传媒制度绩效研究[M].广州：南方日报出版社，2007.

[10] 董小英.再登巴比伦塔——巴赫金与对话理论[M].北京：三联书店，1994.

[11] 费孝通.乡土中国[M].北京：译林出版社，2020.

[12] 高晓虹主编.中国新闻传播研究.媒体融合与社会治理研究[M].北京：中国传媒大学出版社，2021.

[13] 高宣扬.布迪厄的社会理论[M].上海：同济大学出版社，2004.

[14] 管文虎.国家形象论[M].成都：电子科技大学出版社，2000.

[15] 郭龙生.中国当代语言规划的理论与实践[M].广州：广东教育出版社，2008.

[16] 郭庆光.传播学教程[M].北京：中国人民大学出版社，1999.

[17] 哈艳秋主编.当代中国广播电视史[M].北京：中国国际广播出版社，2018.

[18] 侯慧勤.国外马克思主义意识形态研究著作评析[M].北京：中国社会科学出版社，2015.

[19] 李景鹏.中国政治发展的理论研究纲要[M].哈尔滨：黑龙江人民出版社，2000.

［20］李斯托威尔.近代美学史评述［M］.上海：上海译文出版社，1980.

［21］梁晓声.中国文化的性格［M］.北京：现代出版社，2018.

［22］刘海龙.大众传播理论：范式与流派［M］.北京：中国人民大学出版社，2008.

［23］罗纲，刘象愚.文化研究读本［M］.北京：中国社会科学出版社，2000.

［24］马克思.1884年经济学哲学手［M］.北京：人民出版社，1979.

［25］马克思恩格斯全集：第26卷.［M］.北京：人民出版社，1973.

［26］齐越.话筒前的工作［M］.北京：广播出版社，1983.

［27］齐越.献给祖国的声音［M］.北京：中国广播电视出版社，1991.

［28］全国语言文字工作会议秘书处编.新时期的语言文字工作——全国语言文字工作会议文件汇编［M］.北京：语文出版社，1987.

［29］阮迪民等.晋绥日报简史［M］.重庆：重庆出版社，1992.

［30］苏新春.文化语言学教程［M］.北京：外语教学与研究出版社，2006.

［31］孙绍谊，郑涵编.新媒体与文化转型［M］.上海：生活·读书·新知三联书店，2013.

［32］孙玉胜.十年——从改变电视的语态开始［M］.北京：三联书店，2003.

［33］陶德麟，黎得扬.马克思主义原理［M］.武汉：武汉大学出版社，2001.

［34］王敬主编.延安解放日报史［M］.北京：新华出版社，1998.

［35］王举忠，王治.传统文化与中国人［M］.沈阳：辽宁大学出版社，1998.

［36］王能宪.文化建设论［M］.北京：人民出版社，2006.

［37］吴为章.新编普通语言学教程［M］.北京：北京广播学院出版社，1999.

［38］吴郁.主持人的语言艺术［M］.北京：北京广播学院出版社，1999：129-144.

［39］徐大明，陶红印，谢天蔚.当代社会语言学［M］.北京.中国社会科学出版社，1997.

［40］许嘉璐.未成集——论新时期语言文字工作［M］.北京：语文出版社，2000.

[41] 杨兆麟，赵玉明.人民大众的号角——延安（陕北）广播史话[M].北京：中国广播电视出版社，1986.

[42] 姚喜双，郭生龙主编.媒体与语言——来自专家与明星的声音[M].北京：科学经济出版社，2002.

[43] 姚喜双.中国解放区新闻播音语言规范研究[M].北京：语文出版社，2007.

[44] 姚喜双主编.共合国之声：中国播音口述史[M].杭州：浙江大学出版社，2022.

[45] 尹保云.什么是现代化：概念与范式的探讨[M].北京：人民出版社，2001.

[46] 应天常.节目主持语用学[M].北京：北京广播学院出版社，2001.

[47] 俞虹.节目主持人通论[M].杭州：杭州大学出版社，1996.

[48] 喻梅.新中国播音创作简史[M].北京：中国传媒大学出版社，2016.

[49] 袁军，哈艳秋.中国新闻事业史教程[M].北京：中国广播电视出版社，1996.

[50] 袁钟瑞.话说推普[M].北京：语文出版社，2004.

[51] 战迪，刘琦.播音与主持艺术批评[M].北京：北京广播影视出版社，2015.

[52] 张颂.朗读美学[M].北京：北京广播学院出版社，2002.

[53] 张颂.情声和谐启蒙录[M].北京：北京广播学院出版社，2004.

[54] 张颂.语言传播文论（第三集）[M].北京：中国传媒大学出版社，2006.

[55] 张颂.语言传播文论[M].北京：北京广播学院出版社，1999.

[56] 张颂.中国播音学[M].北京：北京广播学院出版社，2003.

[57] 赵玉明.广播电视简明辞典[M].北京：中国广播电视出版社，1989.

[58] 赵玉明.中国广播电视通史[M].北京：中国广播影视出版社，2014.

[59] 中共中央马克思恩格斯列宁斯大林著作编译局.马克思恩格斯全集[M].北京：人民出版社，2006.

[60] 中共中央文献研究室.建国以来重要文献选编：第九册[M].北京：中央文献出版社，2011.

[61] 中国社会科学院新闻研究所. 中国共产党新闻工作文件汇编[M]. 北京：新华出版社，1980.

[62] 中央编译局. 马克思恩格斯文集：第5卷[M]. 北京：人民出版社，2009.

[63] 中央广播事业局选编. 话筒前的工作[M]. 北京：广播出版社，1983.

[64] 中央人民广播电台研究室、北京广播学院新闻系编. 解放区广播历史资料选编[M]. 北京：中国广播电视出版社，1985.

[65] 周恩来选集：下卷. [M]. 北京：人民出版社，1984.

[66] 朱天. 观念、体制、话语——1990年代中国电视新闻改革研究的三个视域[M]. 北京：中国书籍出版社，2012.

[67] 左漠野主编. 当代中国的广播电视（上）[M]. 北京：中国社会科学出版社，1987.

四、中文连续出版物文献

[1] 播音界[J]. 1989年春季号：3.

[2] 操瑞青. 选择媒介：解读媒介进化中的人类需求与技术影响[J]. 新闻界，2017（7）：2-8.

[3] 曹海鹰. 我国播音风格初探[J]. 中国广播电视学刊，1988（05）：13-16.

[4] 曾祥敏，刘日亮，魏弘毅. 时政新闻报道融合创新研究——基于2018年全国"两会"移动可视化产品的分析[J]. 中国新闻传播研究，2019（5）：75-80.

[5] 陈杰. 广播电视的喉舌观念[J]. 新闻界，1987（2）：18.

[6] 陈默. 电视文化的新理念——多元的对话性[J]. 现代传播，2003（4）：111-112.

[7] 陈先红，宋发枝. "讲好中国故事"：国家立场、话语策略与传播战略[J]. 现代传播（中国传媒大学学报），2020（1）：43.

[8] 丛日云. 当代中国政治语境中的"群众"概念分析[J]. 政法论坛，2005（3）：19.

[9] 崔林，陈昱君，林嵩. "互动"与"亲民"：融合发展背景下主流媒体电视新闻的语态变革——以央视《新闻联播》为例[J]. 新闻与写作，2019（11）：25.

［10］崔林.从"讲话"、"说话"到"对话"——中国电视新闻的范式转换与语态变迁［J］.现代传播，2012（3）：54.

［11］戴曼纯，刘润清.波罗的海国家的语言政策与民族整合［J］.俄罗斯中亚东欧研究，2010（4）：20.

［12］邓文能.人际传播与主持人节目［J］.广电战线，1986（11）：16.

［13］邱金，张海东.解读网络媒介与用户概念［J］.青年记者，2007（6）：117.

［14］丁海玲.我国社会主要矛盾变迁与政府职能转型［J］.未来与发展，2021（4）：2.

［15］丁未.回归人际性：大众传播的另一个视野［J］.现代传播，1997（12）：13.

［16］杜金榜.试论语篇分析的理论与方法［J］.外语学刊，2008（1）：91-98.

［17］杜胜利，刘卫平，邱兴平.从矛盾范式到系统范式——精神自我运动发展本性的逻辑证明［J］.系统科学学报，2013（03）：19-23.

［18］方兴东，陈帅.中国互联网25年［J］.现代传播，2019（4）：3.

［19］方兴东.中国媒体融合的本质、使命与道路选择——从数字传播理论看中国媒体融合的新思维［J］.现代出版，2020（7）：43-47.

［20］费寄平.播音基础理论探讨［J］.现代传播，1980（3）：36.

［21］贺涵甫，窦锋昌.网络语言的生产机制及在新闻报道中的应用［J］.青年记者，2021（15）：12-14.

［22］何志荣.延伸与回归：传播具身性在媒介技术中的嵌入［J］.编辑之友，2019（12）：66-70.

［23］胡开宝，田绪军.语言智能背景下的MIT人才培养：挑战、对策与前景［J］.外语界，2020（2）：60.

［24］胡翼青.重塑传播研究范式：何以可能与何以可为［J］.现代传播，2016（1）：54.

［25］胡正荣.智能化：未来媒体的发展方向从［J］.现代传播，2017（6）：1.

［26］胡智峰，周建新.从"宣传品"、"作品"到"产品"——中国电视50年节目创新的三个发展阶段［J］.中国广播电视学刊，2008：1.

［27］季建林.群众内涵的变化和群众工作遇到的新情况新挑战［J］.中央社会主义学院学报，2012（2）：82.

[28] 姜红.仪式、共同体与生活方式的建构——另一种观念框架下的民生新闻[J].新闻与传播研究,2009(3):71.

[29] 蒋达云.精英文化与草根文化的关系研究[J].中国市场,2015(12):170.

[30] 江涛.论科学的价值合理性[J].复旦学报(科学社会版),1995(05):38-42.

[31] 康荫.广播是党和人民的耳目喉舌[J].中国广播电视学刊,1988(12):53.

[32] 李盛之.主持人:角色的尴尬与超越[J].现代传播,1995(5):49-52.

[33] 李良荣.论中国新闻媒体的双轨制——再论中国新闻媒体的双重性[J].现代传播,2003(4):1-4.

[34] 李署新.话语民主:哈贝马斯对当代民主政治的新诠释[J].当代世界与社会主义,2010(4):61-64.

[35] 李艳梅.把声音献给祖国:人民广播80年播音传奇二三事[J].中国广播,2020(12):66-68.

[36] 李宇明.探讨语言传播规律[J].云南师范大学学报(对外汉语教学与研究版),2007(4):1.

[37] 李子彪,张静,李林琼.科学共同体的演化与发展——面向"矩阵式"科学评估体系的分析[J].科研管理,2016,37(S1):11-18.

[38] 廖开明.基于CiteSpace的数字化教育资源可视化分析[J].甘肃开放大学学报,2023(6):9-16.

[39] 廖祥忠.从媒体融合到融合媒体:电视人的抉择与进路[J].现代传播,2020(1):1-6.

[40] 林慧月,夏凡,陈万求.现象学视域下"人-技术-世界"多重关系解析[J].东北大学学报(社会科学版),2011(5):383.

[41] 刘钢.泛议库恩的"范式"概念[J].社会科学论坛,2020(1):24.

[42] 刘珍,赵云泽.情绪传播的社会影响研究[J].编辑之友,2021(10):49.

[43] 吕尚彬,黄荣.智能时代的媒体泛化:概念、特点及态势[J].西安交通大学学报,2019(9):115.

[44] 潘祥辉.政府理性、政治权力聚散与中国媒介制度的变迁[J].浙

江传媒学报, 2010 (4): 45-51.

[45] 潘忠党, 刘于思. 以何为"新"? "新媒体"话语中权力的陷阱与研究者的理论自省——潘忠党教授访谈录 [J]. 新闻与传播评论, 2017 (1): 2-5.

[46] 潘忠党. 导言: 媒介时代的公共传播和传播的公共性 [J]. 新闻与传播评论, 2017 (10): 30.

[47] 彭兰. 新媒体时代语态变革再思考 [J]. 中国编辑, 2021 (8): 4.

[48] 齐越. 播音员日记——解放战争年代的播音工作 [J]. 新闻战线, 1981 (7): 19-20.

[49] 强月新, 梁湘毅. 短视频新闻评论话语方式的四种转向——以央视《主播说联播》为个案分析 [J]. 现代传播, 2021 (4): 61-66.

[50] 邵培仁, 李梁. 媒介即意识形态: 论法兰克福学派的媒介控制思想 [J]. 浙江大学学报, 2001 (1): 99-100.

[51] 沈正赋. 新媒体时代新闻舆论传播力、引导力、影响力和公信力的重构 [J]. 现代传播 (中国传媒大学学报), 2016 (5) 1-7.

[52] 史安斌, 张耀钟. 新中国形象的再建构: 70年对外传播理论和实践的创新路径 [J]. 全球传媒学刊现代传播, 2019 (6): 26-27.

[53] 宋安. 建国初期中国知识分子思想改造的历史回顾 [J]. 商, 2016 (8): 107.

[54] 孙丹. 建国初期知识分子思想改造研究述评 [J]. 中国当代史研究, 2008 (5): 93.

[55] 孙玮. 交流者的身体: 传播与在场——意识主体、身体主体、智能主体的演变 [J]. 国际新闻界, 2018 (12): 100.

[56] 孙宜芳. 马克思恩格斯群众与人民概念的逻辑进路 [J]. 重庆社会科学, 2017 (7): 38.

[57] 陶皆良. 广播电视性质略论 [J]. 中国广播电视学刊, 1989 (8): 58-59.

[58] 陶毅. "喉舌论"之我见 [J]. 中国广播电视学刊, 1989 (3): 50.

[59] 田川流. 论传统文化与现代文化的碰撞及融合 [J]. 山东艺术学院学报, 2016 (4): 4-8.

[60] 田维钢, 雷若彤. 社交媒体传播对电视产业链的增值作用 [J]. 广告大观 (综合版), 2014 (4): 33.

[61] 王成, 陈达南. 构建中国特色社会主义现代性的三重意识: 逻辑、

属性和价值[J].中共太原市委党校学报,2022(1):19.

[62]王旭.互联网发展史[J].个人电脑,2007(3):185-186.

[63]吴郁."说新闻"口语、方言运用对风格的影响[J].中国广播电视学刊,2003(2):46.

[64]夏东荣.对人文社会科学范式的认识与思考[J].社会科学论坛,2023(2):216.

[65]徐树华.论口语的研究的三种导向——交际、表达、传播[J].现代传播,2012(9):67.

[66]严小芳.场景传播视阈下的网络直播探析[J].新闻界,2016(8):51-52.

[67]杨保军,张成良.论新兴媒介的演进规律[J].编辑之友,2016(8):8.

[68]杨乘虎.试论新闻节目主持人的可信度[J].现代传播,1999(1):74-76.

[69]杨怀中,邱海英.库恩范式理论的三大功能及其人文意义[J].湖北社会科学,2008(6):101-104.

[70]杨光宗,刘钰婧.从"受众"到"用户":历史、现实与未来[J].现代传播,2017(7):34.

[71]于洋,姜飞.国际跨文化传播研究新特征和新趋势[J].国际新闻界,2021(1):76.

[72]于云先.论党的新闻工作的党性原则[J].中国广播电视学刊,1989(10):9.

[73]喻国明,王佳鑫,马子越.5G时代VR改写传播领域的关键应用[J].现代视听,2019(8):34.

[74]喻国明,王小龙,郭剑楠.智媒时代媒介的重新定义——依据社会化场域的范式[J].青年记者,2019(10):38-40.

[75]喻国明,杨雅,曲慧,耿晓梦,杨嘉仪.5G时代"视频+"的重要应用场景研究[J].中国编辑,2020(11):10.

[76]喻国明,杨雅.5G时代:未来传播中"人—机"关系的模式重构[J].新闻与传播评论,2020(1):8.

[77]喻国明,张珂嘉.简论传播内容范式的三个价值维度[J].教育传媒研究,2020(4):11-12.

[78]喻国明,李彪,丁汉青.媒介即信息:一项基于MMN的实证研

究［J］.国际新闻界，2010（11）：35.

［79］喻国明.5G：一项引发传播学学科范式革命的技术——兼论建立电信传播学的必要性［J］.新闻与写作，2019（7）：54.

［80］喻国明.5G时代视频传播的机遇与挑战——在"5G融合、智慧赋能：2019视频融合传播数据价值创新峰会"的演讲［J］.现代视听，2019（10）：88.

［81］张德琴，杨世宏.新闻报刊"喉舌论"研究［J］.山东理工大学学报，2018（4）：83-88.

［82］张世英."后现代主义"对"现代性"的批判与超越［J］.北京大学学报，2007（1）：42-45.

［83］张颂.传媒语言文化身份的当下识别［J］.现代传播，2005（3）：45.

［84］张颂.谈谈播音的降调问题［J］.现代传播，1979（3）：38.

［85］张颂.中国播音学发展简史［J］.媒介研究，2007（2）：5.

［86］张许许.政党中心主义视角下中国共产党与中国政治发展探析［J］.宝鸡文理学院学报，2024（2）：5-6.

［87］张琰.网络传播"再中心化"探究［J］.东南传播，2019（12）：89.

［88］张燕.语言传播的要素、范式与策略分析［J］.安徽工业大学学报（社会科学版），2020（4）：59.

［89］张瑜，卫欣.网络微影像：互联网时代的影像新形态［J］.东南传播，2018（10）：105-107.

［90］赵春兰.现代性、后现代主义及其对中国社会转型的启示［J］.东北农业大学学报，2018（10）：94.

［91］赵欢春.意识形态话语权及其当代建构［J］.江苏社会科学，2016（5）：45.

［92］赵立兵，熊礼洋.从"沉默的螺旋"到"意见长尾"：社会结构变迁与舆论形态重构［J］.新闻界，2017（6）：15.

［93］赵随意.媒体融合深入阶段要解决的三大问题［J］.中国广播，2018（11）：38.

［94］赵永华，孟林山.叙事范式理论视域下讲好中国故事的路径分析［J］.对外传播，2018（8）42-45.

［95］赵云泽，刘珍.情绪传播：概念、原理及在新闻传播学研究中的地

位思考［J］.编辑之友，2020（1）：51.

［96］曾志华.文化自觉：电视节目主持人文化影响力的重要基石［J］.现代传播，2008（4）：18.

［97］中华网.中央人民广播电台在战火中诞生［J］.炎黄春秋，2000（12）：36-39.

［98］周勇，李昊凯.人民广播事业八十年：历史经验及其现实意义［J］.现代传播（中国传媒大学学报）2022（02）：25-31.

［99］庄友刚.在唯物史观中批判现代性意味着什么？［J］.马克思主义与现实，2015（6）：15-21.

五、硕、博士论文

［1］郭海英.传媒行业政府规制体制研究［D］.上海：南开大学，2014.

［2］刘聪.论后期语言学转向对范式理论的拓展［D］.湖南：湖南科技大学，2016.

［3］尹馨宇.范式的观念关于库恩"范式"的哲学思考［D］.湖北：武汉理工大学，2020.

六、电子资源

［1］李鹏.智媒体：媒体融合转型新阶段［EB/OL］.（2019-04-09）［2022-11-1］.http：//media.people.com.cn/n1/2019/0409/c426142-31019937.html.

［2］人民网研究院.《中国移动互联网发展报告（2021）》正式发布［EB/OL］.（2021-07-22）［2022-11-1］.http：//finance.people.com.cn/n1/2021/0722/c1004-32166880.html.

［3］温红彦.文怀沙谈改革开放三十年：心灵解放加快文明进程［EB/OL］.（2008-12-25）［2022-11-1］.http：//30.people.com.cn/GB/8577190.html.

［5］中国共产党新闻网.中国特色社会主义新时代——关于我国发展新的历史方位［EB/OL］.（2019-7-23）［2022-11-1］.http：//theory.people.com.cn/n1/2019/0723/c40531-31250161.html.

［6］中央纪委监察部网站.新时代是从什么时候开始的？［EB/OL］.（2017-11-14）［2022-11-1］.https：//www.ccdi.gov.cn/special/zmsjd/zm19da_zm19da/201711/t20171113_111651.html.

七、报纸

[1] 习近平. 决胜全面建成小康社会 夺取新时代中国特色社会主义伟大胜利——在中国共产党第十九次全国代表大会上的报告[N]. 人民日报, 2017-10-18.

[2] 中共中央关于构建社会主义和谐社会若干重大问题的决定[N]. 北京青年报, 2006-10-19.

[3] 周建设, 吕学强, 金生, 张凯. 语言智能研究渐成热点[N]. 中国社会科学报, 2017-2-7.

八、汇编

林田. 永远听党的话,做红透专深的播音员[G]. 播音工作经验汇辑, 1961: 1.

九、会议录

尹韵公主编. 中国新媒体发展报告（2011）[C]. 北京:社会科学文献出版社, 2021: 332.

附录一　中国广播电视有声语言传播影响力调查问卷

中国广播电视有声语言传播影响力调查

尊敬的先生/女士：

　　您好！本次调研是为了研究我国广播电视有声语言传播影响力，为新闻广播电视从业者以及传媒行业提供工作依据。真诚地邀请您参加此次课题调查，您的参与是自愿、匿名的，我们确保调查信息仅限于科研目的。谢谢您的支持！请您根据实际情况客观地填写以下调查问卷，在最符合您的选项上打"√"或在"＿＿＿"、表格内填写数字。

第一部分　个人基本信息部分

1.您的性别：
① 男性　　　　　　② 女性

2.您的年龄：
① 30 岁及以下　　② 31~40 岁　　③ 41~60 岁　　④ 61~80 岁
⑤ 80 岁以上

3.您的受教育程度：
① 高中及高中以下　　　　　② 大专
③ 本科　　　　　　　　　　④ 硕士及硕士以上

第二部分　收听收看新闻传播类广播电视节目习惯部分

4.您收听收看新闻传播类广播电视节目的频率是：
① 不经常接触　　　　　　　② 一个月一次
③ 一周一次　　　　　　　　④ 每天一次

⑤ 每天多次

5. 您认为现在新闻传播类广播电视节目主持人的语速如何：
① 过快　　　　　　② 适中　　　　　　③ 过慢

6. 您认为现在新闻传播类广播电视节目主持人在语言传播的哪方面需要改进：
☐ 表达准确　　　　　　　　☐ 逻辑性强
☐ 语言干练简洁　　　　　　☐ 轻松自然
☐ 评论角度保持中立　　　　☐ 其他

7. 新闻传播类广播电视节目所表达的思想或观点是否会对您自身的思维产生影响：
① 完全影响　　　　　　　② 有一定影响
③ 不影响

8. 新闻传播类广播电视节目主持人的语言表达对您收听收看节目的影响程度：
① 完全影响　　　　　　　② 有一定影响
③ 不影响

第三部分　量表部分

9. 广播电视播音员主持人的语言对您的影响程度

9.1 播讲者的语言让您感觉内容更加真实：
① 非常不同意　　② 比较不同意　　③ 不清楚　　④ 比较同意
⑤ 非常同意

9.2 播讲者的语言能够引发起您的共鸣：
① 非常不同意　　② 比较不同意　　③ 不清楚　　④ 比较同意
⑤ 非常同意

9.3 播讲者的个性化语言能够让您对新闻内容产生浓厚的兴趣：
① 非常不同意　　② 比较不同意　　③ 不清楚　　④ 比较同意
⑤ 非常同意

9.4 播讲者的生动有力的措辞让您对播讲的新闻产生深刻印象：
① 非常不同意　　② 比较不同意　　③ 不清楚　　④ 比较同意
⑤ 非常同意

10. 广播电视播音员主持人的语言对您的情感的影响：

10.1 当新闻播报的是正面的新闻时，能够唤醒您内心的美好情感，让您更具同理心：
① 非常不同意　② 比较不同意　③ 不清楚　　④ 比较同意
⑤ 非常同意

10.2 当新闻播报的是负面的新闻时，能够激起您内心的仇恨，让您嫉恶如仇：
① 非常不同意　② 比较不同意　③ 不清楚　　④ 比较同意
⑤ 非常同意

10.3 当新闻播报的是国家富强的新闻时，能够让您对国家和社会充满信心：
① 非常不同意　② 比较不同意　③ 不清楚　　④ 比较同意
⑤ 非常同意

11. 您对广播电视播音员主持人的整体满意度：

11.1 您对当前广播电视播音员主持人的播讲风格：
① 非常不同意　② 比较不同意　③ 不清楚　　④ 比较同意
⑤ 非常同意

11.2 您对当前广播电视播音员主持人的播讲内容：
① 非常不同意　② 比较不同意　③ 不清楚　　④ 比较同意
⑤ 非常同意

11.3 您对当前广播电视播音员主持人的声音形象：
① 非常不同意　② 比较不同意　③ 不清楚　　④ 比较同意
⑤ 非常同意

11.4 您对当前广播电视播音员主持人的播讲效果：
① 非常不满意 ② 比较不满意　　③ 不清楚　　④ 比较满意
⑤ 非常满意

12. 您对新闻或者广播节目的收听意愿：

12.1 您目前收听或收看的新闻或者广播节目会继续收听下去：
① 非常不同意　② 比较不同意　③ 不清楚　　④ 比较同意
⑤ 非常同意

12.2 您会收听或收看的您所关注的主持人播讲的其他作品／节目：
① 非常不同意　② 比较不同意　③ 不清楚　　④ 比较同意
⑤ 非常同意

12.3 您会向其他人推荐你所喜爱的主持人或者节目：
① 非常不同意　　② 比较不同意　　③ 不清楚　　　　④ 比较同意
⑤ 非常同意

（本研究一共发放调查问卷 25 000 份，实际收回有效问卷 21 093 份）

附录二　部分相关制度文件

陕北台播音组关于训练和培养播音员的意见

（一九四八年十月七日）

一、关于训练和培养播音员

应全盘、有计划、有步骤、有组织地训练一批播音员，以备接收敌台和建立新台时任用。

播音员应具备之条件：
1. 要有一定的政治水平。
2. 能操流利的国语。
3. 相当于初中以上的文化程度及文艺修养。

尽可能招收一定人数的男女播音员集中训练，成立训练班，除政治、政策等科目外，播音技术、座谈、练习、收听，还需了解一般浅显的无线电常识及机器使用与简单原理。

在训练班经一定步骤的训练，考试后分发各台见习后做正式播音员。

如同意或可能成立训练班的话，当有详细计划及设备等。

我们认为陕北台应该有较固定的、水平较好的基本播音员，经常换人，而且将新播音员半训练式地提到工作上来是不合适的，是影响工作的，陕北台是一个工作机关，不是训练机关。

招收播音员时应注意配备一定数量的男播音员，各台至少应有两个男播音员。

二、对于播音员的培养

如规定播音员方向需兼编辑或播音记者，就应给予有计划、有步骤的培养，而不是仅仅提出这样一个方向。否则就不要这样规定。

定期传达宣传方针、宣传政策、有关业务的各种报告给播音组。

编辑部与播音组在编写及播音效果上应密切联系，编辑部必须收听播音效果，以利工作之改进，应列为制度。

北平新华广播电台训练播音员的方法

(一九四九年八月)

本台训练新播音员的方法是带徒弟、集体讨论、在工作中学习，并借鉴总结经验逐步加以提高。

（一）选择播音员的标准：

1. 历史清白政治可靠者。
2. 能操流利之普通话，音色清晰者。
3. 具有高中的文化程度。
4. 有一定的政治水平。

（各台可根据具体情况规定自己的标准，如地方台可用地方方言播音，不一定用普通话。）

（二）具备上述条件并经一定机关介绍及考试合格者方得列为见习播音员，考试项目分口试与稿件选读两种。

（三）见习期之长短视其成绩而定。

（四）见习内容及步骤：

1. 收听本台及其他台的播音。
2. 无线电常识及有关播音及收听所需的机器之使用法及其简单原理。
3. 一般播音应注意事项（如怎样准备稿件，如何掌握抑、扬、顿、挫、快、慢、轻、重，如何表达语气情感）以及播音手续，播音员应遵守的制度等。
4. 根据本人条件及工作需要分别练习一个节目，如有纪录新闻的，可从纪录新闻着手。

（五）可指定专人或由现任该节目的播音员帮助练习并收听本台或其他台同一节目的播音，每一稿件在话筒上的试播，经负责人认为满意后再换另一稿件，到这一节目的各种稿件都能播的合乎标准时，即可开始工作。在该节目完全胜任熟练时，除担任该节目之外，同时练习另一节目至另一节目练习成功后即可换播该节目，直至全部节目均能胜任为止。

（六）训练播音员必须注意：

1. 新老播音员必须互相帮助，虚心研究。
2. 练习时必须认真、坚持，应作为工作成绩考核项目之一。
3. 以工作中的生动实例举出好坏典型加以说明。

4. 召开技术座谈会,发挥集体智慧,提高播音技术。

5. 向其他台学习,研究其他台的播音技术,交换经验及意见。

(原载《广播资料》第 2 期,一九四九年八月十五日)

关于进一步规范播音员主持人职业行为和社会活动管理的意见

（中央宣传部办公厅 国家广播电视总局办公厅2022年1月25日）

  播音员主持人作为媒体的形象代表，是党的宣传思想文化事业的重要力量，承担着坚持正确导向、传播先进文化、引领文明风尚的重要职责。各级宣传部门、广播电视行政部门、播出机构要高度重视播音员主持人队伍建设，坚持严管厚爱结合、激励约束并重，加快建设一支具有坚定政治立场、高尚道德品质、广博文化知识、崇高职业精神、过硬工作本领的专业人才队伍。为进一步规范播音员主持人职业行为和社会活动管理，制定意见如下。

  1. 聚焦政治素质培养。各级宣传部门、广播电视行政部门、播出机构要始终把政治素质培养作为播音员主持人队伍建设的首要任务，教育引导播音员主持人认真学习贯彻习近平总书记关于宣传思想工作的重要思想，切实增强"四个意识"、坚定"四个自信"、做到"两个维护"，不断提高政治判断力、政治领悟力、政治执行力，始终牢记肩负的政治责任，坚定政治立场，增强政治敏锐性，努力做到善于从政治上分析问题、处理问题，稳妥把握职业行为和社会活动。

  2. 加强职业道德建设。各级宣传部门、广播电视行政部门、播出机构要教育引导播音员主持人，积极践行社会主义核心价值观，把职业道德建设作为立身之本，自觉抵制名利诱惑和低俗庸俗媚俗，净化"交际圈"与"朋友圈"，始终珍惜荣誉、谦虚谨慎、爱岗敬业，塑造良好公众形象，做德艺双馨的新闻工作者、文艺工作者。各播出机构要规范播音员主持人言行，明确要求播音员主持人不得参加有损媒体形象、自身形象的组织和活动，不得利用职业身份和个人知名度谋取不当利益，不得在公开场合发表不当言论、做出不当举止等，引导他们主动接受社会监督，更加自觉地弘扬职业精神、恪守职业道德。

  3. 明确审批管理要求。各播出机构要对播音员主持人参加社会活动制定规章制度，明确管理原则和审批流程。对于播音员主持人参加外单位的社会活动，各播出机构要统一管理、分类施策，实行事前报批或报备制度，严明有关财务规定和廉洁纪律要求。对于播音员主持人参加私人活动，各播出机构要加强日常教育，做好事前提醒，切实消除各类风险隐患。播音员主持人参与广告代言、商业推广、网络带货等各类商业活动，须经所在播出机构批准，新闻栏目播音员主持人参加此类活动要从严把关。对参加各类活动时因自身言行不当造成负面社会影响的播音员主持人，视情节轻重及时给予相应处理。

4. 规范网络信息发布。各播出机构要把播音员主持人作为加强网络传播、占领网络空间的重要力量，努力把播音员主持人的线下影响力延伸到线上，不断提升主流媒体在网络空间的影响力、公信力。各播出机构要坚持"群众在哪里，阵地就在哪里"，对播音员主持人通过网络平台开展网络直播、文字音视频信息发布等行为，坚持规范和发展并重，根据职务行为信息、私人信息等不同性质分别提出管理要求，教育引导他们努力熟悉网络传播规律、提高网络舆情意识，走好网上群众路线，做网络空间正能量的传播者。

5. 严格持证上岗规定。各播出机构要严格执行播音员主持人持证上岗和执业注册制度，不得使用无执业资格证书和未按规定进行执业注册的人员担任播音员主持人。各播出机构不得在新闻评论类等常设节目中，使用嘉宾行使掌握话语权、引导节目进程、串联节目等主持人职能，晚会等非常设节目以及个别专业性较强的常设节目如确需使用嘉宾主持，须向广播电视行政部门报备。已取得执业资格的播音员主持人因参加社会活动造成恶劣社会影响的，各播出机构要严格依规采取不予办理注册手续、调离播音主持岗位等惩戒措施。广播电视行政部门严格执行播音员主持人持证信息备案制度。

6. 加强合作节目管理。各播出机构要始终紧绷导向意识，对自制节目、非自制节目中的播音员主持人和临时外请播音员主持人，坚持同样的政治标准、业务标准和职业道德要求，坚决防范各类传播风险。在播出购买、合作等非自制节目前，要严格审核播音员主持人持证和注册情况，综合考虑播音员主持人专业素质和社会形象，认真审核把关播音员主持人在节目中的言行举止，不给有丑闻劣迹、违法失德等问题的人员提供出镜发声渠道。

7. 深化"四力"教育实践。各级宣传部门、广播电视行政部门、播出机构要针对播音员主持人的工作特点，研究开展系统性增强"脚力、眼力、脑力、笔力"教育实践，深入开展马克思主义新闻观、文艺观教育。各播出机构要经常性安排播音员主持人走出演播室、直播间，对每年度深入基层的时间、频次作出明确要求，教育引导播音员主持人始终坚定人民立场、坚守人民情怀。各播出机构要组织播音员主持人多参与社会公益活动，积极履行社会责任，树立良好社会形象。

8. 压紧压实管理责任。各级宣传部门、广播电视行政部门、播出机构要严格落实意识形态工作责任制，切实担负起播音员主持人管理责任。各播出机构要强化主体责任，做好执业资格注册、信息发布规范、社会活动管理、教育培训考核等工作。广播电视行政部门要加大对播音员主持人持证上岗和执业注册、变更注册、执业资格注销工作的监督检查力度，发现问题及时处置，对造成恶劣社会影响的追究当事人责任，对管理制度不健全、管理不力的单位追究相关负责人责任。

9.发挥行业组织作用。各级广播电视协会、网络视听协会、播音员主持人委员会和新闻界、文艺界道德委员会等行业组织，要加强对播音员主持人的思想品德、职业道德、社会公德教育，通过发倡议书、评选表彰、树立典型引导广大从业者为公众树立好榜样，通过对不良风气、劣迹人员发声谴责等形式发挥行业监督作用，推动形成良好行业风气。

各新闻单位所属新媒体、网络视听节目服务机构、节目制作经营机构等从事播音主持工作的人员，参照本意见精神管理。

后　记

　　当代传媒事业异彩纷呈、瞬息万变。各种新技术、新情况的出现极大地改变了信息的生产和传播方式，当我们在面对这些急剧变化手足无措时，也许我们停下来回望一下历史，就能找到困顿自己的答案。

　　本书是在我博士论文的基础上，加上近几年的研究成果，修改、补充、完善后完成的。书稿的写作和修订过程好比跨越一座座山峰，一次次地迎难而上，辗转反侧中，峰回路转间，最终遇见春山，回望走过的点滴岁月，才更深切地理解"不积跬步，无以至千里"的意涵。时至今日，当我写下这一行行的文字，也才了悟人生需要持续发力的意义所在。

　　攻读博士学位的这几年里，承蒙导师庞亮教授的悉心指导与教诲，要不是最初庞老师能够将我收入门下，也不会有今日的收获和喜悦。庞老师不仅在学术上给予我帮助和指导，在生活中的照顾更是无微不至，他总是叮嘱我要注意身体，保持乐观。也正是这样一种如亲人般的关怀使我在求学路上披荆斩棘，不断攻克难关。除此之外，还要感谢博导组的高铁军老师，高老师为人宽厚，他总是能在我迷茫时及时地予以指点，为我指明研究的方向，尽最大可能帮助我消化问题，寻找突破口。

　　感谢接受我采访的姚喜双老师、李瑞英老师、马玉坤老师、陈晓鸥老师、舒欣老师、王居蔚老师、马龙飞老师、马龙老师、冯洋老师以及刘姗姗老师，你们的博学及善意让我感到温暖且坚定。同时还要感谢我的两位好姐姐：陈昱君和师景，如果没有你们的相助，我无法想象我在踽踽独行的路上还要经历多少磨难。

　　向传媒大学的曾祥敏老师、秦喻明老师、陈欣钢老师、李智老师、田维钢老师、崔林老师、吴炜华老师、顾洁老师、付晓光老师、郭艳民老师、叶明睿老师、张雅欣老师、包圆圆老师、白晓晴老师以及中国社会科学院的殷乐老师、中央民族大学的赵丽芳老师道一声感谢！承蒙各位老师的严格把关、悉心指导，让学生在写作过程中进一步理清思路、勘正错误。

　　我的家人在我攻读博士学位期间给予了我最无私也是最精诚的鼓励和帮

助,他们的关爱与付出是我一路坚持走下来最大的动力。为了保证我的学习时间,妻子总是第一时间承担起家庭和生活担子,我的爸爸、妈妈、岳母、岳父也是不辞辛劳每日照顾我女儿子安的生活。从子安的呱呱坠地,到蹒跚学步,再到第一声叫"爸爸",我感受到了人生中幸福的瞬间。而正是这一幕幕幸福瞬间化作了我生命中的一道道光,照亮了黑夜中的前路。

最后谨以此书送给年近四十的自己,祝贺你一直游到海水变蓝。

杨洋

2024 年 9 月